Managementkompetenzen im Mittelstand

Anne-Katrin Haubold • Torsten Gonschorek
Ingo Gestring • Ralph Sonntag
Rüdiger von der Weth
(Hrsg.)

Managementkompetenzen im Mittelstand

Grundlegendes Wissen und Instrumente zur praktischen Umsetzung

Springer Gabler

Herausgeber
Anne-Katrin Haubold
Torsten Gonschorek
Ingo Gestring
Ralph Sonntag
Rüdiger von der Weth

Hochschule für Technik und Wirtschaft
Fakultät Wirtschaftswissenschaften
Dresden, Deutschland

ISBN 978-3-658-03447-4 ISBN 978-3-658-03448-1 (eBook)
DOI 10.1007/978-3-658-03448-1

Die Deutsche Nationalbibliothek verzeichnet diese Publikation in der Deutschen Nationalbibliografie; detaillierte bibliografische Daten sind im Internet über http://dnb.d-nb.de abrufbar.

Springer Gabler

Gedruckt auf säurefreiem und chlorfrei gebleichtem Papier

Springer Gabler ist eine Marke von Springer DE. Springer DE ist Teil der Fachverlagsgruppe Springer Science+Business Media
www.springer-gabler.de

Vorwort

Weithin bekannt ist das Bonmot „Wer selbstständig ist, arbeitet selbst und ständig". Dies ändert sich kaum, wenn aus der selbstständigen Tätigkeit ein kleines oder mittleres Unternehmen (KMU) wird. Geschäftsführer mittelständischer Unternehmen sind häufig in Personalunion Finanzchef und Vertriebsprofi, Chefstratege und Controllingfachmann, Entwicklungsleiter und Personalmanager, Logistikexperte und Pressesprecher. Theoretisch müsste sich ein KMU-Geschäftsführer fortlaufend weiterbilden, um seine Fachkompetenz in den oben genannten Feldern zu erhalten und auszubauen. Praktisch ist dies allerdings aufgrund mangelnder zeitlicher Ressourcen und der Vielfalt des notwendigen betriebswirtschaftlichen Know-How nicht möglich; eine Fokussierung auf einige wenige Kompetenzfelder wird notwendig. So stellt sich die Frage: Welche Kompetenzen werden in den nächsten zehn Jahren für den Geschäftserfolg eines KMU entscheidend sein?

Das vorliegende Handbuch zeigt unterschiedliche Ansätze, Antworten auf diese Frage zu geben. Jedes der folgenden Kapitel widmet sich einem Kompetenzfeld, dessen zukünftige strategische Bedeutung als hoch eingeschätzt werden kann. Diese Einschätzung ist wissentlich und willentlich subjektiv; sie beruht auf der praktischen Erfahrung und der theoretischen Expertise der Herausgeber. Die Herausgeber dieses Handbuchs sind Fachhochschul-Professoren an der Hochschule für Technik und Wirtschaft in Dresden mit langjähriger Praxiserfahrung, die zudem über das an der Hochschule angesiedelte Zentrum für Mittelstand kleine und mittlere Unternehmen in der Region in betriebswirtschaftlichen Fragestellungen beraten.

Was soll im vorliegenden Handbuch unter dem Begriff Managementkompetenz verstanden werden? Managementkompetenz steht im vorliegenden Werk für die Fähigkeit der Geschäftsführung eines kleinen oder mittleren Unternehmens, Management im funktionalen Sinn auszuüben. Damit stehen Prozesse und Funktionen, die in arbeitsteiligen Organisationen notwendig sind, etwa Planung, Organisation, Führung und Kontrolle, im Zentrum der Betrachtungen (vgl. auch Staehle 1999, S. 71).

Während der Laie in der Regel eine klare Vorstellung davon hat, was unter dem Begriff „Mittelstand" zu verstehen ist, existiert in Politik, Gesetzgebung und Wissenschaft keine einheitliche Begriffsabgrenzung. In der Praxis häufig verwendet ist die Größeneingrenzung der EU-Kommission, wonach ein mittelständisches Unternehmen weniger als 250

Mitarbeiter hat und entweder einen Jahresumsatz kleiner 50 Mio. EUR oder eine Jahresbilanzsumme von weniger als 43 Mio. EUR hat (vgl. EU-Kommission 2005). In einigen Publikationen werden aber auch Unternehmen mit einer Beschäftigtenzahl von 500 Mitarbeitern noch als Mittelständler eingeordnet (vgl. z. B. Günterberg und Wolter 2002, S. 21, zit.n. Pfohl 2006, S. 15).

Eine vollständig andere Definition von Mittelstand hat das Institut für Mittelstandsforschung Bonn (2013) vorgelegt. Demnach kann ein Unternehmen dann als mittelständisch bezeichnet werden, wenn die Einheit von Eigentum und Leitung gegeben ist, das Unternehmen also inhabergeführt ist. Dieser qualitativen Definition soll hier nicht gefolgt werden, da sie auch sehr große Familienunternehmen (man denke an die Freudenberg-Gruppe oder den Haniel-Konzern) miteinschließen würde. Stattdessen sind die Empfehlungen im vorliegenden Buch auf Unternehmen ausgerichtet, die im Sinne der EU-Kommission als mittelständisch zu bezeichnen sind, ohne dass diese Definition starr ausgelegt werden muss – auch der Geschäftsführer eines Unternehmens mit 300 Mitarbeitern und 51 Mio. EUR Umsatz wird selbstverständlich von der Lektüre profitieren.

Die Definition des Instituts für Mittelstandsforschung Bonn ist für das vorliegende Handbuch nichtsdestotrotz interessant, da sie die Besonderheit vieler KMU hervorhebt: Sie werden aufgrund ihrer Struktur als Familienunternehmen anders geführt als ein Großunternehmen, dessen Manager Angestellte sind (vgl. auch Hamer 2006, S. 29 ff.). Insofern gilt hier der Grundsatz: „A small business is not a little big business" (Welsh und White 1981, S. 18). Die Autoren des gleichnamigen Aufsatzes bezeichnen folgende andere Aspekte als charakteristisch für KMU (vgl. Welsh und White 1981, S. 32):

- eingeschränkte finanzielle Ressourcen
- fehlendes Fachpersonal
- kurzfristige Handlungsperspektive aufgrund des volatilen Wettbewerbsumfeldes.

Die Autoren dieses Aufsatzes folgen somit der in der Literatur häufig anzutreffenden Defizit-Sicht auf mittelständische Unternehmen. In der neueren Literatur wird diesem Defizit-Modell ein Äquivalenz-Modell entgegengesetzt (vgl. Martin und Bartscher-Finzer 2006, S. 206): KMU setzen betriebswirtschaftliche Instrumente nicht notwendigerweise *weniger*, sondern lediglich *anders* ein. Folgerichtig gibt es bestimmte Verfahrensweisen und Instrumente, die zwar für ein Großunternehmen geeignet sind, nicht aber für den Mittelstand (und vice versa). In der Literatur zu Unternehmensführungs- und Managementkompetenzen wird diese Unterscheidung allerdings nicht systematisch gemacht. Es bleibt vielfach offen, ob die dort propagierten Methoden sich gleichermaßen in KMU und Großunternehmen anwenden lassen.

Das vorliegende Handbuch hat den Anspruch, zur Schließung dieser Lücke beizutragen. Es liefert für jedes der betrachteten Kompetenzfelder Hinweise auf Best Practices für mittelständische Unternehmen, erläutert konkrete Fallbeispiele aus dem KMU-Bereich und stellt praktische Instrumente vor, die vom interessierten Leser direkt im eigenen (mittelständischen) Unternehmen eingesetzt werden können. Eingeleitet werden diese KMU-spezifischen Ausführungen von einer allgemeinen Einführung in das Kompetenzfeld unter Berücksichtigung aktueller Ergebnisse aus Forschung und Praxis. Jedes Kapitel schließt mit einem Hinweis auf weiterführende Literatur und Weblinks.

Der oben skizzierten Zielsetzung folgend richtet sich das Handbuch vor allem an Management-Praktiker aus mittelständischen Unternehmen sowie Unternehmensberater, die im Mittelstand tätig sind. Gleichermaßen angesprochen fühlen sollten sich jedoch auch Studierende der Betriebswirtschaftslehre sowie weitere Fachinteressierte. Die Herausgeber freuen sich über Anmerkungen und Rückfragen; kontaktiert werden können wir unter zfm@htw-dresden.de.

An dieser Stelle herzlich danken möchten die Herausgeber den vielen Autoren für ihre Beiträge und ihre Kooperationsbereitschaft. Danke sagen möchten wir auch dem Springer Gabler Verlag, vertreten durch Eva-Maria Fürst als Lektorin, die unser Buchprojekt von Anfang an konstruktiv begleitet hat. Unser ganz besonderer Dank gilt den vielen Mittelständlern, mit denen wir in den letzten Jahren zusammenarbeiten durften, und deren „Fälle" die Inspiration zu vielen der hier versammelten Fallbeispiele, Best Practices und Instrumente geliefert haben.

Anne-Katrin Haubold
Torsten Gonschorek
Ingo Gestring
Ralph Sonntag
Rüdiger von der Weth

Literatur

EU-Kommission. 2005. Empfehlung 2003/361/EG. *Amtsblatt der Europäischen Union L 124 vom 20.5.2003* 36

Günterberg, B. und H.-J. Wolter. 2002. Unternehmensgrößenstatistik 2001/2002. *Daten und Fakten*. Bonn.

Hamer, E. 2006. Volkswirtschaftliche Bedeutung von Klein- und Mittelbetrieben. In *Betriebswirtschaftslehre der Mittel- und Kleinbetriebe. Größenspezifische Probleme und Möglichkeiten zu ihrer Lösung*, Hrsg. 4. Aufl. H.-C. Pfohl, 25–50. Berlin.

Institut für Mittelstandsforschung Bonn. 2013. *Mittelstandsdefinition*. http://www.ifm-bonn.org/mittelstandsdefinition/. Zugegriffen: 25. Sep. 2013.

Martin, A. und S. Bartscher-Finzer. 2006. Die Führung mittelständischer Unternehmen Zwischen Defizit und Äquivalenz. In *Praxishandbuch des Mittelstands*, Hrsg. W. Krüger, 203–217. Wiesbaden.

Pfohl, H.-C. 2006. Abgrenzung der Klein- und Mittelbetriebe von Großbetrieben. In *Betriebswirtschaftslehre der Mittel- und Kleinbetriebe. Größenspezifische Probleme und Möglichkeiten zu ihrer Lösung*, Hrsg. 4. Aufl. H.-C. Pfohl, 1–24. Berlin.

Staehle, W. H. 1999. *Management*. 8. Aufl. München.

Welsh, J. A. und J. F. White. (1981). A small business is not a little big business. *Harvard Business Review* 59:18–32

Inhaltsverzeichnis

Geschäftsideen präsentieren

1

Anja Stöhr, Anne-Katrin Haubold, Julia Hauptmann, André Kluge und Max Uhlig

1 Einführung

In Zeiten stärker werdenden Konkurrenzdrucks im weiteren Sinne wird es immer wichtiger, seine Geschäftsideen gewinnend zu präsentieren.

Geschäftsideen effektiv und glaubwürdig zu präsentieren ist in erster Linie für Unternehmer in der Gründungsphase von hoher Bedeutung, da sie noch keine wirtschaftlichen Resultate vorweisen können und sich daher erst noch profilieren müssen. Aber auch für erfahrene Unternehmer stellt die Präsentation neuer Geschäftsideen immer wieder eine Herausforderung dar. Am Anfang steht oft eine innovative Geschäftsidee, die in den kreativen Köpfen erfahrener oder potenzieller Unternehmer entsteht und allmählich reift. Um diese Geschäftsidee in wirtschaftliche Erfolge umzuwandeln, gilt es zunächst ein komplexes Business-Konzept zu erstellen. Ist dies geschehen, muss sich ein jeder Unternehmer die Frage stellen, wie er die einzelnen Interessengruppen (Stakeholder), nämlich Investoren, Kooperationspartner, Mitarbeiter und Kunden, auf seine Geschäftsidee aufmerksam machen (vgl. Griebentrog 2010) und gewinnen kann. An genau dieser Stelle setzt die Thematik „Geschäftsideen präsentieren" an.

Der Begriff „Präsentieren" geht auf das spätlateinische Wort „praesentare" zurück. Es bedeutet „vorstellen" oder „vorzeigen" (vgl. Sabatti 2009). Der Begriff des Präsentierens meint „die zielgerichtete Aufbereitung von Informationen zur Darstellung von Inhalten für ein bestimmtes Publikum". Diese Aufbereitung umfasst nicht allein den eigentlichen Vortrag oder die Multimediapräsentation vor dem Publikum, welche häufig als

A. Stöhr (✉) · A.-K. Haubold · J. Hauptmann · A. Kluge · M. Uhlig
Fakultät Wirtschaftswissenschaften, Hochschule für Technik und
Wirtschaft Dresden, Friedrich-List-Platz 1, 01069 Dresden, Deutschland
E-Mail: stoehr@htw-dresden.de

A.-K. Haubold
E-Mail: haubold@htw-dresden.de

A.-K. Haubold et al. (Hrsg.), *Managementkompetenzen im Mittelstand*,
DOI 10.1007/978-3-658-03448-1_1, © Springer Fachmedien Wiesbaden 2014

Präsentation als solche bezeichnet wird, sondern auch alternative Darstellungsformen, wie zum Beispiel die Internetpräsenz eines Unternehmens via Unternehmenswebsite, Social Media oder sonstiger Online-Plattformen (vgl. Onpulson 2011). Bezug nehmend auf diese Begriffsdefinition bildet der sogenannte Businessplan, welcher der Fachwelt allseits bekannt ist, die Grundlage einer effektiven Präsentation von Geschäftsideen. Er kann einerseits selbst als Präsentation einer Geschäftsidee gewertet werden, aber auch als inhaltliche Richtlinie für Präsentationen dienen. Aufgabe des Businessplans ist es, eine Geschäftsidee ganzheitlich und überzeugend darzustellen, in dem Themen wie das Produkt- oder Dienstleistungsangebot, Standort, Zielgruppen, Wettbewerber, Gründungskosten und Startkapital einer Unternehmung besprochen werden. Der Businessplan gilt heutzutage als Voraussetzung für die Gewinnung von Investoren und Kooperationspartnern und sollte aus diesem Grund leicht verständlich formuliert sein, beispielsweise durch Erläuterung von Fachbegriffen (vgl. Sächsisches Staatsministerium für Wirtschaft, Arbeit und Verkehr 2012).

Aufbauend auf einem ausgearbeiteten Businessplan kann die Präsentation von Geschäftsideen in Form eines Vortrags vor Publikum oder eines Auftritts in verschiedenen Medien fokussiert werden. Dabei ist darauf zu achten, dass die Präsentation den unterschiedlichen Erwartungen der Stakeholder entspricht. Unternehmer müssen sich stets vor Augen halten, vor wem präsentiert wird. So würden in einem Gespräch mit Investoren beispielsweise Kennzahlen wie Rentabilität im Vordergrund stehen, wohingegen Kunden sich eher für die Vorzüge des Produktes oder der Dienstleistung interessieren (vgl. Griebentrog 2010). Bedingt durch die Unterschiedlichkeit der Interessengruppen, variieren auch die Anlässe für Geschäftsidee-Präsentationen. Häufigen Anlass bietet die Investorensuche, die in Form von Finanzgesprächen mit Banken oder sogenannten Pitching-Events mit Business Angels und Venture-Capital-Gebern stattfindet. Üblich sind aber auch Präsentationen zur Gewinnung von Kooperationspartnern oder neuen Mitarbeitern sowie Produktpräsentationen vor Kunden (vgl. Für Gründer 2013a).

Gelungenes Auftreten

Im Folgenden werden einige Hinweise für einen professionellen Auftritt gegeben. Entscheidend ist der erste Eindruck, den man vermittelt, für den es keine zweite Chance gibt. Schon beim Gang zum Podium soll Stärke und Sicherheit ausgedrückt werden. In der Personenvorstellung kann auf eigene themenbezogene Kompetenzen verwiesen werden. Des Weiteren sollte man dem Publikum respektvoll gegenübertreten und stets freundlich und fair auftreten. Nicht zu verachten ist die Wirkung einer positiven Grundeinstellung. Nur die Freude am Auftritt kann Nervosität und Angst bekämpfen. Eine sorgfältige Vorbereitung, Selbstvertrauen und vollkommene Präsenz sind eine gute Basis, jene Freude zu erreichen. Mittels Mentaltraining (z. B. der Gedanke an etwas Positives kurz vor der Präsentation) kann diese Fähigkeit trainiert werden (vgl. Thiele 2010, S. 20).

Positiv verstärkt wird der erste Eindruck durch ein gepflegtes Äußeres sowie angemessene Kleidung in dezenten Farben (vgl. Nöllke und Schmettkamp 2011, S. 90–91). Wichtig ist, dass man sich in der Kleidung wohl fühlt, da sonst die Ablenkung zu groß ist. Wesentlich beeinflusst wird das Gesamtbild auch durch Mimik und Gestik, welche nachfolgend behandelt werden.

Körpersprache

Ein guter Auftritt ergibt sich nicht nur aus dem gesprochenen Wort, sondern wird ebenso durch die Körpersprache beeinflusst. Diese fängt bei der Grundhaltung an und geht über Gestik und Mimik bis hin zum nervösen Zittern. Anspannung und Nervosität ist bei einer Präsentation vor Publikum jedoch normal und wirkt bis zu einem gewissen Grad sogar sympathisch. Unter Beachtung der folgenden Dinge kann ein kompetenter Eindruck verstärkt werden.

Die Haltung sollte stets aufrecht und offen sein. Weder Verkrampfung noch übertriebene Lässigkeit sind dabei von Vorteil. Eine leicht seitliche Grundstellung hilft Anspannung abzubauen und schafft Selbstsicherheit (vgl. Püttjer und Schnierda 2001, S. 36–37). Ebenso hilfreich ist die Marionettentechnik, bei der man sich vorstellen muss, wie eine Marionette an Fäden befestigt zu sein und gerade zu stehen. Die Arme sollten locker seitlich angelegt und die Hände nach Möglichkeit frei sein. Aus dieser Technik ergeben sich zwei Vorteile. Zum einen ver-meidet man die Verdeutlichung eines möglichen Zitterns, und zum anderen kann somit die Gestik umgesetzt und die Sprache unterstützt werden.

Jene Gestik sollte nur dann angewandt werden, wenn sie sinnvoll die Sprache ergänzt. Ewig gleiche Gesten stören ebenso wie übertrieben häufige. Ebenfalls ist von einstudierten Bewegungen abzuraten (vgl. Nöllke und Schmettkamp 2011, S. 50). Ein gutes Training ist an dieser Stelle mittels Videokamera möglich, da eigene Gesten erkannt und optimiert werden können. Verlegenheitsgesten werden so sichtbar und können abgestellt werden, da sie im Vortrag nur ablenkend wirken würden. Ganz ähnlich verhält es sich bei der Mimik. Ein übermäßiger Einsatz wirkt künstlich und störend. Besonders wichtig ist hierbei jedoch der Blickkontakt mit dem Publikum. Dabei hilft es, sich auf sympathische Menschen zu konzentrieren. Trotzdem sollte man den Blick wandern lassen, wobei die M-W-Methode hilft. Dafür muss man sich die fünf Punkte eines großen „M" im Publikum suchen und dieses dann mit dem Blick „nachzeichnen", dann folgt ein großes „W". Bei jedem Punkt bleibt man etwa drei bis fünf Sekunden stehen. Auf diese Weise generiert man die Illusion, jeden im Publikum anzusprechen (vgl. Hierhold 2000, S. 333).

Sprachgestaltung

Zentral bei einer Präsentation ist neben Körpersprache und Inhalt vor allem das gesprochene Wort. Da wir unseren Zuhörern den Inhalt schnell und deutlich vermitteln wollen, empfiehlt es sich, kurze Hauptsatzkonstruktionen zu verwenden. Diese sind leicht verständlich und er-möglichen den einfachen Grundsatz von einer Information pro Satz. Des Weiteren sind Aktiv-Konstruktionen gut für Präsentationen geeignet. Spricht man nicht von sich selbst, sondern in der Wir- oder Du-Form, so gelingt es, eine Beziehung zum Publikum aufzubauen und somit die Aufmerksamkeit zu erhöhen. Wichtige Punkte sollten stets wiederholt werden, um sie besser im Gedächtnis der Zuhörer zu verankern. Dabei hilft es, wirkungsvolle Pausen zu setzen, die dem interessierten Zuhörer die Möglichkeit geben, das Gesagte zu verarbeiten (vgl. Hierhold 2000, S. 346). Einige gut platzierte rhetorische Mittel wie Metaphern, rhetorische Fragen oder Alliterationen können helfen, die eigene Rede interessanter zu gestalten. Derartige Stilmittel sollten allerdings nicht in jedem zweiten Satz Anwendung finden. Je nach Raumgröße ist es besonders wichtig, seine Stimme anzupassen. Verständlichkeit und eine klare Aussprache sind die Grundlage für einen gelungenen Auftritt. All diese Aspekte der Sprachgestaltung lassen sich ebenso mit Video- oder Sprachaufnahme analysieren und systematisch verbessern.

2 Präsentieren von Geschäftsideen vor für KMUs besonders interessanten Stakeholdern

Wie die folgende Darstellung zeigen wird, handelt es sich bei der Präsentation von Geschäftsideen um eine komplexe Thematik, die insbesondere für KMU aus den unterschiedlichen Perspektiven der einzelnen Zielgruppen betrachtet werden muss. In diesem Zusammenhang sind insbesondere für KMUs folgende Zielgruppen von Interesse:

- Investoren,
- Kooperationspartner,
- Mitarbeiter und
- Kunden.

Um eine Geschäftsidee erfolgreich zu präsentieren, sollte sich ein jeder Unternehmer daher im Vorhinein intensiv mit den Bedürfnissen der unterschiedlichen Interessengruppen auseinandersetzen und seine Präsentation entsprechend aufbauen.

Investoren

Begehrte Investoren werden wöchentlich mit bis zu vierzig Geschäftsideen konfrontiert, weshalb ihre Zeit stark begrenzt und ihre Anforderung an Präsentationen von Geschäftsideen hoch ist. Unter Berücksichtigung des knappen Zeitfaktors ist es daher unerlässlich, eine kurze und präzise Darstellung der Idee mit klarer Struktur und Argumentationsabfolge darzubieten, die auffällt und schnell Interesse weckt – ausführliche Datenanalysen können in späteren Zusammentreffen präsentiert werden, sobald der Investor für die Idee gewonnen wurde. Um die hohen qualitativen Anforderungen der Investoren zu erfüllen, sollte die Präsentation mit

- Klarheit,
- Überzeugungskraft sowie
- Glaubwürdigkeit punkten.

Hierfür bedarf es der Integration wichtigster Zahlen und Fakten sowie dem Aufbringen von Einfühlungsvermögen für die Sicht der Zielperson. Neben gesellschaftlichem Nutzen, innovativem Ansatz und Differenzierung gegenüber dem Wettbewerb, sollten besonders der Schutz der Geschäftsidee durch Patente sowie perspektivisch zu erwirtschaftende Umsätze und Gewinne zum Gegenstand gemacht werden. Hilfreich ist dabei zu erwähnen, in welchem Stadium sich die Idee bereits befindet, zum Beispiel, ob schon ein Patentantrag vorliegt und welcher zeitliche Vorsprung zum Wettbewerb besteht (Herzberg 2010, S. 30).

Die Realität weicht jedoch oft von dieser Idealvorstellung des Präsentierens ab. So erscheinen vortragende Unternehmer teils unvorbereitet und vermitteln den Investoren ein oberflächliches Bild, oder zeigen sich technisch zu versiert und detailverliebt, was auf Unverständnis bei den Investoren trifft. In vielen Fällen genügt schon ein einziges unangebrachtes Argument, um eine sonst stimmige Präsentation für den Investor unattraktiv zu machen (vgl. IHK Saarland 2013).

Dieser Sachverhalt wird in Abb. 1.1 reflektiert, wobei drei typische Präsentationsstile vorgestellt werden, von denen erstere eher negativ und letztere eher positiv zu bewerten sind.

Abgesehen von den verschiedenen Präsentationsstilen, bestehen auch verschiedene Präsentationsplattformen und -formen. So können Präsentationen vor Investoren beispielsweise auf Kongressen, Workshops und Seminaren oder in Kreditinstituten stattfinden. Formen sind zum Beispiel die „3-Minuten-Präsentation" oder der sogenannte Elevator Pitch, der oft nicht länger als 30 s andauert und die Vorstellung verkörpert, eine Geschäftsidee emotional und anschaulich während einer Fahrstuhlfahrt zu vermitteln (vgl. Förderland 2013).

Kooperationspartner

Neben den Investoren sind Kooperationspartner eine zweite bedeutende Komponente für mittelständische Unternehmer auf dem Weg zur Verwirklichung ihrer Geschäftsidee. Anders als bei erstgenannter Interessengruppe, streben Unternehmer hier jedoch nicht nach finanziellen Mitteln, sondern nach Ressourcen, wie Business Know-how und Netzwerken. Dabei haben Unternehmer die Möglichkeit, horizontale Kooperationen mit Partnern der gleichen Branche, vertikale Kooperationen mit Partnern verschiedener Stufen der Wert-

Präsentationsstil	Argumentation	Gedanken des Investors
Der Tüftler	„Dies ist eine einzigartige Idee für eine vollautomatische Reinigungsmaschine, an deren Entwicklung ich bereits vier Jahre gearbeitet hat. Das Besondere an dieser Maschine ist, dass sie mit 20.000 Umdrehungen pro Minute arbeitet und nach dem XY-Prinzip ferngesteuert werden kann..."	„Reine Zeitverschwendung, diese technischen Details interessieren mich überhaupt nicht, und ich verstehe sie auch nicht. Ob der sich nach dem Kundennutzen oder dem Marktpotenzial gefragt hat?"
Der Verkäufer	„Ich habe hier die Ideen für ein Riesenprodukt, das beinahe jedermann benötigt – die Leute wissen es nur noch nicht. Wenn Sie bei mir investieren, können Sie Ihren Kapitaleinsatz in kürzester Zeit vervielfachen..."	„Solche Schwafelei kann ich nicht ausstehen. Der will nur mein Geld. Wann kommen endlich Fakten auf den Tisch?"
Der Unternehmer	„Dies ist die Idee für eine Reinigungsmaschine, die es kleineren Gebäudereinigern bis ca. fünf Mio. Euro Jahresumsatz ermöglicht, die Reinigungskosten für Krankenhäuser um zehn bis fünfzehn Prozent zu senken. Die Akzeptanz bei den Testbetrieben lag bei über 85%. Unser Wettbewerbsvorsprung beträgt mindestens zwölf Monate, weil..."	„Das Produkt hat einen Markt und wird offensichtlich akzeptiert, weist einen quantifizierbaren Kundennutzen auf und hat einen gewissen zeitlichen Vorsprung vor dem Wettbewerber. Von diesem Produkt möchte ich mehr hören."

Abb. 1.1 Wirkung von Präsentationsstilen auf die Gedanken der Investoren. (vgl. Herzberg 2010, S. 30)

schöpfungskette oder komplementäre Kooperationen mit Partnern einer anderen Branche zu forcieren (vgl. Existenzgründer und Jungunternehmer 2013).

Im Vorfeld an die eigentliche Präsentation der Geschäftsidee vor dem potenziellen Kooperationspartner gilt es für den Unternehmer, die Kooperation über persönliche Kontakte, wie Steuerberater, Unternehmensmakler, Bankvertreter oder Freunde und Bekannte, anzubahnen. Diese Kontakte können den Partnern frühzeitig ein erstes Bild von dem Unternehmer und seiner Geschäftsidee vermitteln und sich gegebenenfalls für die Idee aussprechen (vgl. Mittelstandswiki 2013). Dies bietet dem Unternehmer eine positive Grundlage für die darauffolgende Präsentation (vgl. Existenzgründer 2011).

Die Präsentation sollte vorab akribisch vorbereitet werden, durch Planung und Beschaffung wichtiger Informationen. Kooperationspartner achten besonders auf Informationen zu dem Gebiet Finanzierung – daher ist es ratsam für den Unternehmer, Kooperationspartner erst anzusprechen, wenn im Vorfeld schon Investoren von der Idee überzeugt werden konnten (vgl. Existenzgründer und Jungunternehmer 2013).

Plattformen, die für die Präsentation der Geschäftsidee gewählt werden können, sind ähnlich derer der Investoren – so kommen Messen und Kongresse infrage, auf denen oftmals sowohl Investoren als auch mögliche Kooperationspartner anwesend sind, aber auch sogenannte Gründer-Cafés, auf denen diverse Gründer zueinander finden (vgl. Existenzgründer 2011).

Während der Präsentation steht wieder die Vorstellung eines stimmigen und überzeugenden Konzepts im Vordergrund. Speziell für den Fall der Kooperationspartner sollten Unternehmer jedoch darauf achten, während der Präsentation vor allem die Vorzüge einer potenziellen Partnerschaft zu betonen (vgl. Bundesministerium für Wirtschaft und Technologie 2013).

Mitarbeiter

Auch wenn Investoren und Kooperationspartner bereits von einer Geschäftsidee überzeugt werden konnten, bedarf es weiterhin qualifizierter Mitarbeiter, um die Idee zu realisieren (vgl. Für Gründer 2013b). Mittelständische Unternehmen haben heutzutage gegen einen wachsenden Bewerbermangel anzukämpfen, dessen Ursache im demografischen Wandel sowie der Konkurrenz zu großen Unternehmen begründet ist. Deshalb ist eine herausragende Präsentation des Unternehmens und der dahinterstehenden Geschäftsidee von besonderer Wichtigkeit – eine Wichtigkeit, die das Thema im Laufe der Zeit zu einem wirtschaftlichen Fachbereich, dem „Personalmarketing", anwachsen ließ (vgl. Gründerzentrum Sachsen 2010). Grundlage der Präsentation ist hier die Erstellung möglicher Stellenprofile, die Anforderungen an Fähigkeiten und Qualifikationen von Bewerbern definieren. Auf diese Weise können sich Unternehmer darüber im Klaren werden, welche Zielgruppen sie wie ansprechen möchten (vgl. Gründerzentrum Sachsen 2010). Sobald dies feststeht, gilt es für den Unternehmer Kanäle auszuwählen, über die potenzielle Bewerber erreicht werden können. Laut einer Studie von Monster zählen 2013 die eigene Website, Online-Stellenbörsen sowie die Bundesagentur für Arbeit zu den populärsten Kanälen im Mittelstand. Weitere bedeutende Kanäle involvieren Social-Media-Plattformen, wie Facebook oder Xing, sowie Active-Sourcing-Kanäle, wie persönliche Netzwerke, Karriere-Events, Personalmessen und Absolventenkongresse (vgl. Monster 2013).

Im Anschluss an die Wahl der Plattformen können sich Unternehmer auf die Präsentationsinhalte konzentrieren. Hier kommt es darauf an, das Unternehmen und die Geschäftsidee als erfolgreich darzustellen ohne jedoch falsche Hoffnungen an den Arbeitgeber zu wecken, da Kandidaten eine offene und ehrliche Darstellung erwarten. Des Weiteren müssen Mittelständische Unternehmen, um die Aufmerksamkeit der Kandidaten zu erlangen, ihre Qualitäten gegenüber größeren Unternehmen klar herausstellen und dabei selbstbewusst auftreten. Laut einer Studie von Deloitte an der Universität Bamberg achten Bewerber bei Arbeitgebern vor allem auf

- eine positive finanzielle Situation,
- eine faire Bezahlung,
- familienfreundliche Arbeitsbedingungen,

- einen guten Ruf sowie
- abwechslungsreiche Teamarbeit (vgl. Bundesverband mittelständische Wirtschaft 2013).

Auch sollten Wettbewerbsvorteile klar herausgestellt werden. Zum Beispiel können Mittelständler Nachwuchskräften

- oft mehr Verantwortung,
- schnellere Aufstiegsmöglichkeiten,
- größere Flexibilität sowie
- spannendere Arbeitsinhalte als große Unternehmen bieten (vgl. Bundesverband mittelständische Wirtschaft 2013).

Kunden

Die vierte zu betrachtende Interessengruppe bilden die Kunden, welche in den Augen der Unternehmer einen besonderen Stellenwert einnehmen, da ihr Interesse an der Geschäftsidee schlussendlich über Erfolg oder Misserfolg entscheidet. Die Fragestellung, wie Unternehmer ihre Geschäftsidee gegenüber Kunden präsentieren sollten, leitet in den komplexen Fachbereich des Marketings über.

Wie auch im Gebiet der Mitarbeiter, existieren verschiedenste Kanäle zur Kundenansprache. Zu unterscheiden sind Kanäle der indirekten Ansprache, wie Printmedien, Fernsehen oder Hörfunk, sowie Kanäle der direkten Ansprache. Im Sinne des Präsentierens einer Geschäftsidee ist letzterer Kategorie besondere Geltung beizumessen, da sie ein hohes Erfolgspotenzial birgt (vgl. Bundesministerium für Wirtschaft und Technologie 2013).

Die Präsentation über direkte Kanäle kann unter anderem in Form der Telefonakquise erfolgen, was besonders für Dienstleister und Unternehmen mit komplizierten Produkten ratsam ist. Um Produkte auf diesem Weg optimal präsentieren zu können, müssen im Vorfeld ein Gesprächsleitfaden erstellt und Kundeninformationen gesammelt werden. Während des Telefonats bestimmt die Gesprächsführung über den Erfolg – der Präsentator sollte ruhig, freundlich und geduldig auftreten, deutlich und langsam reden, auf Argumente des Kunden eingehen und Vor- und Nachteile des Angebots darlegen (vgl. Für Gründer 2013).

Eine weitere Möglichkeit der Kundenansprache sind Produktpräsentationen (z. B. auf Messen). Diese eignen sich vor allem bei Vertrieb von erklärungsbedürftigen Produkten für Geschäftskunden. Da diese Kunden Aufträge oft über Pitchings vergeben, auf denen hoher Konkurrenzdruck herrscht, kommt es hier darauf an, den Kunden zu überraschen und kritisch zu seiner Idee Stellung nehmen zu können (vgl. Für Gründer 2013).

Auch besteht die Möglichkeit der Kundenansprache durch Workshops, was sich für Dienstleister anbietet, die Interaktion mit dem Kunden suchen. Leitsatz ist hier, den Kunden zu informieren und sich als kompetentes Unternehmen zu profilieren. Im Zentrum stehen Sachthemen, die den Verkauf der Dienstleistung lediglich vorbereiten (vgl. Für Gründer 2013).

Unabhängig von der gewählten Form der Präsentation, sollte der Unternehmer stets einen Bedarf zum Kauf bei den Kunden wecken und eine vorteilhafte Preis-Leistungs-Darstellung wählen. Die Herausstellung des Kundennutzens ist ebenso wichtig wie die Information, dass das Produkt rechtzeitig geliefert werden kann. Zudem sollte der entscheidende Unterschied zu Konkurrenzangeboten präsentiert werden (vgl. Gründerzentrum Sachsen 2013).

3 Best Practices der Präsentation von Geschäftsideen für KMUs

Präsentationsvorbereitung

Eine gelungene Präsentation steht und fällt mit ihrer Vorbereitung. Ganz gleich wie wortgewandt und charismatisch der Präsentator ist, wenn man ihm anmerkt, dass er unvorbereitet ist, hat er sein Publikum bereits verloren. Eine effektive Vorbereitung sollte also Pflicht sein und strukturiert erfolgen. Zunächst ist zu recherchieren, was der Anlass der Rede ist, wer zum Publikum gehört und wo präsentiert wird. Sind diese grundlegenden Dinge geklärt, folgen Zieldefinitionen, Zielgruppenanalyse, Informationsrecherche, Informationsstrukturierung, Aufbereitung und Visualisierung.

Zielgruppenanalyse

Folgende Leitfragen sind für die unternehmerische Zielgruppenanalyse hilfreich: Welches Vorwissen hat das Publikum, warum sind die Informationen für das Publikum wichtig und welche Informationen sind notwendig, damit das Publikum die Relevanz der eigenen Aussagen erkennt? Die Analyse kann jedoch auch ausführlicher gestaltet werden, indem man die Zielgruppe hinsichtlich folgender Kriterien untersucht: wirtschaftliche und berufliche Interessen, persönliche und private Interessen, wirtschaftliche und persönliche Begrenzungen (vgl. Hierhold 2000, S. 58–60). Ganz gleich für welches Verfahren man sich entscheidet, ist die Durchführung der Zielgruppenanalyse von entscheidender Bedeutung, da die informelle Tiefe und der intellektuelle Anspruch eines Vortrages vom Vorwissen des Publikums abhängen. Sowohl Überforderung als auch Unterforderung führen zum Aufmerksamkeitsverlust bei den Zuhörern und sind daher dringend zu vermeiden.

Informationssammlung und Informationsstrukturierung

Nun müssen die präsentationsrelevanten Informationen recherchiert und strukturiert werden. Zunächst sollte man möglichst umfassende Informationen zum Thema sammeln und noch nicht selektieren (vgl. Püttjer und Schnierda 2001, S. 136). Recherchemöglichkeiten bieten sich in Archiven, Fachbüchern, Zeitschriften und im Internet, aber auch bei Kollegen und eigenen Erfahrungen (vgl. Nöllke und Schmettkamp 2011, S. 18). Jedoch sollte jede Information auf Relevanz geprüft werden, da sie die Kernaussagen der Präsentation untermauern beziehungsweise verständlich machen soll (vgl. Thiele 2010, S. 79).

Zur Strukturierung von Präsentationen gibt es mehrere Möglichkeiten. Zwei davon sollen hier exemplarisch dargestellt werden – das Informationsstrukturprinzip und das Argumentationsstrukturprinzip. Letzteres eignet sich vor allem für Überzeugungspräsentationen. Soll zum Beispiel in eine neue Maschine investiert werden, so muss der Werkstattleiter Überzeugungsarbeit leisten und die Vorteile der neuen Maschine herausstellen. Eine geeignete Vorgehensweise wäre es, die aktuelle Situation und deren negative Folgen darzustellen. Darauf folgt ein Vorschlag zur Verbesserung der Situation mit anschließender Erläuterung der positiven Effekte und möglichen nächsten Schritten. Dem Zuhörer wird so ein Einstieg in die Situation sowie eine Auswahl konkreter Handlungsoptionen gegeben. Für Informationspräsentationen eignet sich eher das Informationsstrukturprinzip. Hierbei wird zuerst die Bedeutung der Informationen geschildert, dann folgen Informationsblöcke und ein abschließendes Fazit. Dabei empfiehlt es sich, die wichtigsten Punkte nach jedem Informationsblock zusammenzufassen (vgl. Hierhold 2000, S. 86–104).

Einführung und Schluss einer Präsentation sind hierbei von großer Bedeutung. Zunächst muss das Publikum durch einen kreativen Einstieg für das Thema interessiert werden. Häufig wird schon nach wenigen Momenten entschieden, ob eine Präsentation einen Mehrwert bieten kann oder nicht. Nach dem inhaltlichen Teil folgt der Schlussteil, in dem es darauf ankommt, wichtige Aussagen ein weiteres Mal aufzuführen, da häufig die letzten Momente einer Präsentation im Gedächtnis der Zuhörer bleiben (vgl. Nöllke und Schmettkamp 2011, S. 33).

Inhaltsaufbereitung und Visualisierung

Um das Publikum möglichst zielgerichtet zu erreichen, müssen die Inhalte zuhörergerecht aufbereitet werden. Hierbei gilt: Je kürzer und prägnanter die Inhalte dargestellt sind, desto besser. Kurze und klare Aussagen sind leichter zu verstehen und bleiben länger im Kopf. Außerdem halten sie den Vortrag interessant und regen zum Mitdenken an. Hilfreiche Techniken sind hier die Emotionalisierung und das Denken in Bildern. Letzteres sollte bei der Erstellung der Präsentation immer angewandt werden. Der Präsentator entwirft dabei mental Bilder, die dann in ähnlicher Weise dem Zuhörer präsentiert werden. Dies vermeidet einerseits lange, ermüdende Textpassagen und fördert andererseits die Anschaulichkeit und die Notwendigkeit des gesprochenen Wortes. Ein emotionaler Bezug zum Thema kann recht vielfältig hergestellt werden. So können Beispiele aus dem alltäglichen Leben aller Zuhörer angebracht werden oder stetig in der Wir-Form gesprochen werden („Wir beschäftigen uns heute mit ...“). All diese Dinge erzeugen beim Zuhörer Nähe zum Thema und gleichzeitig Interesse.

Medieneinsatz

Häufig ist heutzutage Powerpoint das Mittel der Wahl, um Inhalte schnell und bequem zu präsentieren. Allerdings ist dies kein zwangsläufiges Muss. Gute Powerpoint-Präsentationen zu erstellen ist keine leichte Übung, da Folien schnell überladen, übertrieben bunt oder zu effektvoll sein können. Deshalb kann es durchaus sinnvoll sein, auf Flipcharts oder Tafelbilder zurückzugreifen. Entscheidend ist, dass das eingesetzte Medium dazu dient, Zusammenhänge zu verdeutlichen und nicht nur eine besonders gute Show zu liefern. An dieser Stelle muss sich der Präsentierende genau überlegen, welche Medien wirklich sinnvoll und notwendig sind, um den Inhalt verständlich zu machen. Generell gilt der Grundsatz, dass weniger mehr ist (vgl. Nöllke und Schmettkamp 2011, S. 65). Übersichtlichkeit sollte dabei Priorität haben. Es kann sogar ein einziges Bild ausreichend sein, wenn es den Inhalt gut vermittelt. Die Schrift sollte leserlich und groß sein, um das Lesen zu erleichtern. Vor allem in Tabellen ist dies zu beachten, weil auch die ausführlichste Kostenkalkulation wertlos ist, wenn keiner sie lesen kann. Keineswegs sollte man sich aber hinter Schaubildern verstecken, denn es „[. . .] wäre schade, wenn sich die Zuhörer Wochen nach der Präsentation zwar an Powerpoint-Bilder erinnern, nicht aber an den Vortragenden." (Thiele 2010, S. 90).

Fallbeispiel: Präsentation von Geschäftsideen vor Kunden

Das Praxisbeispiel bezieht sich auf ein real existierendes, junges Unternehmen, welches qualitativ hochwertige Software-Lösungen speziell für die Bereiche Unternehmensführung, Controlling und Projektmanagement entwickelt und vertreibt. Dabei spielen Produktpräsentationen vor Geschäftskunden, die im Wesentlichen mittelständische Unternehmen sind, eine zentrale Rolle. In diesen Präsentationen werden die Funktionen der entsprechenden Software sowie Möglichkeiten zur Lösung kundenspezifischer Probleme aufgezeigt. Die Präsentationen werden vom Geschäftsführer des Unternehmens und dem für den Vertrieb zuständigen Mitarbeiter gehalten und zielen darauf ab, die Kunden von dem Produkt zu überzeugen, um später einen Vertrag abzuschließen.

Im Falle dieses Softwareunternehmens sind Powerpoint-Folien das bevorzugte Mittel zur Visualisierung der Präsentationen. Die fertige Präsentation wird Kunden vor der Präsentation in Form einer PDF-Datei zugeschickt. Zusätzlich zur Powerpoint-Präsentation wird Kunden eine Produktmappe mit den wichtigsten Informationen zur Software ausgehändigt, sodass während der Präsentation das Anfertigen von Notizen entfällt. In Ausnahmefällen greifen die Präsentatoren jedoch auch auf andere Visualisierungsmöglichkeiten zurück. Diese reichen von einer direkten Produktdemonstration bis zur Nutzung von Flipcharts und sind abhängig von den jeweils gegebenen Räumlichkeiten.

Aus seinen Erfahrungen weiß der Unternehmer, dass man seinen Kunden jede Gelegenheit einräumen sollte, Fragen zu stellen, sowohl während als auch nach der Präsentation. Hierbei ist es schwierig sich vorzubereiten, da nicht vorhersehbar ist, was das Publikum fragen könnte. Eine vorbeugende Handlungsalternative bietet der Praktiker mit Leitfragen. Mit der Beantwortung dieser Leitfragen während der Präsentation will der Geschäftsführer bereits im Vortrag die wichtigsten Kundenfragen klären. Auch hier spielt Authentizität eine wichtige Rolle. Kann eine bestimmte Detailfrage nicht sofort beantwortet werden, ist es besser, dies zuzugeben und die Antwort zu recherchieren und nachzureichen.

Nach Präsentationen, bei denen bestimmte Schwachstellen erkannt wurden, besteht ein Nachbereitungsbedarf. Hier geht der Geschäftsführer im Rahmen eines „kleinen" Kontinuierlichen Verbesserungsprozesses (KVP) vor. Dieses Konzept beinhaltet eine ständige Überarbeitung der Präsentationen und läuft entsprechend dem folgenden Regelkreis ab. Um fehlende Informationen gut darzustellen, werden neue, möglichst bildhafte Powerpoint-Folien erstellt, welche in Absprache mit dem Vertriebsmitarbeiter (Vier-Augen-Prinzip) in die Präsentation aufgenommen werden. In der nächsten Präsentation wird dann die Reaktion des Publikums auf die neuen Folien überprüft.

4 Wirkungsmittel zur erfolgreichen Umsetzung einer Präsentation

Das Zusammenspiel der Faktoren Umfeld, Ziele, Präsentator, Rhetorik und Medieneinsatz wird in der Fachwelt als „Die fünf Wirkungsmittel der erfolgreichen Präsentation" bezeichnet, was Abb. 1.2 (vgl. Friedrich 2003, S. 5) verdeutlicht und nachfolgend erläutert wird.

Interessengruppen und Präsentations-Anlässe beschreiben zusammen das „Umfeld", in denen eine Präsentation stattfindet. Experten empfehlen Unternehmern, sich aus diesem Umfeld regelmäßig Feedback einzuholen und darauf basierend die Geschäftsidee-Präsentation zu optimieren (vgl. Friedrich 2003, S. 5).

Neben der Berücksichtigung des Umfeldes wird mittelständischen Unternehmern angeraten, sich ein klares Ziel einer jeden Präsentation zu setzen, wie zum Beispiel die Übereinkunft bezüglich eines Folgetermins. Hinweise beziehen sich außerdem auf die besondere Bedeutung des persönlichen Präsentierens der Geschäftsidee durch den Unternehmer zur Darbietung einer realistischen und überzeugenden Vorstellung (vgl. Sächsisches Staatsministerium für Wirtschaft, Arbeit und Verkehr 2012). Um die Rezipienten weiterhin zu animieren, sich mit der Geschäftsidee zu identifizieren, sollte der Präsentator diese nach Möglichkeit mittels kollektiver Ideenentwicklung aktiv in die Präsentation einbinden (vgl. Förderland 2013). Der Präsentator sollte außerdem auf Kritik der Rezipienten vorbereitet sein und ausgewogen Pro und Kontra argumentieren können. Der Einsatz stilistischer Feinheiten und rhetorischer Mittel erhöht weiterhin die Chancen, das Publikum von einer Idee zu überzeugen. Nicht zuletzt kommt es nach Griebentrog (2010) auf einen vielfältigen, visuell versierten Medieneinsatz an, um die Rezipienten hinsichtlich der Geschäftsidee positiv zu stimmen, da grafische Elemente, wie Diagramme und Symbole, einfacher als reine Textelemente zu merken sind.

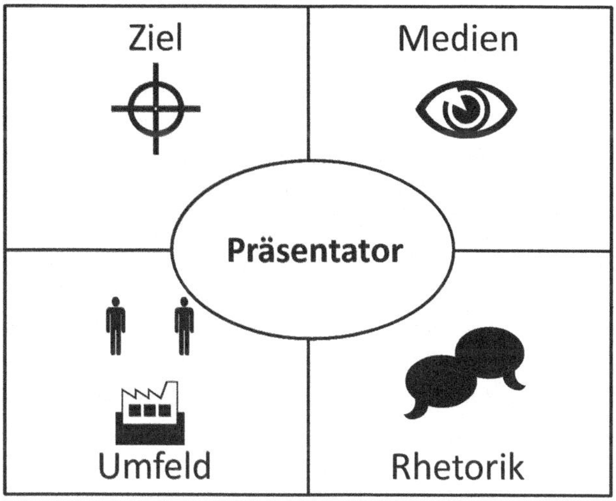

Abb. 1.2 Die fünf Wirkungsmittel der erfolgreichen Präsentation. (vgl. Friedrich 2003, S. 5)

Beschäftigt man sich mit dem inhaltlichen Aspekt einer Präsentation, ist vor allem die Übermittlung eines speziellen Mehrwertes für die Interessengruppen entscheidend. Es gilt herauszustellen, wie sich die Idee von dem Wettbewerb differenziert. Dies ist mithilfe der Kommunikation von Alleinstellungsmerkmalen (vgl. Für Gründer 2013) möglich. Weiterhin sollte eine Präsentation stets Fragen nach der Bedürfnisbefriedigung der Idee, ihrem innovativen Gedanken, ihrem gesellschaftlichen Nutzen sowie ihrer nachhaltigen Umsetzbarkeit beantworten. Um zufriedenstellende Antworten zu liefern, ist die Erschaffung einer überzeugenden Unternehmensstory unabdinglich (vgl. Griebentrog 2010), die sich als roter Faden durch die Präsentation zieht. Diese Story sollte eine Vision in sich bergen, die den Unternehmer als „Helden" hervorgehen lässt. Die Idee der Unternehmensstory basiert auf der Erkenntnis, dass Menschen mit emotionalen Informationen leichter als mit puren Fakten zu erreichen sind. Einfache und einprägsame Argumente machen eine Präsentation authentisch und attraktiv. Trotzdem ist die Plausibilität der Geschichte zu wahren (vgl. Für Gründer 2013).

5 Anhang

Weblinks

www.fuer-gruender.de
Diese Website bietet unter anderem nützliche Hinweise für Existenzgründer zur Erstellung einer Geschäftsmodellpräsentation.

http://www.gruendungswerkstatt-deutschland.de/index.html
Hier finden Unternehmer Hilfestellung für die Erstellung eines Businessplans.

http://www.existenzgruender.de/

Diese Webseite enthält wichtige Informationen zu den Themen Businessplan-Erstellung, Kundenansprache (Marketing), Personal und Kooperationen (hieraus gewonnene Informationen können in die Geschäftsidee-Präsentation einfließen).

http://www.gruenderzentrum-sachsen.de/existenzgruendung-und-personal.html

Diese Seite nennt Aspekte, die in einen perfekten Businessplan einfließen sollten.

http://www.gruenderblatt.de/

Hier gibt es kostenlose Businessplan-Vorlagen, Tipps und Tools.

http://www.bvmw.de/landesverband-bayern/geschaeftsstellen/nuernberg/geschaeftsstelle-nuernberg-ost/unternehmensportraets/augenmass/tipps-fuer-personalmarketing.html

Auf dieser Seite findet man Tipps für Personalmarketing im Mittelstand.

http://www.fuer-gruender.de/wissen/existenzgruendung-planen/praesentation/inhalt/

Diese Seite präsentiert eine Anleitung zur Erstellung einer Unternehmenspräsentation (Powerpoint) mit Folienangaben und inhaltlichen Hinweisen.

http://www.fuer-gruender.de/kapital/eigenkapital/elevator-pitch/richtig-vorbereiten/

Hier werden Hinweise zum Aufbau eines Elevator Pitchs gegeben.

http://www.perbit.com/hr-trends/personalmarketing-im-mittelstand-fuenf-schritte-zum-erfolg.htm

http://www.deutsche-startups.de/events/606/

Hier wird der Venture Day in Karlsruhe angesprochen, ein Zusammentreffen von Startups und Investoren, auf denen Jungunternehmer ihre Geschäftsideen präsentieren können.

http://www.personalmarketingkongress.eu/

Diese Seite thematisiert den Personalmarketingkongress in München, der 2013 den Deutschen Mittelstand zum Schwerpunkt hatte.

http://www.kooperationswissen.de/

Kooperationswissen.de bietet fundiertes Wissen für Mittelständler rund um das Thema Kooperationen.

http://www.gruenderlexikon.de/serie/wie-sie-kooperationspartner-finden-koennen

Hier gibt es Informationen über mögliche Plattformen zur Findung von Kooperationspartnern für Gründer.

http://www.zim-bmwi.de/veranstaltungen/innovationstag

Auf dieser Seite steht der Innovationstag des Mittelstandes des Bundesministeriums für Wirtschaft und Technologie im Mittelpunkt.

Weiterführende Literatur

Brinner, D. 2012. *Social Media Marketing für KMU: Der Nutzen von Social Media als Marketinginstrument für kleine und mittelständische Unternehmen.* Saarbrücken: Akademikerverlag. (Zur Kundengewinnung interessant).

Buckesfeld, Y. 2012. Employer Branding: Strategie für die Steigerung der Arbeitgeberattraktivität in KMU. Hamburg. Wichtig für Präsentationen von Geschäftsideen, um Mitarbeiter zu gewinnen.

Grass, B., M. Ant, J. R. Chamberlain, und H. Rörig. 2008. *Schritt für Schritt zur erfolgreichen Präsentation*. Berlin-Heidelberg: Springer. (Gibt einen guten Überblick über erfolgreiche Präsentationen).

Herzberg, U. 2010. Mein Business-Plan. Freiburg. Besonders wichtig bei Präsentationen der Geschäftsideen vor Investoren und Kooperationspartnern.

Renker, C. 2012. *Marketing im Mittelstand: Anforderungen, Strategien, Maßnahmen*. Zur Kundengewinnung interessant. Berlin: Schmidt (Erich).

Sauldie, S. 2010. *Internet Marketing Leitfaden: Kundengewinnung im Internet für kleine und mittelständische Unternehmen*. Mannheim: Books on Demand. (Zur Kundengewinnung interessant).

Literatur

Bundesverband Mittelständische Wirtschaft. 2013. BVMW. Von „Tipps für erfolgreiches Personalmarketing im Mittelstand". http://www.bvmw.de/landesverband-bayern/geschaeftsstellen/nuernberg/geschaeftsstelle-nuernberg-ost/unternehmensportraets/augenmass/tipps-fuer-personalmarketing.html. Zugegriffen: 20. Juli 2013.

Existenzgründer und Jungunternehmer. 25. Juni 2013. Existenzgründer und Jungunternehmer. Von „Partner für Existenzgründung". http://www.existenzgruender-jungunternehmer.de/existenzgruendung/partner-fuer-existenzgruendung.html. Zugegriffen: 18. Juli 2013.

Existenzgründerberatungen. 17. Nov. 2011. Partner für die Existenzgründung gesucht. Von „Partner für Existenzgründung". http://www.existenzgruendungsberatungen.de/business-plan/partner-fuer-die-existenzgruendung-gesucht-2/. Zugegriffen: 17. Juli 2013.

Förderland. 2013. Förderland. Von „Geschäftsidee wirksam vorbereiten". http://www.foerderland.de/news/fachbeitraege/beitrag/so-praesentieren-sie-ihre-geschaeftsidee-wirksam/vorbereitung/. Zugegriffen: 15. Juli 2013.

Friedrich, W. 2003. *Die Kunst zu präsentieren: Die duale Präsentation*. Berlin: Springer.

Für Gründer. 2013a. Für Gründer. Von „Marketingstrategie". http://www.fuer-gruender.de/beratung/daten-fachbeitraege-interviews/fachbeitraege/marketingstrategie-bestimmen/. Zugegriffen: 16. Juli 2013.

Für Gründer. 2013b. Für Gründer. Von „Unternehmensstart". http://www.fuer-gruender.de/wissen/unternehmen-gruenden/unternehmensstart/mitarbeiter/. Zugegriffen: 18. Juli 2013.

Griebentrog, W. 2010. Unternehmershuttle. Von „So überzeugen Sie mit einer guten Unternehmensstory Ihre Zielgruppen, Partner und Investoren". http://unternehmershuttle.de/2010/10/mit-guter-unternehmensstory-zielgruppen-ueberzeugen/. Zugegriffen: 15. Juli 2013.

Gründerzentrum Sachsen. 2010. Gründerzentrum Sachsen. Von „Existenzgründung und Personal". http://www.gruenderzentrum-sachsen.de/existenzgruendung-und-personal.html. Zugegriffen: 19. Juli 2013.

Gründerzentrum Sachsen. 2013. Gründerzentrum Sachsen. Von „Kundengewinnung". http://www.existenzgruender.de/checklisten_und_uebersichten/marketing/index.php. Zugegriffen: 20. Juli 2013.

Herzberg, U. 2010. *Mein Businessplan*. München: Haufe Lexware GmbH.

Hierhold, E. 2000. *Sicher präsentieren – wirksamer vortragen*. 5. Aufl. Wien: Redline.

IHK Saarland. 2013. Präsentieren von Geschäftsideen vor Investoren. http://www.saarland.ihk.de/p/IHK_Saarland-Partner_der_Wirtschaft-11.html. Zugegriffen: 19. August 2013.

Mittelstandswiki. 2013. Mittelstandswiki. Von „Kooperationen für KMU". http://www.mittelstandswiki.de/wissen/Kooperationen_für_KMU. Zugegriffen: 17. Juli 2013.

Monster. 2013. Monster. Von „Personaltipps Mittelstand“. http://arbeitgeber.monster.de/hr/personal-tipps/markte-analysen/studien/recruitingtrends-im-mittelstand-2013-88520.aspx. Zugegriffen: 20. Juli 2013.

Nöllke, C., und M. Schmettkamp. 2011. *Präsentieren*. Freiburg: Haufe-Lexware.

Onpulson. 2011. Wissen für Unternehmer und Manager. Von „Präsentation“. http://www.onpulson.de/lexikon/3964/praesentation/. Zugegriffen: 19. Juli 2013.

Püttjer, C., und U. Schnierda. 2001. *Optimal präsentieren – So überzeugen Sie mit Körpersprache*. Frankfurt: Campus Sachbuch.

Sabatti, C. (2009). *Erfolgreich präsentieren*. Freiburg i. B.

Sächsisches Staatsministerium für Wirtschaft, Arbeit und Verkehr. 20. Dez. 2012. Amt24. Von „Businessplan“. http://amt24.sachsen.de/ZFinder/lebenslagen.do?action = showdetail&modul = LL&id = 2079!0. Zugegriffen: 16. Juli 2013.

Thiele, A. 2010. *Präsentieren ohne Stress – Wie Sie Lampenfieber in Auftrittsfreude verwandeln*. Frankfurt: Frankfurter Allgemeine Buch.

Netzwerke aufbauen

2

Ralph Sonntag, Antonia Müller und Sebastian Noll

1 Einführung

Sowohl aus dem privaten als auch dem beruflichen Umfeld ist die Begrifflichkeit „Networking" kaum noch fortzudenken. Kontakte, on- als auch offline, gewinnen zunehmend an Bedeutung und schaffen einen Mehrwert durch kontinuierliche Pflege. Denn der Kontakt ist nur der erste Schritt, wenn es darum geht, ein nutzbringendes Netzwerk aufzubauen. Nach der Kontaktanbahnung gilt es, darauf aufbauend eine Beziehung herzustellen und diese nachhaltig zu pflegen, um schlussendlich auf ein Netz verlässlicher Partner zurückgreifen zu können. Der vorliegende Handbuchartikel thematisiert diese besondere Form von Beziehungen, stellt die Vorteile von Netzwerken, aber auch die Herausforderungen bei dem Aufbau eines solchen dar.

Bevor in den nachfolgenden Kapiteln die Bedeutung von Netzwerken mit Blick auf den Mittelstand dargestellt, sogenannte Best Practices benannt und die Implementierung von Instrumenten zur Vernetzung für KMU beschrieben werden, wird an dieser Stelle zunächst die Grundlage zum Verständnis der Anforderungen an diese Thematik abgebildet.

Die Autoren Bogenstahl, Gemünden und Imhof definieren Netzwerke „... als eine hybride Organisationsform zwischen Markt und Hierarchie" (Bogenstahl et al. 2009, S. 1). Darauf aufbauend beschreibt der Autor Brass: „... das Netzwerke jeweils durch eine Menge von Knoten (Akteure des Netzwerks) und Kanten (Austauschbeziehungen der Netzwerkakteure) abgebildet werden" (Brass et al. 2004, S. 795). Somit lässt sich festhalten: Für den Aufbau eines Netzwerkes müssen die Akteure (Knoten) Kontakte zu anderen Akteuren herstellen. Diese Verbindungen (Kanten) und das damit entstandene Netzwerk

R. Sonntag (✉) · A. Müller · S. Noll
Fakultät Wirtschaftswissenschaften, Hochschule für Technik und Wirtschaft Dresden,
Friedrich-List-Platz, 01069 Dresden, Deutschland
E-Mail: sonntag@htw-dresden.de

A.-K. Haubold et al. (Hrsg.), *Managementkompetenzen im Mittelstand*,
DOI 10.1007/978-3-658-03448-1_2, © Springer Fachmedien Wiesbaden 2014

können sich aber im Laufe der Zeit verändern (daher eine hybride Organisationsform), beispielsweise wenn bestimmte Verbindungen abbrechen oder neue entstehen.

Neben diesen existieren unzählige weitere Definitionen zu der vorliegenden Thematik. In der Praxis ist es jedoch weniger relevant, welcher Definition ein Netzwerk folgt, da jedes Individuum unterschiedliche Aspekte bei dem Aufbau eines erfolgreichen Netzwerkes berücksichtigen wird. Von weitaus größerer Bedeutung ist die Tatsache, dass Netzwerken nicht als Muss oder Zwang betrachtet wird, sondern der Aufbau von Kontakten zu anderen Menschen und die Pflege der zwischenmenschlichen Beziehungen intrinsisch motiviert sind. Dazu ist es notwendig, die eigene Persönlichkeit zu präsentieren, aufgebautes Wissen preiszugeben und mit anderen zu teilen. In einem Netzwerk, welches allen Mitgliedern langfristigen Nutzen bringt, ist jedem bewusst, dass Netzwerken Geben und Nehmen bedeutet und daher entscheidend von dem Faktor Vertrauen beeinflusst wird.

Erfolgreiches Netzwerken hängt maßgeblich von der Persönlichkeit des Netzwerkenden ab. Während manche Akteure scheinbar mühelos neue Kontakte knüpfen und dauerhaft halten können, fällt dies anderen Personen wesentlich schwerer. Jedoch kann netzwerkfreundliches Verhalten erlernt und gezielt trainiert werden, um von den damit einhergehenden Vorteilen zu profitieren. Einen jener Vorteile hat bereits der berühmte Automobilpionier Henry Ford in dem ihm zugeschriebenen Zitat:

> Zusammenkommen ist ein Beginn, Zusammenbleiben ist ein Fortschritt, Zusammenarbeiten ist ein Erfolg. (Ford o. J.)

benannt. Erfolg. Sowohl im privaten als auch im unternehmerischen Wirken der meisten Personen ist die Aussicht auf Erfolg ein Antrieb und zugleich eine der Schlüsselgrößen, an denen die Erreichung von Zielen gemessen wird. Was dabei nun konkreter Inhalt des Erfolgs ist, hängt wiederum von der Zielsetzung ab. Im Privaten kann der Erfolg beispielsweise in einem beruflichen Aufstieg liegen, aus unternehmerischer Sicht in der Gewinnung neuer Aufträge oder engagierter Mitarbeiter, der Bindung von Kunden oder dem Erwerb von Know-how in einem neuen Bereich.

Netzwerken selbst ist dabei allerdings keine neue Erscheinung. Lediglich die Möglichkeiten haben sich dem Wandel der Technik angepasst. Denn bereits vor der Zeit von Computern und Internet waren gut gepflegte Kontakte und der gegenseitige Austausch von Kompetenzen persönliche und unternehmerische Erfolgsfaktoren. Im Zeitverlauf haben sich die Kommunikationswege und damit unter Umständen auch die Anzahl der Kontakte geändert. Heutzutage ist es ein Leichtes, einen (Video-)Anruf zu tätigen, in den meisten Fällen unabhängig davon, in welchem Land sich die Gesprächspartner befinden. Ebenso schnell sind E-Mails oder Nachrichten in einem der sogenannten sozialen Netzwerke versandt. Dank mobiler Kommunikationsendgeräte wie Smartphones oder Tablet-PCs lässt sich die Kontaktpflege von unterwegs organisieren. Jedoch sollte trotz dieser digitalen Unterstützung das persönliche Treffen nicht an seiner Bedeutung verlieren. Denn oftmals ergeben sich in einem direkten Gespräch immer wieder neue Ansatzpunkte und somit der Austausch zu einer Vielzahl von Themen.

Zudem lassen sich durch das persönliche Kennenlernen zwischenmenschliche Faktoren wie die Offenheit und Ehrlichkeit der Gesprächspartner genauer einschätzen. Face-to-Face-Kommunikationen ermöglichen präzisere Prognosen über eine erfolgreiche Zusammenarbeit. Darüber hinaus birgt die schnelle Kommunikation via Internet die Gefahr, in zu vielen Netzwerken involviert zu sein und sich selbst der begrenzten Ressource (Arbeits-)Zeit zu berauben. Keinesfalls bedeutet dies, die gebotenen Möglichkeiten der Online-Kommunikation ungeachtet zu lassen, vielmehr gilt es, ein ausgewogenes und gutes Maß zu finden. Das bedeutet, im Vorfeld genauestens zu selektieren, welche Netzwerke für welche Zwecke dienen können und zu entscheiden, ob die eigenen Kompetenzen den Netzwerkpartnern dienlich sein können.

Zu der Thematik Networking, mit seinen Bestandteilen Kontakte anbahnen, Netzwerke aufbauen und langfristig pflegen, existiert bereits eine Vielzahl von Veröffentlichungen sowohl national als auch international. Neben aktuellen Studien findet sich bei der Recherche Literatur, welche bereits zum Ende des 20. Jahrhunderts verfasst wurde, in ihren Grundzügen aber zumeist nichts an ihrer Aktualität verloren hat. Dies verdeutlicht nochmals, dass Networking keineswegs ein neu aufgekommenes Thema ist, sondern bereits seit vielen Jahren diskutiert wird. Die verfügbare Literatur setzt zumeist individuelle Schwerpunkte und hat somit unterschiedliche Betrachtungsweisen. So können beispielsweise die Netzwerkarbeit zwischen Unternehmen, Ansätze zur Vernetzung eines Unternehmens mit seinen Lieferanten oder Kunden sowie Hinweise, wie sich Networking im Berufsleben einbinden lässt und langfristig nutzenstiftend sein kann, im Fokus der Betrachtung stehen.

International einer der erfolgreichsten Netzwerker und Experte im Bereich Beziehungsaufbau ist Keith Ferrazzi. Ferrazzi teilt seine 20-jährigen Erfahrungen in seinen Büchern „Geh nie alleine essen" und „Who's got your back" (im Sinne von: verlässliche Beziehungen bilden). Ferrazzi erklärt, weshalb Beziehungen werthaltiger sind als eine Sammlung von Visitenkarten – unabhängig davon, ob Angestellter oder Unternehmensinhaber – und wie diese aufgebaut, gestärkt und langfristig gepflegt werden (Ferrazzi 2012).

In der aktuellen Literatur finden sich bisher allerdings kaum Veröffentlichungen, welche die Themen Netzwerke und Mittelstand vereinen und dabei die Besonderheiten mittelständischer Unternehmen berücksichtigen. Dabei bilden kleine und mittelständische Unternehmen die größte Gruppe der in Deutschland bestehenden Unternehmen. Eine Publikation, welche Networking und die Fähigkeit dazu unter dem Begriff Beziehungsintelligenz thematisiert und dabei den Schwerpunkt auf mittelständische Unternehmen legt, ist im Jahre 2010 unter dem Titel „Exzellenz im Mittelstand" erschienen.

Bedingt durch die geringe Zahl relevanter Veröffentlichungen entschieden sich die Autoren, das Kompetenzfeld „Netzwerke aufbauen" mit Blick auf den Mittelstand aufzubereiten und darzustellen, wie die Fähigkeit des Netzwerkens gerade für kleine und mittelständische Unternehmen Wettbewerbsvorteile bringen kann. Im nächsten Abschnitt steht deshalb zunächst die Bedeutung von Netzwerken für den Mittelstand im Mittelpunkt der Betrachtung.

Eine Liste der verwendeten Literatur sowie weiterführende Hinweise zu Literatur und Webseiten sind am Ende dieses Handbuchkapitels zusammengestellt.

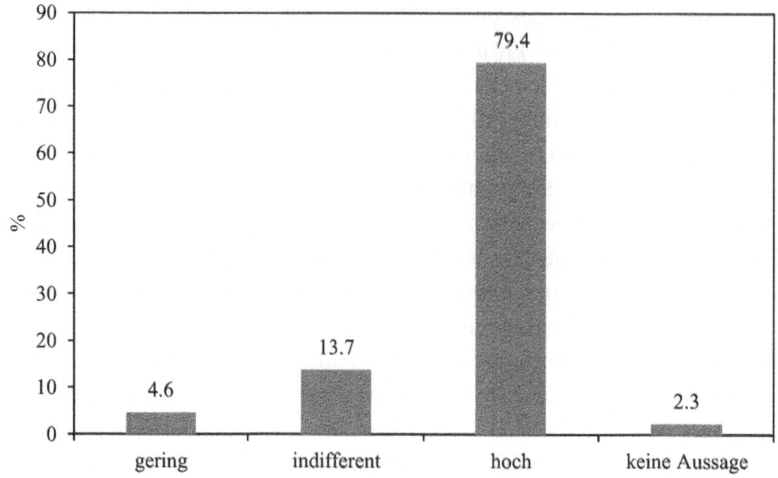

Abb. 2.1 Bedeutungszuwachs von Netzwerken in den nächsten zehn Jahren. (Baier et al. 2008, S. 5)

2 Die Besonderheit der Thematik „Netzwerke aufbauen" für den Mittelstand

Bevor im folgenden Kapitel die Bedeutung des Netzwerkaufbaus für den Mittelstand analysiert wird, soll zunächst ganz allgemein die gegenwärtige und zukünftige Relevanz der Thematik im Mittelpunkt der Betrachtung stehen.

Studien, wie beispielsweise die von Baier, Rese und Nicolai, befassten sich mit genau dieser Fragestellung (s. Abb. 2.1). Dabei wurden 271 Netzwerkmanager, vorrangig von kleinen und mittelständischen Unternehmen, nach dem Bedeutungszuwachs von Netzwerken in den nächsten zehn Jahren gefragt. Vier Fünftel (79,4 %) der Netzwerkmanager bescheinigen diesem Thema in den nächsten Jahren einen hohen Bedeutungszuwachs (Baier et al. 2008, S. 5). Dies führt zu der Schlussfolgerung, dass es für Unternehmen bereits heute empfehlenswert ist, sich mit Netzwerken und deren Aufbau zu beschäftigen.

Zu Beginn dieses Handbuches wurde bereits auf das häufig verwendete KMU-Defizitmodell eingegangen, weshalb auf eine erneute Darstellung an dieser Stelle verzichtet wird. Zudem sei nochmals auf die vielfältigen Herausforderungen verwiesen, denen kleine und mittlere Unternehmen bei einer mittelstandstypischen Ausgangslage gerecht werden wollen und im Zuge der Sicherung ihrer Existenz zum Teil auch müssen (s. Abb. 2.2). Gerade um in diesem Spannungsfeld den verschiedensten Anforderungen gerecht zu werden, bietet sich der Aufbau eines umfassenden Netzwerkes an (Bach et al. 2010, S. 353).

Bedingt durch die Tatsache, dass der Mittelstand in der Regel auf einzelne Bereiche spezialisiert ist und in diesen Kernkompetenzen oft zu den Marktführern in Nischenbereichen zählt, können Mittelständler untereinander von den Qualifikationen und Ressourcen des jeweils anderen profitieren und sich gegenseitig mit Kompetenzen unterstützen.

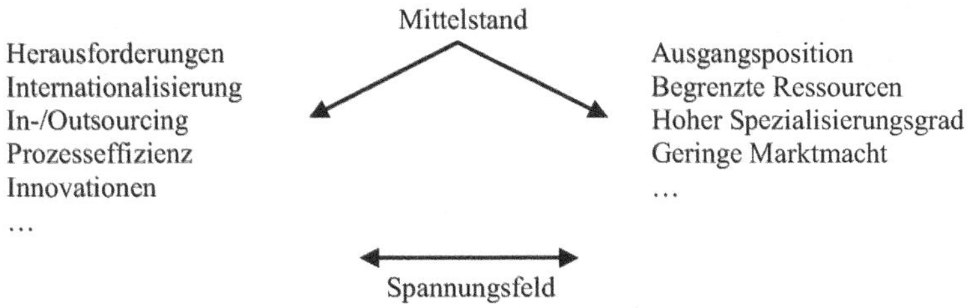

Abb. 2.2 Spannungsfeld im Mittelstand. (Bach et al. 2010, S. 354)

Dadurch wird Unternehmen die Möglichkeit eröffnet, das eigene Leistungs- und Produktportfolio zu erweitern und den Kundenanforderungen in noch größerem Umfang gerecht zu werden. Dies bietet sich auch deshalb an, da der Mittelstand aus Autorensicht – trotz dass er die größte Anzahl an Unternehmen stellt – von einem gewissen partnerschaftlichen Umgang und einem fairen Wettbewerb geprägt ist. Gerade regional sind Unternehmer oftmals miteinander bekannt und erkennen die Leistungen des jeweils anderen an. Dieser Respekt, gepaart mit kurzen inner- beziehungsweise interbetrieblichen Kommunikationswegen, eröffnet die Chance eines ehrlichen und Erfolg bringenden Austausches, wobei sich Geben und Nehmen die Waage halten und alle Beteiligten das Gefühl haben sollten, einen positiven Nutzen aus dem Netzwerk zu ziehen. Wie sich der Erfolg schlussendlich konkretisiert, hängt von der Zielsetzung des Mittelständlers ab. Aufgrund ihrer Messbarkeit werden als Ziele oftmals die Erschließung neuer Marktsegmente, die Gewinnung neuer Aufträge oder die Erhöhung von Absatz, Umsatz und Gewinn als Primärziele gewählt. Daneben spielen auch gemeinsame Investitionen in Forschung und Entwicklung, die Gewinnung von geeigneten Nachwuchskräften für eine Branche oder die gegenseitige Unterstützung in Innovationsprozessen im Rahmen des Netzwerkens eine bedeutende Rolle.

Engpässe für den Betrieb eines erfolgreichen Networkings in mittelständischen Unternehmen liegen in den Faktoren Zeit und personelle Ausstattung begründet. Denn gerade mittelständische Unternehmer sind gezwungen, die nur begrenzt vorhandenen Ressourcen effizient einzusetzen, und so stehen sie beispielsweise vor der Entscheidung: Netzwerkveranstaltung oder operatives Geschäft.

Um abschließend nochmals die Bedeutung erfolgreichen Netzwerkens für den Mittelstand aufzuzeigen, wird im Folgenden ein Vergleich zur Bedeutung von Netzwerken in Großunternehmen angestrebt. Dieser erlaubt es, die Unterschiede zwischen Großunternehmen und KMU in Bezug auf das Netzwerken abzubilden und somit darzustellen, weshalb es sich gerade für den Mittelstand lohnt, in den Aufbau und die Pflege von Netzwerken zu investieren.

Eine Besonderheit stellt der Einsatz eines neutralen Moderators dar, um eine ausgewogene Verteilung des Einflusses der verschiedenen Netzwerkpartner zu gewährleisten und somit, gerade in einem reinen Unternehmensnetzwerk, vor allem in der Anfangsphase eine gleichberechtigte Struktur zu schaffen (Becker et al. 2005, S. 70).

Den entscheidenden Gegensatz beim Netzwerken zwischen Mittelständlern und Großunternehmen beschreiben die Autoren Becker, Dammer et al. treffend in einem Satz:

> Wo die Großen fusionieren, müssen die Kleinen kooperieren (Becker et al. 2005, S. 3).

Aufgrund ihrer Finanzkraft haben Konzerne die Möglichkeit, andere Unternehmen aufzukaufen und/oder sich beispielsweise in einem Joint Venture zusammenzuschließen. Kleine und mittelständische Unternehmen können schwer fusionieren, haben beim Netzwerken aber die Möglichkeit, den Weg der Kooperation einzuschlagen. Doch diese Form der Zusammenarbeit mit anderen Unternehmen ist keineswegs die schlechtere Alternative zur Fusion. Denn Netzwerke und Kooperationen, wenn sie richtig eingesetzt werden, sind praktische Instrumente für den Mittelstand, sich an die Anforderungen der Globalisierung anzupassen (Becker et al. 2005, S. 4).

Sinkende Preise für Produkte und zunehmender globaler Wettbewerbsdruck zwingen KMU dazu, effizienter zu arbeiten. Zudem steigt die Nachfrage nach komplexen Problemlösungen. Um diesen Anforderungen zu begegnen, müssen kleine und mittelständische Unternehmen Netzwerke bilden und kooperieren. Darüber hinaus ist es für diese Unternehmen eine Möglichkeit, unternehmerische Chancen zu vergrößern und Risiken auf mehrere Akteure zu verteilen (Bundesministerium für Wirtschaft und Arbeit 2003, S. 4), und bietet Unternehmen zudem die Möglichkeit, ihre Selbständigkeit und ihre Flexibilität zu behalten (Becker et al. 2005, S. 21).

In dem Zusammenhang muss erwähnt werden, dass der Aufbau von mittelständischen Netzwerken Risiken mit sich bringt. Wird diesen aber ausreichend Aufmerksamkeit zugeschrieben, können Abwehrmaßnahmen überlegt und letztendlich die Potenziale des Geschäftsmodells besser genutzt werden (Bach et al. 2010, S. 67).

Welche Vorgehensweisen sich bei dem Aufbau von Netzwerken empfehlen, bildet den Schwerpunkt des nachfolgenden Abschnitts.

3 Best Practices für den Mittelstand zum erfolgreichen Aufbau von Netzwerken

Um die praktische Relevanz von Netzwerken im Allgemeinen sowie des Netzwerkaufbaus und der Netzwerkpflege, insbesondere für den Mittelstand, besser beurteilen zu können, haben die Autoren ein Interview mit dem Inhaber und Vorstandsvorsitzenden sowie dem Presseverantwortlichen eines mittelständischen Unternehmens, mit Sitz in Sachsen, geführt. Eine Darstellung der Ergebnisse dieses Interviews in Bezug auf ein konkretes Fallbeispiel aus der unternehmerischen Praxis dieses Mittelständlers wird im Folgenden vorgestellt.

An dieser Stelle sollen zunächst Erfolg versprechende Vorgehensweisen im Sinne von „Best Practices“ dargestellt werden. Diese stammen zum einen aus Erfahrungen der Autoren und Herausgeber, zum anderen aber auch aus dem Wissen, welches die Interviewpartner mit den Verfassern dieses Kapitels geteilt haben.

Zu Beginn sei nochmals auf die bereits in Abschn. 2 erläuterte Bedeutsamkeit der Thematik für den Mittelstand hingewiesen. Somit lässt sich festhalten, dass das Netzwerken für ein Unternehmen des Mittelstandes von weit größerer Bedeutung ist als für ein Großunternehmen mit einer oftmals anderen Unternehmensstruktur und einem anderen finanziellen Hintergrund.

Bedingt durch ein knappes zur Verfügung stehendes Zeitkontingent müssen Netzwerke vor allem durch ihre Effizienz überzeugen. Dies liegt bei Weitem nicht nur an dem Netzwerk selbst, sondern auch, wie eingangs schon erwähnt, in der Persönlichkeit des Netzwerkenden. Es gilt sich zunächst klarzumachen, welches Ziel mit der in ein Netzwerktreffen investierten Zeit erreicht werden soll. Abgeleitet aus der Philosophie *Stärken stärken und Schwächen schwächen*, hat der interviewte Mittelständler seine ganz eigene Herangehensweise ausgebildet. Für ihn liegt ein Schwerpunkt des Netzwerkens darin, Stärken zu stärken, mit diesen andere Netzwerkpartner zu unterstützen und für die eigenen Schwächen Kooperationspartner zu finden, mit denen fehlendes Know-how ausgeglichen werden kann. Im Vorfeld bedeutet dies allerdings, Zeit dafür aufzuwenden, sich selbst und das Unternehmen, in dessen Namen Networking betrieben wird, dahingehend zu analysieren. Das heißt sich beispielsweise die Fragen zu stellen, welche Leistungspotenziale können auf unternehmerischer, aber auch privater Ebene angeboten werden, welche Kernkompetenzen sind vorhanden und über welche Kontakte verfügt der Netzwerkende. Die dabei identifizierten Stärken bilden somit das Wissen, welches anderen Netzwerkmitgliedern zur Verfügung gestellt und von diesen genutzt werden kann. Auf der anderen Seite finden sich die Schwächen des Unternehmens oder der netzwerkenden Person. Schwächen ergeben sich in vielen Fällen aufgrund von fehlendem Know-how, einem Mangel an Ressourcen oder einfach durch das Fehlen geeigneter Partner.

Natürlich sollten Netzwerktreffen nicht erst von Bedeutung sein, wenn Schwächen identifiziert wurden. Vielmehr sollten sie eine konstante Größe im Geschäftsbetrieb darstellen, um die Waage zwischen Geben und Nehmen zu halten und den Kontakt zu den Mitgliedern des Netzwerkes nicht zu verlieren. Welche Zeitintervalle zwischen den Treffen dabei den größten Erfolg bringen, lässt sich allerdings nicht pauschalisieren, sondern hängt auch von der Zahl der angebotenen Veranstaltungen und der Größe des Netzwerkes ab. Da aber für den Mittelstand mittlerweile zahlreiche, spezialisierte Netzwerke mit regelmäßigen Veranstaltungen existieren, sei an dieser Stelle empfohlen, zumindest vierteljährlich an Netzwerktreffen teilzunehmen. Auch auf die Frage nach der tagtäglich oder monatlich aufzuwendenden Zeit zum Aufbau und zur Pflege eines Netzwerkes lässt sich keine feste Zahl empfehlen. Zumal gerade bei Unternehmensverantwortlichen die Grenzen zwischen beruflichen und privaten Kontakten verschwimmen und so nicht eindeutig zwischen Arbeits- und Freizeit getrennt werden kann. Doch diese fehlende Abgrenzung ist kein Nachteil.

Für viele Unternehmensinhaber ist Netzwerken keine unangenehme Pflicht, sondern in den meisten Fällen ein willkommene Abwechslung zur operativen Tätigkeit im Unternehmen. Denn es bietet sich die Chance, gerade bei Veranstaltungen von Verbänden, wie beispielsweise dem *Bundesverband mittelständische Wirtschaft* (BVMW) oder dem *Deutschen Mittelstands-Bund* (DMB), innerhalb kürzester Zeit auf begrenztem Raum Unternehmer anderer Branchen kennenzulernen, sich auszutauschen und im besten Falle langfristig von solchen Kontakten zu profitieren. So existieren zahlreiche regional als auch überregional organisierte Netzwerke, die meisten mit Schwerpunkten wie beispielsweise Mittelstand oder Existenzgründung. Diese Vielzahl birgt die Gefahr, in zu vielen Netzwerken aktiv zu sein. Entscheidend ist, die jeweiligen Netzwerke herauszufiltern, die aus der eigenen Perspektive den meisten Nutzen bringen, zugleich aber auch die Chance bieten, sich selbst aktiv einzubringen. Zu Beginn ist es sicherlich empfehlenswert, verschiedene Netzwerke und deren Veranstaltungen kennenzulernen. Dadurch lässt sich feststellen, welche Organisationen welche Schwerpunkte setzen, welche Kompetenzen die Mitglieder haben und von dem Umgang unter diesen überzeugen. Die dafür aufgewendete Zeit ist nutzbringend, denn ein gut gepflegtes Netzwerk kann den Erfolg der geplanten Unternehmensentwicklung entscheidend beeinflussen beziehungsweise das Erreichen bestimmter Ziele beschleunigen. Dies zeigt auch das nachfolgende Beispiel aus der Unternehmenspraxis des interviewten Mittelständlers.

Fallbeispiel: *Von der Filiale zum Partnershop: Franchise im Fahrradeinzelhandel*

Als Fallbeispiel für ein optimales und effizientes Netzwerken wird nachfolgend die Expansionsstrategie eines sächsischen mittelständischen Unternehmens des Fahrradeinzelhandels beschrieben. Seit 1997 ist dieser Fahrradeinzelhändler mit verschiedenen Filialen in Ostdeutschland und im Ruhrgebiet vertreten. 2010 erfolgte die Umstellung der Unternehmensstruktur von Einzelhandelsfilialketten auf selbständige Franchisepartner, das erste Franchisesystem in der Fahrradeinzelhandelsbranche. Aktuell existieren zehn Franchisepartner, welche insgesamt 23 Shops betreiben. Das Unternehmen zählt ca. 200 Mitarbeiter und will nun in ganz Deutschland mit diesem Franchisesystem expandieren. Dabei sollen auch neue Standorte erschlossen werden.

Um dieses Vorhaben erfolgreich umzusetzen, wurde zunächst eine Strategie bezüglich des Vorgehens entwickelt und darauffolgend ein Stärken-Schwächen-Profil erstellt. Dadurch wurde erkannt, an welchen Stellen Bedarfe bestanden, das heißt, in welchen Bereichen Schwächen vorhanden waren und sich die Notwendigkeit von Kooperationspartnern ergab. Entsprechend der Bedarfe wurden passende Netzwerke und Netzwerkpartner gesucht, um mit diesen anschließend den beabsichtigten Nutzen zu erzielen. Dies gelang dem Unternehmen erfolgreich und so wurden neue Franchisepartner in Rostock, Berlin und Leipzig gefunden. Denn das Unternehmen hatte, ausgehend von einer Stärken-Schwächen-Analyse, erkannt, dass an den avisierten Standorten vor allem Bedarf bei der Suche nach passenden und gut erreichbaren Immobilien und Franchisenehmern bestand. Daraufhin wurden die für die bestehenden Probleme passenden und an den gewünschten Standorten vertretenen Netzwerke ausgewählt. Dazu gehörten unter anderem Veranstaltungen des Bundesverbandes Deutscher Mittelstand e. V. und des

Bundesverbandes mittelständische Wirtschaft. Der Inhaber des Einzelhandelsunternehmens ist dabei aktiv auf die jeweiligen Netzwerke zugegangen. Er hat dem Netzwerk sein Know-how zur Verfügung gestellt und beispielsweise zu verschiedenen Themen referiert. Dadurch gelang es ihm, Kontakte zu Immobilienmaklern aufzubauen und durch das Netzwerk Franchisenehmer von seinem Geschäftsmodell zu überzeugen. Damit entstand für alle Beteiligten eine Win-win-Situation. Die Mitglieder der verschiedenen Netzwerke haben von den Erfahrungen des Unternehmers profitiert, im Gegenzug erhielt er für seine verschiedenen Bedarfe passende Lösungen.

Dieses Vorgehen hat der mittelständische Unternehmer an den oben genannten Standorten praktiziert und somit innerhalb einer vergleichsweise kurzen Zeit (5 Monate) und zu geringen Kosten vier neue Franchisenehmer mitsamt Finanzierung gewinnen und ihnen passende Immobilien für ihre Selbständigkeit anbieten können. Und dies, obwohl er seine Vertriebsstrukturen erst vor nicht allzu langer Zeit auf das Franchising-System umgestellt hatte.

Auch die Bedeutung der sozialen Netzwerke spielt in der Zeit des Internets eine entscheidende Rolle. Nie zuvor konnte innerhalb kürzester Zeit mit verschiedensten Anspruchsgruppen kommuniziert und Feedback eingeholt werden. Die Reaktionszeiten haben sich signifikant verkürzt und erlauben beiden Seiten, ihre Meinungen mit einer breiten Öffentlichkeit zu teilen. Kritik, die an einem Unternehmen geübt wird, kann sofort kommentiert und gegebenenfalls richtiggestellt werden. Dazu bedarf es allerdings eines Verantwortlichen im Unternehmen, dem für genau diesen Zweck auch ein entsprechendes Zeitbudget zur Verfügung gestellt wird. Aus der Erfahrung des Interviewpartners ergibt sich hier ein Richtwert von etwa zwei Stunden pro Arbeitstag, wobei dieser aber auch von der Anzahl der verwendeten Plattformen und den eigenen Aktivitäten auf diesen Kanälen abhängig ist. Hierbei lassen sich verschiedenste Schwerpunkte setzen.

In den meisten Fällen dient der Auftritt auf sozialen Netzwerken oder Bewertungsplattformen dem Zweck der Kundenbindung. Darüber hinaus bietet sich der Auftritt auf sozialen Netzwerken aber auch für die Personalgewinnung und die Positionierung als Arbeitgeber an. Auch für die Vernetzung zwischen Unternehmen, seien es Kunden, Lieferanten oder Wettbewerber, können spezielle Netzwerke eingesetzt werden. Diese ermöglichen es, ähnlich wie Netzwerktreffen, Fachwissen auszutauschen und Partner zur Umsetzung der eigenen Strategie zu gewinnen. Generell bietet es sich an, eine Verbindung zwischen online und offline stattfindender Kommunikation zu schaffen. So kann mit wenig Aufwand ein offline stattfindendes Event, wie beispielsweise einen Tag der offenen Tür, Produktvorstellungen oder Messeauftritte, auch online beworben werden. Somit kann die Zahl der erreichten Zielgruppenmitglieder kostengünstig erhöht werden.

An dieser Stelle sei auch auf die in Abschn. 4 beschriebene Implementierung von Instrumenten zur Vernetzung für KMU und das dargestellte Vorgehen am Beispiel des Instruments Community verwiesen. Um erfolgreich auf den angebotenen Plattformen zu agieren, bietet es sich an, die passenden Netzwerke und Instrumente auszuwählen und diese entsprechend der Devise „weniger ist mehr" konsequent zu pflegen. Hierfür bietet es sich an, eine Strategie festzulegen, welche Themen in welcher Weise kommuniziert werden sollen.

Bei der Teilnahme an Netzwerkveranstaltungen, aber auch bei der Kommunikation in sozialen Netzwerken, steht das Schaffen von Vertrauen im Vordergrund. Sicher kostet die Preisgabe des eigenen Know-hows Überwindung, allerdings setzt dies auch wieder neue Anreize und steigert den Wettbewerb. Denn, um den interviewten Unternehmensinhaber zu zitieren, „der Schnelle frisst heutzutage den Langsamen, nicht mehr die Großen die Kleinen“. Zudem ist es unumgänglich, die Struktur des Netzwerkes zu verstehen, das heißt, zu wissen wer die wichtigsten Akteure des Netzwerkes (vergleichbar mit Hubs eines technischen Netzwerks) sind und wer qualifizierte Kontakte vermitteln kann. Dies ist dann nützlich, wenn schnell passende Partner und Lösungen gefunden werden müssen. Im Endeffekt gilt es, wie bereits in Abschn. 1 erwähnt, Verbindungen zu anderen Akteuren herzustellen und so Austauschbeziehungen zu schaffen. Um ein langfristig Erfolg bringendes Netzwerk aufzubauen, müssen sich aus der Zusammenarbeit zwischen den Akteuren Vorteile für alle Beteiligten ergeben.

Scheuen sollten sich Unternehmer auch davor nicht, in Kooperation mit Hochschulen zu treten. Sei es zum Beispiel durch die Einstellung eines Studierenden beziehungsweise Absolventen oder eine Dozententätigkeit. Profitieren können dadurch beide Seiten. Für das Unternehmen ergeben sich die Vorteile daraus, aus der Forschung der Hochschulen neue Erkenntnisse zu gewinnen. Die Hochschulen ziehen ihren Nutzen wiederum aus dem praktischen Wissen der Unternehmer und verstärken dadurch den Bezug zu den Problemen, mit welchen Unternehmen aktuell konfrontiert sind und für welche nach Lösungen gesucht wird. Somit ergibt sich eine Win-win-Situation, welche den Erfolg von Netzwerken ausmacht.

Nach dieser überblicksmäßigen Darstellung der Aspekte, die zum Aufbau eines gewinnbringenden Netzwerkes beitragen können, folgt im nächsten Abschnitt eine Beschreibung zur Herangehensweise, um Instrumente zur Vernetzung von kleinen und mittelständischen Unternehmen zu implementieren.

4 Implementierung von Instrumenten zur Vernetzung für KMU

Bevor im Rahmen dieses Kapitels umrissen wird, welche Instrumente wie in die Prozesse und Strukturen von KMU zum Aufbau von Netzwerken eingebunden werden können, soll hier ein systematischer Ansatz dargestellt werden, bei dem klassische und neue Online-Tools vorgestellt und verortet werden (s. Tab. 2.1). Die nachfolgende Matrix verzeichnet Instrumente, Marketing- beziehungsweise Kommunikationsziele und verknüpft mögliche Reichweiten beziehungsweise Öffentlichkeiten.

In den letzten Jahren haben das Internet im Allgemeinen und die sozialen Medien im Speziellen an Bedeutung zugenommen. Dieses hat wesentliche Auswirkungen auf die

Tab. 2.1 Kommunikations- und Netzwerkinstrumente (eigene Darstellung)

Kommunikations-/Netzwerkinstrumente		Marketing AIDA-Ziele	Öffentlichkeiten Offen/direkt/ Multiplikatoren
Klassisch	Online		
Unternehmensbroschüre	Webseite	Interest, Desire	Offen
Kundenzeitschrift, Kundenbriefe	E-Mail-Newsletter, Blog (zielgruppenspezifisch)	Attention, Interest, Desire	Offen/direkt/ Multiplikatoren
Sponsoring, Kooperationen	Online-Sponsoring, Online-Kooperationen	Attention, Interest, Desire	Offen/ Multiplikatoren
Tag der offenen Tür	(Webseite)	Attention, Interest, Desire	Offen
Messen, Kongresse, Tagungen, Barcamps, Stellenbörsen, Verbandsarbeit (Veranstaltungen)	Webinare, Chats, Audio-/Videokonferenzen, Communities	Attention, Interest, Desire, Action	Offen/direkt/ Multiplikatoren
Kataloge, Leistungsverzeichnisse, Leistungsbeschreibungen	Online-Shop	(Desire), Action	Offen
PR und Influencer-Relationship-Management	Online-PR und Influencer-Relationship-Management	Attention, Interest, Desire	Multiplikatoren

Kommunikationspolitiken und die Möglichkeiten zum Aufbau von Netzwerken. Beide Instrumentklassen (Klassisch und Online) sind grundsätzlich als gleich relevant einzuschätzen, wobei aktuell die Potenziale des Online-Kanals noch nicht in voller Breite genutzt werden (vgl. Simmet 2013).

Die Matrix zeigt auf der Ebene der Instrumente, dass den klassischen Instrumenten des Netzwerkaufbaus und der Kommunikation jeweils ein oder mehrere Online-Instrumente zugeordnet werden können. Dieses zur Verfügung stehende Instrumentarium kann wiederum zum Erreichen von Marketingzielen eingesetzt werden. In der Matrix wird zur Darstellung auf das AIDA-Modell zurückgegriffen (vgl. Kroeber-Riel 1991, S. 31 ff.). Abschließend werden den Instrumenten und den damit verbundenen Strategiezielen mögliche Öffentlichkeiten zugeordnet. Mit Öffentlichkeiten sind hierbei die Arten der Kommunikation zu der Zielgruppe gemeint. Hierbei wird zwischen drei Abstufungen unterschieden. Als „offen" werden alle Instrumente bezeichnet, die von vornherein für alle Personen zugänglich sind. Das soll heißen, dass sowohl die Stakeholder eines KMU wie Kunden, Lieferanten, Investoren als auch potenzielle Partner angesprochen werden können, welche noch nicht mit dem Unternehmen in einer geschäftlichen Beziehung stehen. Der Indikator „direkt" verweist darauf, dass definierte Teilöffentlichkeiten wie Fachexperten oder Bestandskunden adressiert werden können. Einen Sonderfall

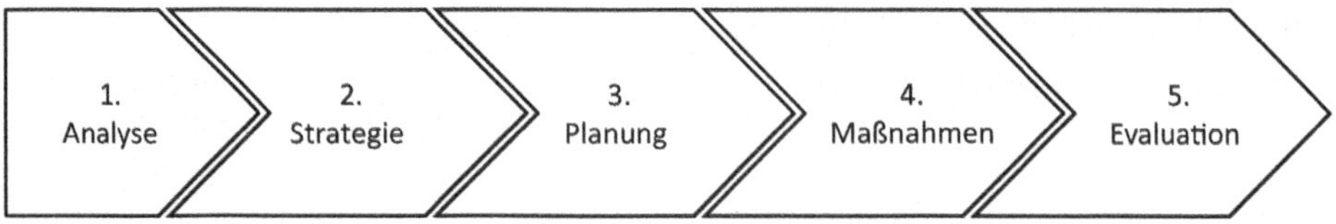

Abb. 2.3 Prozesskette (eigene Darstellung)

stellen Multiplikatoren dar. Hierunter sind Personen oder Institutionen zu verstehen, welche aufgrund ihres publizistischen Einflusses oder ihrer Eigenschaft als Meinungsführer, Botschaften und Themen reichweitestark zu kommunizieren, im Weiteren dadurch Kaufentscheidungen beeinflussen können. Zumeist handelt es sich hier um Fachverbände, (Online-)Fachjournalisten, Experten aus bestimmten Branchen, für Produkte oder Dienstleistungen (vgl. Schenk 2002, S. 338 ff.).

Alle in der Matrix genannten Instrumente können zum Aufbau von Netzwerken – online als auch offline – eingesetzt werden. Es liegt auf der Hand, dass Communities im hier beschriebenen Zusammenhang sehr gut geeignet sind, Netzwerke für ein KMU zu etablieren, zu pflegen und auszubauen. Communities sind soziale Netzwerke. Im Bereich des Social Web werden sie auch als Social Networks bezeichnet. Darunter sind virtuelle Gemeinschaften zu verstehen, in denen sich Nutzer mit gleichen Interessen organisieren, um untereinander Informationen, Wissen und Erfahrungen auszutauschen, gemeinsam Inhalte erstellen und zusammen an Problemlösungen arbeiten (vgl. Zarella 2010, S. 6–13). Diese Funktionen können Unternehmen für die Erreichung eigener strategischer Ziele einsetzen. Dazu stehen grundsätzlich zwei Möglichkeiten der Umsetzung zur Verfügung. Unternehmen können eigene Communities aufbauen und pflegen – sie können aber auch ein Engagement in bereits bestehenden Communities in Betracht ziehen. Eine allgemeine Empfehlung kann an dieser Stelle nicht gegeben werden. Hier erfordern die jeweilige Situation und die individuell vorhandenen Rahmenbedingungen einzelfallbezogene Entscheidungen.

Grundsätzlich unterscheiden sich beide Ansätze deutlich in den aufzuwendenden Mitteln und bereitzustellenden Ressourcen. Der Neuaufbau einer Community setzt voraus, dass technisches Know-how und eine ausreichende IT-Infrastruktur zur Verfügung stehen. Ohne diese basalen Voraussetzungen ist keine vernünftige Umsetzung solcher Projekte möglich. Engagiert sich ein Unternehmen jedoch auf einer bereits bestehenden Plattform, so reduzieren sich die bereitzustellenden technischen und infrastrukturellen Ressourcen sehr deutlich. Allerdings gibt ein Unternehmen dadurch einen Großteil der Kontrolle und administrativen Rechte an einen Dritten – eben den Betreiber der Plattform – ab. Zwischen diesen beiden Extremen muss bei der Implementierung des Instruments „Community" grundsätzlich entschieden werden.

Unternehmen müssen zur Umsetzung strategischer Ziele geplant vorgehen. Dazu empfiehlt sich die Orientierung an einer groben Prozesskette, die unkoordiniertes Handeln bei der Umsetzung auszuschließen hilft (s. Abb. 2.3).

1. Analyse

Im ersten Schritt werden das Unternehmen selbst und die Umfelder des Unternehmens analysiert. Was sind die Stärken des Unternehmens? Welche Schwächen sind bekannt und könnten besondere Relevanz bei den Vorhaben entwickeln? Was spricht für, was gegen den Aufbau einer vom Unternehmen kontrollierten Community? Welche internen und externen Vorbehalte und Befürchtungen können das Vorhaben beeinflussen? Die Beantwortung dieser Fragen schafft die Grundlage für weitere und tiefere Planungen.

Zur Analyse gehört weiterhin, dass das Wettbewerbsumfeld des Unternehmens beleuchtet wird. Hierzu sind Fragen nach dem Engagement von Wettbewerbern zu beantworten. Wer ist wo mit welchen Ergebnissen aktiv beziehungsweise welche Faktoren können identifiziert werden, die eine Begründung für ein eventuelles Desinteresse der Wettbewerber in Communities liefern? Hierdurch können wertvolle Benchmarks für die spätere Evaluation eines eigenen Engagements gewonnen werden.

Zur Analyse gehört weiterhin die Profilierung der relevanten Zielgruppen. Wo sind die Kunden, die Lieferanten oder weitere Anspruchsgruppen bereits aktiv? Wo lassen sich ausreichend starke Anknüpfungspunkte für ein eigenes Engagement identifizieren?

2. Strategie

Die Entwicklung einer Strategie baut auf die Grundlagen der Analyse auf. Die Strategie definiert konkrete Ziele, die mit einem Engagement in beziehungsweise dem Aufbau einer eigenen Community verfolgt werden sollen. Die einzelnen Schritte, die zur Erreichung der Ziele nötig sind, werden hier festgehalten und die spätere Arbeit wird somit festgeschrieben. In der Strategie für das Engagement werden erste Bestandteile des Handelns innerhalb und außerhalb der angestrebten Community ausgearbeitet. Schon in dieser Stufe muss festgelegt werden, womit ein hohes Maß an Relevanz für die definierten Zielgruppen beziehungsweise Teilöffentlichkeiten geschaffen werden kann. Gleichzeitig werden erste zeitliche Ablaufpläne erarbeitet und die für eine Umsetzung nötigen personellen und finanziellen Ressourcen abgeschätzt. Bei der Erarbeitung einer Strategie sollte die Anknüpfung an möglichst viele bestehende Marketing- und Kommunikationsmaßnahmen gesucht werden.

3. Planung

In der Planungsphase werden die in der Strategie definierten einzelnen Schritte mit konkreten Ressourcen ausgestattet. Hierbei geht es vor allem darum, Budgets zuzuweisen, Personal bereitzustellen und konkrete Verantwortlichkeiten festzulegen. Das Augenmerk muss in diesem Schritt darauf gerichtet sein, die Nachhaltigkeit des beabsichtigten Engagements zu gewährleisten. Ein Engagement im Sinne eines erfolgreichen Netzwerkaufbaus ist nur dann sinnvoll, wenn es auch langfristig besteht und mit den dafür notwendigen Ressourcen ausgestattet ist.

4. Maßnahmen

Die Umsetzung der geplanten Maßnahmen setzt im Unternehmen die zur erfolgreichen Umsetzung nötigen Kenntnisse und Fertigkeiten der verantwortlichen Mitarbeiter voraus. Sind diese nicht vorhanden oder unvollständig, dann muss dafür gesorgt werden, dass zum Beispiel durch Schulungen das notwendige Know-how aufgebaut wird.

5. Evaluation

Eine Beurteilung des Erfolgs der Strategie kann nur dann erfolgen, wenn die definierten Ziele regelmäßig überprüft werden. Hierzu muss auf die in der Strategie definierten Ziele und die damit verbundenen Key Perfomance Indicators (KPI) zurückgegriffen werden. Nur klare Festlegungen lassen die Bewertung des Erfolgs zu. Gleichzeitig muss auf die Erfahrungen der an der Umsetzung beteiligten Mitarbeiter zurückgegriffen werden. Hierdurch können analytisch Schwächen der strategischen Planung aufgezeigt oder Best-Practice-Szenarien erkannt werden. Sämtliche dieser Informationen müssen wiederum dazu verwendet werden, die definierte Strategie zu optimieren und an eventuelle Änderungen der Interessen der Zielgruppen oder Rahmenbedingungen anzupassen. Der sich hieraus ergebende Double Loop – das Einspeisen der Erfahrungen aus der laufenden Umsetzung – sichert den nachhaltigen Erfolg der zuvor definierten Strategie.

5 Anhang

Weblinks

http://www.gruenderszene.de/allgemein/business-networking

Gebauer, Jonathan; Gebauer, Susanna: Business Networking: Geschäftskontakte aufbauen und pflegen (22.09.2013).

Ein Abriss rund um das Thema „Geschäftskontakte aufbauen und pflegen", neben Hinweisen zu den besten Kontaktmöglichkeiten (on- und offline) werden auch Ansätze zur Pflege dieser Kontakte und Networking-Hilfsmittel vorgestellt.

http://www.swyx.com/fileadmin/dateien/studies/Thesenpapier_Swyx_PAC.pdf

Sozial vernetzt, integriert & individuell: Kommunikation im Mittelstand 2015 (22.09.2013).

Ein Thesenpapier von PAC und Swyx, in welchem die Kommunikation im Mittelstand analysiert und ein mögliches Bild des zukünftigen Kommunikationsverhaltens mittelständischer Unternehmen gezeichnet wurde, welches auch das Netzwerken thematisiert.

Weiterführende Literatur

Aderhold, J., M. Rosenberger, und R. Wetzel. 2005. *Modernes Netzwerkmanagement: Anforderungen - Methoden - Anwendungsfelder*. Wiesbaden: Gabler Verlag.

Scheler, U. 2000. *Erfolgsfaktor Networking: Mit Beziehungsintelligenz die richtigen Kontakte knüpfen, pflegen und nutzen*. Frankfurt a. M.: Campus Verlag.

Templeton, T. 2008. *Erfolgreiches Networking: Lebenslange Geschäftsbeziehungen aufbauen*. Offenbach: Gabal.

Literatur

Bach, N., W. Buchholz, und B. Eichler. 2010. *Geschäftsmodelle für Wertschöpfungsnetzwerke*. Ilmenau: Gabler Verlag.

Baier, D., A. Rese, und N. Sand. 2008. *Erfolgsfaktoren des Innovationsmanagements in Wertschöpfungsnetzwerken*. Cottbus.

Becker, T., I. Dammer, J. Howaldt, S. Killich, und A. Loose. 2005. *Netzwerk- Management: Mit Kooperation zum Unternehmenserfolg Ahaus*. Springer.

Bogenstahl, C., H. G. Gemünden, und H. Imhof. 2009. *Erfolgsfaktoren des Managements interorganisationaler Netzwerke - eine narrative Metaanalyse*. Berlin.

Brass, D. J., J. Galaskiewicz, et al. 2004. Taking Stock Networks and Organizations: A Multilevel Perspective. *Academy of Management Journal* 47 (6): 795–817.

Bundesministerium für Wirtschaft und Arbeit. 2003. *Gemeinsam stärker, Kooperationen planen und durchführen: Ein Leitfaden für kleine und mittlere Unternehmen*. Berlin.

Kroeber-Riel, W. 1991. *Strategie und Technik der Werbung - Verhaltenswissenschaftliche Ansätze*. Stuttgart: Kohlhammer.

Schenk, M. 2002. *Medienwirkungsforschung*. Tübingen.

Zarella, D. 2010. *Das Social Marketing Buch*. Köln: O'Reilly.

Verwendete Internetquellen

Ferrazzi, K. 2012. „About Keith Ferrazzi". Verfügbar unter: URL: http://keithferrazzi.com/content/about-keith

Ford, H. o. J. „Zitate und Weisheiten von Henry Ford". Verfügbar unter: URL: http://www.henry-ford.net/deutsch/zitate.html

Simmet, H. 2013. „B2B und soziale Netzwerke - Handlungsbedarf im Mittelstand". Ohne Ort. Verfügbar unter: URL: http://hsimmet.com/2013/04/14/b2b-und-soziale-netzwerke-handlungsbedarf-im-mittelstand/

Verhandeln im Mittelstand

3

Roman Lesch, Sophie Leuschner, Sandy Klein und Anna Stepanov

1 Einleitung

Die ersten Laute im Kreißsaal sind nicht zu überhören. Er ist da, der Nachwuchs. Egal ob Mädchen oder Junge, die Eltern spüren sie sofort, die überwältigende Liebe zum eigenen Spross. Daran ändert sich auch in den nächsten Jahren nicht viel. Da können die Nachbarn toben, wenn die Fenster vom Fußball zertrümmert wurden, wir unterstützen unsere Liebsten, wenn es Diskussionen im Kindergarten oder der Schule gibt. Ja, wir sehen uns in ihnen, fiebern immer mit, lassen ungern los und können es kaum verstehen, dass andere Menschen in unserer Umgebung diesem Kult nicht erliegen wollen.

Sehr vielen Mittelständlern ergeht es ähnlich mit ihrem Baby, nämlich der von ihnen entwickelten Business-Idee. In der Verbundenheit mit dem Produkt, mit der Entwicklung in den ersten Jahren inklusive aller Höhen und Tiefen gleichen Unternehmer stolzen Eltern. Dazu gehört auch das fehlende Verständnis dafür, dass andere Partner im Geschäftsleben diese Zuneigung zum eigenen Baby nicht nachvollziehen können oder wollen.

Besonders deutlich wird diese Disparität, wenn über das im Zentrum des Interesses stehende Produkt verhandelt werden soll. Aber Verhandlungen gehören für jeden von uns zum Alltag. Ob privat in der Familie, in einem Geschäft oder im Beruf, oft verhandeln Menschen, ohne es zu merken. Die meisten Entscheidungen werden erst nach Verhandlungen mit anderen Personen getroffen.

Fisher, Ury und Patton definieren Verhandeln folgendermaßen (2009, S. 19): „Verhandeln ist eine Grundform, Gewünschtes von anderen Leuten zu bekommen. Es ist wechselseitige Kommunikation mit dem Ziel, eine Übereinkunft zu erreichen, wenn man mit der anderen Seite sowohl gemeinsame als auch gegensätzliche Interessen hat." Dieser

R. Lesch (✉) · S. Leuschner · S. Klein · A. Stepanov
Fakultät Wirtschaftswissenschaften, Hochschule für Technik und Wirtschaft Dresden,
Friedrich-List-Platz 1, 01069 Dresden, Deutschland
E-Mail: 4life-consult@email.de

A.-K. Haubold et al. (Hrsg.), *Managementkompetenzen im Mittelstand*,
DOI 10.1007/978-3-658-03448-1_3, © Springer Fachmedien Wiesbaden 2014

Definition folgend bedeutet Verhandeln, Gespräche mit einem Verhandlungspartner zu führen mit dem angestrebten Ergebnis einer Einigung. Im Idealfall entsteht eine Situation, mit der beide Seiten leben können, eine sogenannte Win-win-Situation.

In einem Unternehmen werden Verhandlungen auf unterschiedlichen Ebenen geführt. Verhandelt wird einerseits intern, zum Beispiel mit den Mitarbeitern während einer Gehaltsverhandlung, wenn Zielvereinbarungen geschlossen werden oder neue Pläne zu besprechen sind. Bei größeren Mittelständlern existiert häufig ein Betriebsrat, mit dem regelmäßig über mitbestimmungspflichtige Prozesse und Entscheidungen verhandelt werden muss. Auch Veränderungen innerhalb des Unternehmens, neue Strategien, neue Abläufe, neue Arbeitsmittel wollen verhandelt und verkauft werden.

Nach außen hin verhandeln Unternehmen mit Kreditgebern um Kredite und Kreditkonditionen, also Banken und Investoren. Sofern nicht an einen externen Dienstleister outgesourct, verhandeln Unternehmen auch mit Schuldnern über deren Zahlungsverpflichtungen und -modalitäten. Die wichtigsten und häufigsten Bereiche, in denen verhandelt wird, sind allerdings der Ein- und Verkauf. Preis- und Konditionsverhandlungen für neue oder bereits bestehende Verträge gehören zu den klassischen Verhandlungsinhalten.

Forschungsergebnisse zu Verhandlungen

„Tanz um die Macht: Geheimnisse der Verhandlungsführung" (Forghani 2012); „Verhandeln im Grenzbereich: Strategien und Taktiken für schwierige Fälle" (Schranner 2001); „Verhandeln mit dem Teufel" (Mnookin und Neubauer 2012) – dies sind nur einige der aktuell auf dem Buchmarkt verfügbaren Ratgeber zum Themenfeld Verhandlungen. Die Titel suggerieren, es gebe eine geheime Methodik, mittels derer die Eingeweihten ungeahnte Verhandlungsergebnisse erzielen können. Auch wenn diese Bücher vereinzelt gute Ansätze für die Verhandlungsführung bereithalten mögen – der mystifizierenden Grundbotschaft werden die meisten Entscheider im Wirtschaftsleben wohl kaum folgen wollen.

Es lohnt sich daher, einen Blick auf die wissenschaftlichen Erkenntnisse der letzten Jahrzehnte zur Thematik der Verhandlungsführung zu werfen. Der wohl prominenteste Forscher in diesem Feld ist Daniel Kahnemann, der für seine Studien 2002 mit dem Wirtschafts-Nobelpreis ausgezeichnet wurde. Kahnemann und andere haben in verschiedenen Studien zeigen können, dass Verhandler kognitiven Barrieren unterliegen (vgl. zusammenfassend Trötschel und Gollwitzer 2004). Dies sind insbesondere:

- **Fixed-Pie-Assumption** (Bazerman und Neale 1983): Der zu verteilende Kuchen ist fix. Dahinter steht die Grundannahme der Verhandlungspartner, dass beide Parteien exakt die gleichen Präferenzen haben und daher der Gewinn der einen Partei auf Kosten der anderen Partei gehen muss. Dabei wird übersehen, dass integrative Lösungen gefunden werden können, da die Präferenzen der Verhandlungsparteien in einzelnen Bereichen voneinander abweichen können.

- **Reaktive Abwertung** (Ross und Ward 1995): Was die Gegenpartei vorschlägt, kann für uns nur schlecht sein. Dieses Denkschema führt dazu, dass durchaus wohlwollend gemeinte Vorschläge der anderen Verhandlungspartei nicht mehr ernsthaft in Erwägung gezogen werden, da in ihnen lediglich eine Finte der Gegenpartei gesehen wird, um möglichst hohe Zugeständnisse zu erlangen.
- **Ankereffekte** (Tversky und Kahnemann 1974): Eine einmal in der Verhandlung genannte (monetäre) Größe wirkt als Anker, d. h., die weitere Verhandlung kreist um diese Größe, auch wenn sie inhaltlich irrelevant oder nicht sinnvoll sein mag.
- **Gewinn- versus Verlustfokussierung** (Kahnemann und Tversky 1979): Verhandler interpretieren nicht eindeutige Verhandlungszwischenstände und -ergebnisse entweder als Gewinn („Glas ist halb voll") oder als Verlust („Glas ist halb leer"). Der gewinnorientierte Verhandlungspartner strebt nach der Maximierung der eigenen Gewinne, der verlustorientierte Verhandlungspartner ist bestrebt, durch möglichst geringe Zugeständnisse die eigenen Verluste niedrig zu halten. Kahnemann (1992) weist darauf hin, dass die Motivation bei Verlustorientierung, Zugeständnisse zu vermeiden, besonders stark ist, da Verluste als besonders schmerzhaft empfunden werden.

Wie können Verhandlungsführer diese kognitiven Barrieren nun – zumindest im Ansatz – überwinden? Trötschel und Gollwitzer (2004, S. 124 ff.) verweisen auf die Wirkung von Strategien der Selbstregulation, insbesondere auf den Einsatz konkreter Vorsätze. Unter Vorsätzen verstehen diese Autoren konkrete Handlungsanweisungen, die in vorab definierten Situationen zum Einsatz kommen. Sie argumentieren (2004, S. 124): „Sie (die Vorsätze, Anm. d. Verf.) garantieren somit die unmittelbare Initiierung und effektive Durchführung der festgelegten Verhaltensweisen auch in Situationen mit hohen kognitiven Anforderungen und bestehenden Zielkonflikten." Vordefinierte Vorsätze und Verhaltensanweisungen für Verhandlungssituationen finden sich auch in verschiedenen Verhandlungsprogrammen wieder. Besonders bekannt geworden ist das sogenannte Harvard-Konzept der Verhandlungen.

Harvard-Konzept der Verhandlungen

Basierend auf einem Projekt an der Harvard Law School, entwickelten Roger Fisher und William L. Ury 1981 das Harvard-Konzept als eine Konzeptualisierung juristischer Verhandlungen mit dem Ziel eines friedlichen Verlaufs der Verhandlungen und einer konstruktiven Beendigung (vgl. hier und im Folgenden die aktuelle Auflage des Buchs von Fisher et al. 2013). Die Autoren bezeichnen den von ihnen vorgeschlagenen Weg als „dritten Weg" der Verhandlungen oder auch als „sachgerechtes Verhandeln" (vgl. S. 5). Als „dritter Weg" wird das Verfahren bezeichnet, weil es vom Ansatz her weder auf Unnachgiebigkeit setzt („hartes Verhandeln") noch ausschließlich auf Konsensfindung („weiches Verhandeln"). Zentrale Elemente des Harvard-Konzeptes sind:

1. **Alternativen entwickeln**: Vor der Entscheidungsfindung werden verschiedene Lösungsalternativen entwickelt, um ein „Festfahren" der Verhandlungen zu vermeiden.
2. **Sachebene von Beziehungsebene trennen**: Probleme werden dann eher lösbar, wenn sie unabhängig von den handelnden Personen auf der Sachebene betrachtet werden.
3. **Interessen**: Im Zentrum der Verhandlungen stehen inhaltliche Interessen, nicht auf Personen bezogene (Macht-)Positionen.
4. **Entscheidungskriterien**: Entschieden wird auf Basis objektiver, transparent gemachter Kriterien.

Das Harvard-Konzept erfreut sich nach wie vor großer Beliebtheit, was an der Auflagenstärke des Buchs von Roger Fisher et al. (2013) abzulesen ist. Allerdings gilt es zu bedenken, dass das Harvard-Konzept für Verhandlungen im juristischen Sinn konzipiert wurde, nicht für Verhandlungen in wirtschaftlichen oder politischen Kontexten. In der Literatur finden sich auch eine Reihe kritischer Stimmen, die den Autoren des Harvard-Konzeptes eine Übergeneralisierung von Verhandlungsstrategien vorwerfen; Tidwell (1998, S. 125) etwa argumentiert, dass es für Verhandlungspartner sinnvoller ist, sich genauer mit ihrer individuellen Verhandlungssituation auseinanderzusetzen anstatt pauschal die oben genannten vier Prinzipien umzusetzen. Dass die Verhandlungssituation für ein mittelständisches Unternehmen sich von der Verhandlungssituation in Großunternehmen durchaus unterscheiden kann, soll im nachfolgenden Abschnitt verdeutlicht werden.

2 Verhandeln im Mittelstand

Im Gegensatz zu einem Großunternehmen, das stark arbeitsteilig organisiert ist, „[...] laufen in einem mittelständischen Unternehmen alle Fäden in einer Hand zusammen" (Wolf et al. 2009, S. 17). Gleichzeitig sind im Mittelstand oft die finanziellen und personellen Kapazitäten begrenzt (Wolf et al. 2009, S. 26). Dementsprechend übernehmen auch die Verkaufs- und Preisverhandlungen in einem mittelständischen Unternehmen oft die Geschäftsführer persönlich. Anders als der angestellte Vertriebler im Großunternehmen tritt der mittelständische Geschäftsführer daher nicht allein in der Rolle des Vertriebsprofis auf, sondern repräsentiert Unternehmen und Produkt in einem umfassenden Sinn. Diese erweiterte Rolle des verhandelnden Geschäftsführers gibt ihm die Möglichkeit, „ein Stück Vertrauen mit zu verkaufen", wie es der Geschäftsführer eines KMU ausdrückt.

Dass im Mittelstand der Geschäftsführer selbst verhandelt, hat neben dem Vertrauenszugewinn noch weitere positive Aspekte: Da es sich, wie eingangs beschrieben, in der Regel um sein „Baby" handelt, kennt er zumeist die Produktdetails und kann Rückfragen der Verhandlungspartner direkt beantworten. Gleichzeitig ist er es selbst (ggf. in Absprache mit seinen Co-Geschäftsführern), der den Verhandlungsrahmen setzen kann. Vertagungen aufgrund fehlenden Verhandlungsmandates dürften daher für den KMU-Geschäftsführer nicht notwendig sein –, es sein denn, der Geschäftsführer setzt dies aus taktischen Gründen als Druckmittel ein.

Dass der Geschäftsführer selbst die Verhandlungen führt, kann auch in internationalen Kontexten von Vorteil sein. Exemplarisch sei hier das Beispiel chinesischer Geschäftspartner genannt. Das Wirtschaftsleben in China wird durch den hohen Stellenwert persönlicher Beziehungen, ‚Guanxi' genannt, geprägt (vgl. Seeger 2005, S. 91 ff.). Ein Geschäftsführer, der persönlich zu Verkaufsverhandlungen anreist, wird diese Beziehungen glaubhafter aufbauen können als ein angestellter Vertriebsmitarbeiter, der gegebenenfalls im Laufe der Geschäftsbeziehungen sogar durch einen Kollegen ersetzt wird. Einen ähnlich hohen Stellenwert haben persönliche Beziehungen auch bei Verhandlungen mit osteuropäischen Partnern (vgl. Wannenwetsch 2013, S. 225).

Experten weisen des Öfteren darauf hin, dass mittelständische Unternehmen anders verhandeln als Großunternehmen. In einem großen Konzern, zum Beispiel in der Automobilbranche, werden oft harte Verhandlungen geführt, bei denen bis auf den letzten Cent ohne Rücksicht auf den Verhandlungspartner verhandelt wird (vgl. Wannenwetsch 2013, S. 169). Mittelständler sehen häufiger die gegenseitigen Abhängigkeiten der Verhandlungspartner. Dieser Aspekt zwingt einen Mittelständler, die Verhandlung so zu gestalten, dass beide Partner ihr Gesicht wahren können. Mit den Worten eines mittelständischen Geschäftsführers (vgl. auch unten stehende Fallstudie): „Im Mittelstand ist man immer in einer Situation, wo du dir sagst, man trifft sich zwei Mal im Leben, mindestens."

Zwar kann die geringe Ressourcenausstattung des Unternehmens im oben beschriebenen Sinne einen Vorteil darstellen, wenn dadurch der Geschäftsführer selbst die Verhandlungen führt. Gleichzeitig kann die geringe Größe des KMU zu evidenten Nachteilen in der Verhandlungsposition führen – nämlich in unvollkommenen Wettbewerbspositionen, wo ein monopolistisch oder oligopolistisch agierendes Unternehmen (etwa im Lebensmitteleinzelhandel) einer Vielzahl kleinerer Unternehmen auf der anderen Marktseite (etwa Lebensmittelproduzenten) gegenübersteht (vgl. Baßeler et al. 2010, S. 50 ff.). Wannenwetsch (2013, S. 182) beschreibt eine solche Verhandlungssituation im Handel als „Geschäft mit harten Bandagen" und betont, wie wichtig eine gute Vorbereitung des KMU auf solche Verhandlungen ist. Ausführlichere Hinweise zur Ausgestaltung von Verhandlungen sollen nachfolgend aufgezeigt werden.

3 Best Practices im Mittelstand: Verhandlungsfähigkeiten, -verhalten und -vorgehen

Der besondere Reiz von Verhandlungen liegt in der unendlichen Anzahl von Variationen, von Situationen, die nicht vorhersehbar sind und Herangehensweisen, die jetzt passen, aber in der nächsten Gesprächsrunde hinderlich sind. Die einzige Konstante in den zu führenden Verhandlungen ist die Person des Verhandlers. Geiger und Kleinaltenkamp (2011, S. 279 ff.) weisen darauf hin, dass an die Person des Key Account Managers beziehungsweise Verhandlers sehr hohe Anforderungen gesetzt werden, damit dieser eine stabile Geschäftsbeziehung aufbauen kann. Die Autoren nennen als wünschenswerte Persönlichkeitseigenschaften persönliche Integrität und Verlässlichkeit sowie die Fähigkeit, Konflikte und Spannungen auszuhalten. Weiterhin betonen sie die Notwendigkeit eines extravertierten (aufgeschlossenen) Auftretens. Bekanntermaßen lassen sich Persönlichkeitseigenschaften nicht „antrainieren". Hilfreich für Verhandlungen ist jedoch die kritische Selbstreflexion des Mittelständlers in der Vorbereitung einer Verhandlung: Wie wirke ich persönlich auf andere und wie wirkt mein Gegenüber auf mich? Handelt es sich bei dem Geschäftsführer des KMU um einen introvertierten Tüftler, so kann es ratsam sein, in die Verhandlungen einen zweiten Unternehmensvertreter mitzunehmen, um die mangelnde Extraversion des Verhandlungsführers auszugleichen.

Neben Persönlichkeitseigenschaften spielen soziale Kompetenzen eine wesentliche Rolle für das Gelingen von Verhandlungen. Geiger und Kleinaltenkamp (2011, S. 278 ff.) nennen Bezug nehmend auf Homburg und Kromer (2009, S. 1185) folgende soziale Kompetenzen als entscheidend für den Aufbau einer Geschäftsbeziehung:

- **Einfühlungsvermögen/Empathie**, welches sich darin äußert, dass der Verhandler die Interessen der Gegenseite auch dann erkennt, wenn sie nicht explizit geäußert werden.
- **Kommunikationsfähigkeit**, im vorliegenden Kontext insbesondere das Vermögen, aus dem Stegreif rhetorische Taktiken zur Überzeugung des Gegenübers anzuwenden.
- **Anpassungsfähigkeit/Flexibilität**, welche besonders in internationalen Geschäftskontakten vonnöten ist.
- **Teamfähigkeit**, da in der Vorbereitung komplexer Verhandlungen Informationen von verschiedenen Fachexperten innerhalb des Unternehmens zusammengeführt werden müssen.
- **Durchsetzungsvermögen,** insbesondere bei schwierigen Verhandlungspartnern.

Diese sozialen Kompetenzen lassen sich, im Gegensatz zu den vorher genannten Persönlichkeitseigenschaften, durch Fortbildungen weiterentwickeln. Der Seminarmarkt für Trainings dieser sozialen Kompetenzen ist in Deutschland groß; einen Überblick über die Trainings größerer Anbieter liefert das Online-Weiterbildungsportal www.managerSeminare.de.

Vor dem Verhandlungsgespräch

In diesem Punkt sind sich fast alle Experten einig: Zur optimalen Verhandlungsvorbereitung benötigt der Verhandlungsführer Information, Information und noch mal Information – über die Stärken des eigenen Unternehmens, über Marktbegleiter, über den Markt selbst, die Entwicklungsszenarien der nächsten Monate, die Chancen und

Risiken des Verhandlungspartners. Wie sind dessen Prozesse und wie kann das eigene Produkt, die eigene Dienstleistung ihm helfen, noch besser am Markt zu agieren? Wie war die Zusammenarbeit der letzten Monate und wie sind die Chancen der Zusammenarbeit in den nächsten Jahren einzuschätzen? Wie waren die Konditionen in der Vergangenheit, die Entwicklung der Mengen, Preise, Deckungsbeitrag, Zahlungsbedingungen und Zahlungsmoral? Im günstigsten Fall liegen die Informationen zu den genannten Aspekten gesammelt in einem Management-Informationssystem vor und müssen nicht für jeden Gesprächstermin von Neuem aus unterschiedlichsten Quellen zusammengesucht werden. Reisinger (2013) liefert einen aktuellen Überblick über gegenwärtig am Markt angebotene Management-Informationssysteme für KMU.

Zu den guten Vorbereitungen eines Verhandlungsgesprächs gehört es auch, sich über mögliche Abschiedsszenarien Gedanken zu machen. Es wird immer Situationen geben, in denen es sinnvoller ist, das Gespräch höflich zu beenden und äußerlich, aber noch wichtiger innerlich, hocherhobenen Hauptes seinen Weg weiterzugehen als einen Abschluss zu tätigen, der sich wie ein Foltergeständnis anfühlt und ökonomischen Schaden anrichtet.

Fallbeispiel: *Der Geschäftsführer einer mittelständischen Maschinenfabrik*

Wie bereiten Sie sich auf Verhandlungen vor? Gibt es Unterschiede, wenn Sie als Einkäufer oder Verkäufer in eine Verhandlung gehen?

Wenn ich als Einkäufer in eine Verhandlung reingehe, dann sollte ich vorher den Wettbewerb analysiert haben von meinem potenziellen Lieferanten, sollte auch wissen wovon ich spreche. Und gehe dann meistens eher von einer stärkeren Position in die Verhandlung rein. Wobei man auch sehen muss, ob man auf den Kunden beziehungsweise Lieferanten angewiesen ist. Oder ist es einer von den Austauschbaren? Mit „Austauschbaren" kann man auch hart verhandeln. Genauso ist es, wenn man als Verkäufer in eine Verhandlung einsteigt. Hier gibt es zwei Situationen. Entweder ist man schon ein Lieferant, dann habe ich eine ganz „normale" Verhandlung. Wenn ich aber neu einsteigen will, dann wird es so sein, dass man ein Angebot machen muss, und geht in die Verhandlung, um das Angebot zu vertreten. Dann sollte man natürlich auch den Wettbewerb kennen und mit einer Vorstellung zur Verhandlung fahren, in welcher Dimension der andere Lieferant liegen könnte, der mitgeboten hat oder der vielleicht schon liefert. Meine Erfahrung ist: Wenn ich einen Lieferanten rausdrücken will (und wenn ich irgendwo reingehe, muss ich einen anderen Lieferanten rausdrücken), dann muss dies jenseits der 10 % besser sein, sonst wird der Kunde das Risiko eher nicht eingehen. Oder es gelingt mir so überzeugend aufzutreten, meine Firma so viel besser zu präsentieren, dass er seine Bedenken über Bord wirft. Dann macht er es vielleicht auch für 5 %. Bis es jedoch überhaupt so weit ist, dass ich in eine Verhandlung reingehe für eine neue Lieferung, bei einem neuen Kunden, kennt der Kunde mein Unternehmen bereits sehr gut. Bis dahin habe ich die Tür schon zehn Mal auf- und zugemacht. Schneller geht es nur, wenn der Kunde auf mich zugeht. Wenn man zum Beispiel empfohlen wurde, dann hat man wieder eine andere Situation. Trotzdem macht man ein

Preisangebot. In dem Fall verhandelt man vielleicht nicht. Entweder es passt dann oder nicht. Beim Nachhaken kann man dann verhandeln.

Ist die Verhandlungsbasis immer zwischen 1 und 5 %?
Ich versuche mit einer sauberen Kalkulation in die Verhandlung zu gehen. Ich mache ein Angebot an meinen Kunden, der mich noch mal einlädt, um darüber zu sprechen, dann gehe ich noch mal in die Kalkulationsabteilung und informiere mich genau darüber: Haben wir hohe Risiken? Wenn ja, wo sind die Risiken? In Abhängigkeit von diesen Risiken versuche ich ein Paar „Geschenke" zu packen und so gehe ich dann in die Verhandlung. Zu den „Geschenken" zählen Dinge wie Skonto, Zahlungsziele, Termine, Art und Weise der Abwicklung, Transporte. Man hat ja eine Menge „weiche Masse" um so ein Geschäft herum. Und besser ist es, man wirft dann mit Prozenten um sich. Und diese Argumente ringsum wie zum Beispiel „Wir können für Sie verzollen". Für mich ist das Verzollen kein Problem, das mache ich online in einer Viertelstunde, dann ist es verzollt. Aber für den Kunden, der vielleicht keine Ahnung hat wie groß der Aufwand ist, für ihn ist es ein großes Ding. Denn er weiß, bei ihm in der Firma gibt es eine ganze Abteilung, die nur verzollt. Solche Argumente wird man dann sammeln, um sein Angebot herum. Damit man mit weichen Faktoren sein Preis festhält und sein Angebot noch interessanter macht. Wenn man solche Ansatzpunkte gefunden hat, dann ist es auch so, dass man eher in Erinnerung bleibt. Unter dem Strich ist man als Mittelständler ja nur ein kleines Licht.

Machen Sie sich eine Liste mit Argumenten und nehmen Sie diese mit in die Verhandlung?
Ich erstelle eine Liste, nehme sie aber nicht offen mit in die Verhandlung. Meist liegt sie irgendwo in den Papieren zur Sicherheit, falls man etwas vergessen hat. Meist wird um Prozentsätze verhandelt. Daher ist es besser im Vorfeld genau zu wissen, verhandelt man um Prozentsätze? Dann sollte man wissen, was wie viel eine prozentuale Veränderung absolut gesehen ausmacht. Oder verhandelt man über Geld? Manchmal klingt Geld mehr als Prozentsätze. Dann sollte man versuchen, die Verhandlungsführung in Prozentsätze zu drängen oder umgekehrt.

Während des Verhandlungsgesprächs

Im Verhandlungsgespräch gibt es in der Regel nicht nur ein Ziel, sondern einen Zielkorridor, der im Gespräch abgeschritten wird, um zum Beispiel Zahlungs- und Übergabemodalitäten zu vereinbaren. Im Laufe des Gesprächs werden Punkte diskutiert werden, in denen Manövriermasse zur Verfügung steht, während es bei anderen Punkten für die jeweilige Verhandlungspartei keine Toleranzen gibt. Manche Diskussionspunkte werden als Nebelkerzen zum Einsatz gebracht, um dann nach langem Ringen nachzugeben. Der Einsatz dieser strategischen Argumente muss vorab geklärt sein, damit im Eifer der Situation nicht die sicher kommende Nebelkerze des Gegenübers allzu sehr Beachtung findet.

Einmal bei den Verhandlungsinhalten angekommen, fühlen sich viele Mittelständler in ihrem Element: Sie dürfen über ihr „Baby" sprechen. Diese Gelegenheit wird oftmals weidlich ausgenutzt; gerade Menschen mit einem großartigen technischen Hintergrund laufen zur rhetorischen Höchstform auf. Von wesentlicher Bedeutung ist in dieser Phase, die Reaktion des Gegenübers im Auge zu behalten. Verliert sich der Produktexperte in Fachbegriffen und technischen Floskeln, tritt bald der sprichwörtliche „Tod durch Beratung" ein.

Damit die Verhandlung diesen Tod nicht stirbt, sollte der Verhandlungsführer seine Kommunikation auf die sprachliche, fachliche und intellektuelle Ebene des Gesprächspartners einstimmen, besonders was das Produkt, die Dienstleistung betrifft. Oder anders formuliert: Nicht was ich zu sagen habe ist wichtig, sondern was mein Gegenüber sagt. Also frage ich mehr und ich höre zu.

Wissenschaftliche Studien verweisen auf weitere Faktoren, die zu positiven Überzeugungen beim Gegenüber führen können. Cialdini und Wengenroth (2013) nennen in diesem Kontext die folgenden Grundprinzipien:

1. **Reziprozität**: Der Begriff meint das Grundprinzip der Gegenseitigkeit. Menschen haben das innere Bestreben, sich für ein Geschenk/eine Gabe durch eine Gegenleistung zu revanchieren. Die im Supermarkt angebotene Gratisprobe wird aufgrund der Reziprozitätsnorm zur moralischen Verpflichtung für den Kunden, ein entsprechendes Produkt einzukaufen.
2. **Commitment und Konsistenz**: Haben Menschen sich auf etwas festgelegt und dies auch öffentlich gemacht, so wollen sie dies auch einhalten. Auf die Verhandlungssituation bezogen erscheint es daher sinnvoll, bereits in der Gesprächsphase schon Zustimmungen für solche Verhandlungspunkte einzuholen, die danach in der Abschlusssituation wichtig sein könnten. Der Verhandlungspartner wird dann innerlich „gezwungen", sein Commitment einzuhalten.
3. **Soziale Bewährtheit**: Menschen lassen sich stark von dem beeinflussen, was sie bei anderen sehen oder wie sich andere in ihrer Situation entschieden haben. In diesem Sinne funktionieren Referenzen: Der unentschlossene Neukunde wird beeindruckt von den Namen derjenigen Kundenunternehmen, die das Produkt/die Dienstleistung bereits eingekauft haben.
4. **Autorität**: Autorität verstärkt die Wirkung von sozialer Bewährtheit, weil Menschen anerkannte Experten schätzen und sich gerne nach Menschen richten, die machtvoll sind.
5. **Sympathie**: Menschen sind gern mit Mitmenschen zusammen, die ihnen sympathisch sind. Wird der Verkäufer vom Käufer als sympathisch angesehen, hat dies einen positiven Einfluss auf den Verkaufserfolg. Für die Verhandlung kann es sich also auszahlen, sich so zu zeigen, dass der Gesprächspartner Sympathie empfindet.
6. **Knappheit**: Sobald Menschen das Empfinden haben, dass es sich um ein knappes Gut handelt, steigt in unserer Wahrnehmung der Wert eines Produktes oder einer Dienstleistung. Wenn der Handwerker trotz gefülltem Terminkalender noch einen schnellen Reparaturtermin kurzfristig dazwischen schiebt, sind die Kunden ihm dankbar. Vielleicht ist sein Kalender gar nicht so voll, aber die Kunden fühlen sich bevorzugt behandelt.

Fortsetzung Fallbeispiel: *Der Geschäftsführer einer mittelständischen Maschinenfabrik*

Setzen Sie bewusst oder unbewusst kommunikationstechnische Mittel ein, um die Verhandlung zu beeinflussen, wie zum Beispiel. Übertriebene Mimik/Gestik?
Etwas Show ist immer beim Verhandeln dabei und man sollte schon etwas Schauspieler sein, um so was zu machen. Ein gutes Beispiel ist der Basar im Urlaub, bei dem mit Mondpreisen begonnen wird und man die Hände über dem Kopf zusammenschlägt und dann erst einmal weitergeht. Vielleicht kann man das Lernen, darüber nachdenken und bei weniger bedeutsamen Sachen üben, zum Beispiel auf einem Markt in der Türkei, Hongkong oder wo auch immer Gefühle mehr herausgelassen werden. Dort kann man auch das Verkaufen wunderbar betrachten. Am Anfang ist das vielleicht befremdlich, aber eigentlich ist das Vorgehen ja nicht schlecht, und wenn man dies dann auf eine Situation runterbrechen kann, mit der man selbst leben kann und die man selbst verinnerlichen kann, ohne dass es gekünstelt wirkt, dann hat man seinen Weg gefunden. Man muss seinen eigenen Verhandlungsstil selbst finden. Einer reagiert eher cholerisch und der andere fällt vielleicht eher zusammen. Man darf vielleicht auch nicht zu defensiv erscheinen. Man liest darüber ein paar Bücher, schaut andere dabei an und versucht es eventuell zu kopieren und sieht den Erfolg. Ich denke auch, dass man auch mit Rollenspielen viel weiter kommt. Rollenspiele können eine gute Basis sein, um das Verhandeln zu üben. Dabei sollte man auch die Videoauswertung nutzen, um zu sehen, ob man wirklich überzeugend rüberkommt. Trotzdem sollte man sich im echten Leben ausprobieren.

Inwieweit spielt Erfahrung dann eine Rolle oder entscheiden Sie aus dem Bauch heraus?
Ich lese viel und informiere mich viel, aber natürlich ist auch Bauchgefühl dabei. Meiner Ansicht nach muss man sich im Mittelstand von dem Gedanken lösen, dass sich der Mittelstand auf dem Dorf abspielt, in dem man zu Hause ist. Auch als Mittelständler muss man das große Ganze im Auge haben, und auch wenn ich eine Firma von 30 bis 40 Leuten habe, sollte ich mich vielleicht doch über die Lokalzeitung hinaus informieren.

Ist man bei Stammkunden eher bereit über Limits hinwegzusehen oder setzen Sie generell feste Limits, bei denen Sie bleiben?
Ich gehe natürlich in eine Verhandlung mit einem Limit rein, an dem ich trotzdem noch Geld verdiene, also eventuell zieht man auch mal ein Limit unter dem Limit. Man darf sich nie in eine Situation drängen lassen, in der man zusetzt, aber man muss auch mal dafür sorgen, dass die eigenen Leute Arbeit haben.

Spricht man offen über eine wirtschaftlich schlechte Situation mit dem Kunden, um zum Beispiel einen Preis zu finden, mit dem beide leben können?
Wenn das entsprechende langjährige Verhältnis mit dem Kunden da ist, macht man das schon. Ansonsten muss man als Mittelständler gerade mit großen Kunden vorsichtig sein, weil man bestimmte Konzernentscheidungen nicht durchdringt. Man weiß nicht,

was der Kostenrechner in dem Unternehmen macht. Man sieht zwar sein Produkt am Markt, aber kann es selbst schwer einschätzen, zum Beispiel wie viel Rabatt gegeben wird und was er wirklich an Marge hat und welche Overheadkosten er hat. Man weiß nicht, ob er jedes Produkt für sich nimmt oder eine Mischkalkulation macht. Dies sind alles Dinge, die man nicht so richtig einschätzen kann, aber klar hat man ein Gefühl dafür, wenn man den Kunden länger kennt. Ich glaube, wenn man im Mittelstand arbeitet und an einer Stelle sitzt, wo man verhandelt, dann ist es vielleicht gar nicht so wichtig, dass jemand richtig gut rechnen kann, aber er muss eine gute Menschenkenntnis besitzen. Außerdem muss der Verkäufer ein gutes Klima aufbauen können.

Treffen Sie sich für Verhandlungen an neutralen Orten oder wie gestaltet sich die Verhandlung?
Das ist eher ein Prozess. Am Anfang sind die Verhandlungen meist Telefonkonferenzen. Mit meinem ausländischen Hauptkunden telefoniere ich meist das erste Mal und bespricht, dass man in die Preisverhandlung eintreten muss, weil im Mai/Juni die Konjunktur runtergeht. So klärt man einen Termin für eine Telefonkonferenz. Dann holt man noch eine zweite Person dazu, die schreibt und einfach für sich denkt und dann noch den einen oder anderen Zettel mit Argumenten oder Ideen rüberschiebt. Derjenige, der daneben sitzt, kann entspannter denken als die Person, die das Gespräch führt. Das habe ich so festgestellt, dass mir das eine Unterstützung ist. Im ersten Termin erfolgt dann erst einmal ein Austausch der Eckdaten. Dann gewichtet man die Argumente und manche werden eventuell gleich entkräftet, aber manchmal muss man sich auch informieren. Dann werden die Listen kürzer und man macht einen neuen Termin. Irgendwann merkt man, dass man am Telefon nicht weiterkommt und es ziemlich anstrengend wird, am Telefon zu verhandeln. Dann beschließt man, sich mal zusammen zu setzen. Wir haben es in der Vergangenheit so gehandhabt, dass wir uns dazu wechselseitig besucht haben.

Nach dem Verhandlungsgespräch

Da die alte Regel gilt, dass nach dem Gespräch gleich vor dem Gespräch ist, empfiehlt sich eine genaue Auswertung und Nachbereitung des Gesprächstermins. Folgende Fragen können dabei sinnvoll verwendet werden:

- Was lief besonders gut am Gespräch?
- Was habe ich sehr gut gemeistert?
- Wie war die Vorbereitung und was sollte beim nächsten Mal hinzukommen?
- Was kann ich am Gesprächsablauf ändern oder ist es gut so, wie es ist?
- Was sind meine stärksten Argumente und wie kann ich sie noch besser einsetzen?
- Welche Kaufsignale hat mein Gesprächspartner gesendet und wie habe ich reagiert?
- Wie verarbeite ich die Informationen aus dem Gespräch?

- Wie geht es nun weiter mit meinem Gesprächspartner und mit welchem Medium will ich zukünftig Kontakt halten und in welchem zeitlichen Abstand?
- Welche neuen Ziele habe ich jetzt nach dem Gespräch mit dem Gesprächspartner?

4 Verhandeln im Mittelstand – die Grundeinstellung entscheidet

Sie gehen in eine Verhandlung oder gehen Sie in ein Gespräch? „Sie gehen in ein Gespräch" hat etwas Friedlicheres im Klang, badet vielleicht nicht den ganzen Körper in Adrenalin und lässt Sie noch aufmerksamer das Gespräch erleben und mitgestalten. Viele Menschen denken, Verhandeln sei ein Machtspiel. Aber ist es das wirklich? Macht über einen anderen Menschen erlangen verlangt aber zwei Gegenpole: Macht anstreben und Ohne-Macht anerkennen. Sie haben aber eine Strategie, einen Plan, sind exzellent vorbereitet, sind flexibel in Ihrer Argumentation, haben Abhängigkeiten vermieden, pflegen einen sehr fairen Umgang sowohl mit Ihren Mitarbeitern als auch mit Ihren Kunden, gehen erhobenen Hauptes in ein Gespräch über „Ihr Baby" – wer außer Ihnen selbst kann Ihren Gesprächserfolg torpedieren? Die Integrität, der Stolz auf Ihr Lebenswerk wird sich auch in Gesprächen äußerlich manifestieren. Wie sagte einst Henry David Thoreau: „Was vor uns liegt und was hinter uns liegt ist nichts im Vergleich zu dem, was in uns liegt. Und wenn wir das, was in uns liegt nach außen in die Welt tragen, geschehen Wunder."

5 Anhang

Weblinks

http://www.rhetorik.ch/Verhandeln/Verhandeln.html – enthält vielfältige Anregungen zur Gestaltung der Kommunikation in Verhandlungen.

http://www.mindtools.com/CommSkll/NegotiationSkills.htm – enthält gute Informatio nen (inklusive eines downloadbaren Verhandlungs-Tools) zu Win-win-Verhandlungen (in englischer Sprache).

Weiterführende Literatur

Cialdini, R. B., und M. Wengenroth. 2013. *Die Psychologie des Überzeugens*. 7. Aufl. (Erläutert anhand vieler Anekdoten psychologische Grundprinzipien des Überzeugens). Bern: Huber Hans.

Rosenberg, Marshall B. 2005. *Gewaltfreie Kommunikation*. Behandelt den Komplex Kommunikation in all seinen Facetten unter Berücksichtigung der eigenen Werte.

Schulz von Thun, Friedemann. 2004. *Miteinander Reden*. (Erklärt die psychologischen Hintergründe der Kommunikation in verständlicher Form). Hamburg.

Literatur

Baßeler, U., J. Heinrich, und B. Utecht. 2010. *Grundlagen und Probleme der Volkswirtschaft*. Stuttgart: Poeschel.

Bazerman, M. H., und M. A. Neale. 1983. Heuristics in negotiation: Limitations to effective dispute resolution. In *Negotiating in organizations,* Hrsg. M. H. Bazerman und R. J. Lewicki. California: Beverly Hills.

Cialdini, R. B., und M. Wengenroth. 2013. *Die Psychologie des Überzeugens*. 7. Aufl. Bern: Huber Hans.

Fischer, R., W. Ury, und B. Patton. 2013. *Das Harvard-Konzept. Der Klassiker der Verhandlungstechnik*. 24. Aufl. Frankfurt a. M.: Campus.

Forghani, F. 2012. *Tanz um die Macht: Geheimnisse der Verhandlungsführung*. Stuttgart: AT Edition.

Geiger, I., und M. Kleinaltenkamp. 2011. Interne Umsetzung des Geschäftsbeziehungsmanagements. In *Geschäftsbeziehungsmanagement,* Hrsg. M. Kleinaltenkamp, W. Plinke, I. Geiger, F. Jacob und A. Söllner, 257–303. 2. Aufl. Berlin.

Homburg, C., und H. Krohmer. 2009. Marketing management. 3. Aufl. Wiesbaden: Springer.

Kahnemann, D. (1992): Reference points, anchors, norms, and mixed feelings. Organizational Behavior and Human Decision Processes, 51, 296–312.

Kahneman, D., und A. Tversky (1979): Prospect theory: An analysis of decision under risk, Econometrica, Vol. 47, No. 2, S. 263–291.

Mnookin, R. H., und J. Neubauer. 2012. *Verhandeln mit dem Teufel: Das Harvard-Konzept für die fiesen Fälle*. Frankfurt a. M.: Campus.

Reisinger, M. 2013. *Analyse und Vergleich gegenwärtig am Markt befindlicher analytischer Informationssysteme für KMUs*. München: Grin.

Ross, L. und A. Ward. 1995. Psychological barriers to dispute resolution. In:Advances in experimental social psychology, Vol. 27, edited by M. Zanna. San Diego, CA

Schranner, M. 2001. *Verhandeln im Grenzbereich: Strategien und Taktiken für schwierige Fälle*. Berlin: Econ.

Seeger, C. 2005. *China: Das Land verstehen – Verhandlungen führen – Konkurrenten abwehren*. Frankfurt a. M.: Redline Wirtschaftsverlag.

Tidwell, A. 1998. *Conflict resolved?*. London: Wiley.

Trötschel, R., und P. Gollwitzer. 2004. Verhandlungsführung – psychologische Grundlagen. In *Krieg und Frieden – Handbuch der Konflikt- und Friedenspsychologie,* Hrsg G. Sommer und A. Fuchs, 116–128. Weinheim: Beltz.

Tversky, A., und D. Kahneman (1974): Judgment under Uncertainty: Heuristics and Biases, in: Science, Vol. 185, S. 1124–1131.

Wannenwetsch, H. 2013. *Erfolgreiche Verhandlungsführung in Einkauf und Logistik*. 4. Aufl. Berlin: Springer.

Wolf, J., H. Paul, und T. Zipse. 2009. *Erfolg im Mittelstand: Tipps für die Praxis*. Wiesbaden: Gabler.

Risiken managen

4

Torsten Gonschorek und Christian Petzold

1 Einführung

Unternehmen stehen aufgrund der sich schnell verändernden Rahmenbedingungen ständig vor neuen und großen Herausforderungen. Durch gesetzliche Neuerungen, gesellschaftspolitische oder wirtschaftliche Veränderungen entstehen immer wieder komplexe Risikosituationen, mit denen Unternehmen konfrontiert werden. Egal ob es sich um Unternehmen des Mittelstands oder Großunternehmen handelt, jedes Unternehmen ist von Risiken umgeben. Für die Erreichung von Unternehmenszielen und zur Nutzung sich bietender Chancen gilt es, Risiken frühzeitig zu erkennen, zu steuern und zu überwachen. Dafür erscheint ein fundiertes Risikomanagement unerlässlich.

Die jüngste Finanz- und Wirtschaftskrise hat gezeigt, welche fatalen Folgen ein schlechtes Risikomanagement haben kann. Bleiben Risiken unentdeckt, beeinträchtigen sie möglicherweise die Erfolgssituation eines Unternehmens und erhöhen im schlimmsten Fall das Insolvenzrisiko (Vanini 2012, S. 3). Aufgrund ihrer spezifischen Charakteristika sind besonders kleine und mittlere Unternehmen (KMU) von Risiken bedroht, die aufgrund der geringen Eigenkapitaldecke sehr schnell zu einem existenzgefährdenden Problem werden können. Die Insolvenzstatistik aus dem Jahre 2012 zeigt, dass 99,4 % aller Unternehmensinsolvenzen auf kleine und mittlere Unternehmen entfallen (Creditreform 2012, S. 14).

Trotz dieser bestehenden Gefahr verzichten viele KMU auf die Etablierung eines systematischen Risikomanagements, um vermeintlich „effektiv" mit den begrenzten, ihnen zur Verfügung stehenden Ressourcen umzugehen (Rautenstrauch und Wurm 2008, S. 111).

T. Gonschorek (✉) · C. Petzold
Fakultät Wirtschaftswissenschaften, Hochschule für Technik und Wirtschaft Dresden,
Friedrich-List-Platz 1, 01069 Dresden, Deutschland
E-Mail: gonschorek@htw-dresden.de

A.-K. Haubold et al. (Hrsg.), *Managementkompetenzen im Mittelstand*,
DOI 10.1007/978-3-658-03448-1_4, © Springer Fachmedien Wiesbaden 2014

Die gängige Theorie zur Thematik des Risikomanagements begründet dessen Etablierungsnotwendigkeit mit Zusammenhängen von Risikomanagementstrategien und Unternehmenserfolg.[1] Daraus kann abgeleitet werden, dass die Ausgestaltung und somit die Qualität des Risikomanagements für mittelständische Unternehmen einen Nutzen generieren und einen Beitrag für den Unternehmenserfolg leisten kann.

Definition der Begriffe Risiko und Risikomanagement

In der betriebswirtschaftlichen Literatur finden sich für die Begriffe Risiko und Risikomanagement keine einheitlichen Definitionen, sondern lediglich verschiedene Erklärungsansätze (Stroeder 2006, S. 135).

Das wirtschaftliche Handeln ist seit jeher unmittelbar mit dem Eingehen von Risiken verbunden. Der **Begriff Risiko** wird aus dem frühitalienischen Wort „risicare" abgeleitet, was übersetzt so viel heißt wie „eine Klippe umschiffen" oder allgemeiner ausgedrückt, „etwas wagen" bedeutet (Bernstein 1996, S. 8). Seeleute waren bereits im 12. Jahrhundert auf ihren Handelsrouten gezwungen, Entscheidungen zu treffen. Sie konnten, um Zeit zu gewinnen, etwas riskieren und zwischen Felsen hindurchsegeln, oder sie konnten Felsbrocken großräumig umschiffen und somit das Risiko „managen" (Herold 2012, S. 1).

In der fortgeschrittenen ökonomischen Theorie besteht trotz der Vielzahl unterschiedlicher Definitionen eine weitgehende Einigkeit darin, dass unter Risiko die Möglichkeit einer Abweichung eines tatsächlichen von einem prognostizierten Ergebnisses verstanden wird. Wirtschaftlich dasselbe wird ausgedrückt, wenn ein Risiko als die Nichterreichung eines Ziels definiert wird (Soll-Ist-Abweichung), (Gleißner 2011, S. 10). Uneinigkeit besteht hingegen darin, ob auch positive Zielabweichungen (Chancen) in den Risikobegriff einbezogen werden sollten (Vanini 2012, S. 7 f.). Somit ergibt sich bei genauerer Analyse eine Differenzierung des Risikobegriffs in reines und spekulatives Risiko (vgl. Abb. 4.1). Das reine Risiko beinhaltet Schadensgefahren, bei dem ein Ereignis eintritt, welches das Vermögen des Unternehmens unmittelbar mindert (z. B. ausgelöst durch Feuer, Wasser oder Sturm). Die Chancen werden vom reinen Risikobegriff nicht berücksichtigt. Das spekulative Risiko hingegen umfasst diejenigen unsicheren Ereignisse, die sich infolge von unternehmerischem Handeln vermögensmindernd oder vermögensmehrend auswirken (z. B. durch Preis-, Kosten- oder Nachfrageänderungen). Vermögensmindernde unsichere Ereignisse („die Entwicklung verläuft schlechter als geplant") werden auch als Risiko i. e. S. beziehungsweise Verlustgefahr bezeichnet, während vermögensmehrende unsichere Ereignisse („die Entwicklung verläuft günstiger als geplant") als Risiko i. w. S. oder als Chance bezeichnet werden (Gleißner et al. 2004, S. 13).

Dem Management eines Unternehmens obliegt die Verantwortung für die Führung der Geschäfte. In diesem Zusammenhang ist von Bedeutung, dass die Geschäftsführung als verantwortliches Organ Entscheidungen für das Unternehmen treffen muss, um sich am

[1] Diese Zusammenhänge sind jedoch in der Praxis bisher nicht eindeutig belegt.

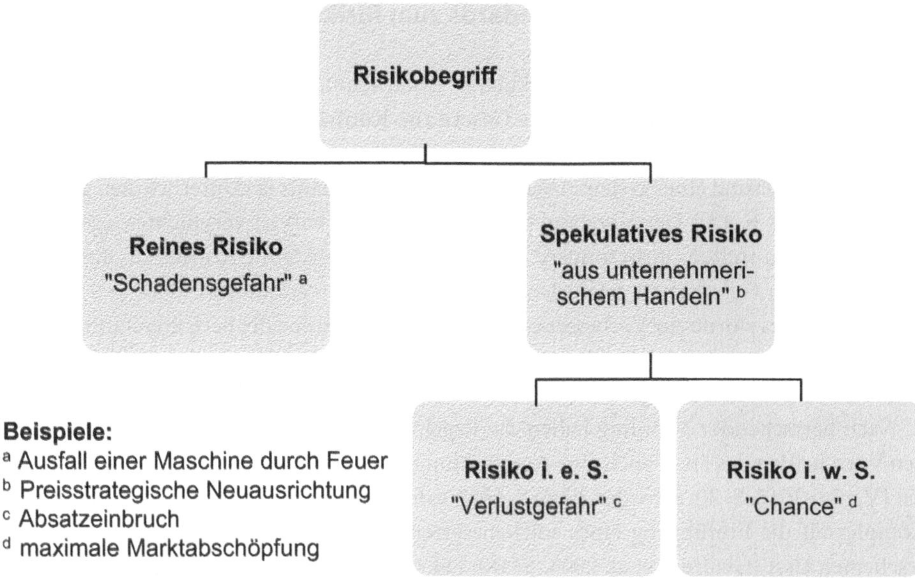

Abb. 4.1 Systematik des Risikobegriffs. (Eigene Darstellung in Anlehnung an Seidel 2011, S. 27)

Markt bietende Chancen zu nutzen und definierte Ziele zu erreichen (Diederichs 2012, S. 10). Entscheidungen werden dabei meist unter Unsicherheit getroffen und sind somit unweigerlich mit Risiken verbunden. Wie bereits angeführt, können Risiken die Erreichung von Unternehmenszielen oder gar den Bestand des Unternehmens gefährden. Dort setzt das Risikomanagement an. Es unterstützt die Unternehmensführung bei der Absicherung und Erreichung der Unternehmensziele sowie bei der Steigerung des Unternehmenswertes (Kästner 2012, S. 8).

Dabei ist es insbesondere das Ziel des Risikomanagements, die bereits bestehenden und künftig auftretenden Risiken so zu steuern und zu regeln, dass der Wert eines Unternehmens durch die Verringerung von Risiken bei weiter bestehenden Ertragschancen gesteigert wird (Henschel 2010, S. 10). Resultierend aus diesem Ziel besteht die Aufgabe des unternehmensinternen Risikomanagements darin, jegliche Gefährdungen, die u. a. für die wirtschaftliche und finanzielle Situation des Unternehmens von Bedeutung sind, frühzeitig zu erkennen, zu beseitigen beziehungsweise. zu kontrollieren und zu steuern. Damit übernimmt es eine Koordinationsfunktion bei allen risikobegleitenden Entwicklungen und sollte ein zentrales Thema jedes Unternehmens sein (Wien und Kirschner 2010, S. 192).

Das Risikomanagementsystem eines Unternehmens umfasst alle organisatorischen, technischen, personellen und prozessualen Vorkehrungen, die ein Unternehmen zur Bewirtschaftung von Risiken einsetzt. Den Mittelpunkt bildet dabei der Risikomanagementprozess, der sich mit der systematischen Bewirtschaftung der Risiken befasst. Darunter versteht man sämtliche Maßnahmen zur fortlaufenden Identifikation, Beurteilung, Steuerung und Überwachung von Risiken (Wiederkehr und Züger 2010, S. 18; Diederichs 2012, S. 13).

Normative Grundlagen und Standards zum Risikomanagement

Als Reaktion auf eine Vielzahl spektakulärer Unternehmensinsolvenzen verabschiedete die Bundesregierung im April 1998 das **Gesetz zur Kontrolle und Transparenz im Unternehmensbereich (KonTraG)**. Durch das KonTraG wurde die rechtliche Grundlage für die Implementierung eines systematischen Risikomanagements im Unternehmen geschaffen (Stiefl 2010, S. 17). Der Vorstand einer Aktiengesellschaft ist verpflichtet, „geeignete Maßnahmen zu treffen, insbesondere ein Überwachungssystem einzuführen, damit den Fortbestand der Gesellschaft gefährdende Entwicklung früh erkannt werden" (§ 91 Abs. 2 AktG). Überdies wurde zur Verbesserung der Risikotransparenz die Berichterstattung über Geschäftsverlauf und Lage der Kapitalgesellschaft durch den Gesetzgeber konkretisiert (§§ 289, 317, 321, 322 HGB).

Nach herrschender Meinung haben die Regelungen des KonTraG in Verbindung mit den Vorschriften des HGB auch eine Ausstrahlungswirkung auf andere Kapitalgesellschaften (Vanini 2012, S. 30; Stroeder 2006, S. 185), sofern sich nach ihrer Größe, Struktur und Komplexität die Einführung eines solchen systematischen Risikomanagements geboten erscheinen lässt (Gleißner et al. 2004, S. 10). Die Größenmerkmale orientieren sich dabei an den Regelungen des § 267 HGB, womit auch Teile des Mittelstandes eingeschlossen werden.[2]

Aber auch für kleinere Kapitalgesellschaften und andere Rechtsformen kann es geboten sein, ein Risikomanagementsystem einzurichten, insbesondere wenn sich das Unternehmen in einer risikobehafteten Situation befindet. Dies gebieten auch die Grundsätze ordnungsgemäßer Geschäftsführung (Stroeder 2006, S. 185).

Normative Ausstrahlungswirkungen auf mittelständische Unternehmen gehen auch von den Regelungen des Bilanzrechtsreformgesetzes (**BilReG**) und Bilanzrechtsmodernisierungsgesetzes (**BilMoG**) sowie den Deutschen Rechnungslegungsstandards (**DRS**) 5 und 15 aus. Ebenso rücken auch die Empfehlungen des Deutschen Corporate Governance Kodex (**DCGK**), wonach die Geschäftsleitung ein angemessenes Risikomanagement und -controlling einzurichten und zu dokumentieren hat, auch für mittelständische Unternehmen in den Fokus, sofern Fremdkapitalgeber und Investoren auf die Einhaltung dieser Soll-Bestimmungen drängen (Vanini 2012, S. 30 ff.; Stroeder 2006, S. 184 ff.). Darüber hinaus existiert auch ein **Governance Kodex für Familienunternehmen** als Leitlinie für die verantwortungsvolle Führung von Familienunternehmen, herausgegeben von INTES Akademie für Familienunternehmen GmbH und DIE FAMILIENUNTERNEHMER – ASU e. V. Darin heißt es zum Risikomanagement: „Die Unternehmensführung soll für die Einhaltung der gesetzlichen Bestimmungen und der unternehmensinternen Richtlinien (Compliance) sowie für ein angemessenes Chancen- und Risikomanagement im Unternehmen in Übereinstimmung mit den Werten und Zielen der Inhaber sorgen." (DIE

[2] Einbezogen werden Unternehmen, die an zwei aufeinanderfolgenden Bilanzstichtagen mindestens zwei der drei nachstehenden Merkmale überschreiten: Bilanzsumme > 4,84 Mio. Euro/Umsatz > 9,68 Mio. Euro/im Jahresdurchschnitt fünfzig Arbeitnehmer.

FAMILIENUNTERNEHMEN - ASU e. V./INTES Akademie für Familienunternehmen GmbH 2010, S. 15).

Um den Unternehmen eine Orientierung zu geben, wie eine gesetzeskonforme Ausgestaltung eines Risikomanagementsystems aussehen könnte, haben sich in den letzten Jahren folgende **Normen und Standards** etabliert:

- COSO ERM - Integrated Framework
- ISO 31000
- ONR 49000

Die Normen und Standards fokussieren mit teils unterschiedlicher Gewichtung sowohl auf die notwendigen Bestandteile eines Risikomanagementsystems als auch auf den Prozess der Implementierung eines Risikomanagementsystems in den Unternehmen. Die Anwendung der Normen und Standards sorgt in den Unternehmen für eine einheitliche und konsistente Verwendung von Begriffen und unterstützt somit die unternehmensinterne Kommunikation.

2 Nutzen und Ausgestaltung des Risikomanagements in mittelständischen Unternehmen

Die Einrichtung eines Risikomanagements ist, abgesehen von bestimmten Kapitalgesellschaften, für den Großteil kleiner und mittlerer Unternehmen nicht gesetzlich verpflichtend und liegt insbesondere im eigenen Interesse der Unternehmen. Neben der geringen Eigenkapitalausstattung ist es vor allem die erhöhte Insolvenzanfälligkeit, ausgelöst durch Managementfehler und Schwächen in der Unternehmensstruktur, die eine systematische Auseinandersetzung mit Risiken notwendig erscheinen lässt (Henschel 2010, S. 8).

Die Kapitalgesellschaften, die durch das KonTraG gesetzlich zur Einrichtung eines systematischen Risikomanagements verpflichtet sind, empfinden es größtenteils als lästige Pflicht, den formaljuristischen Vorgaben nachzukommen (Löffler et al. 2011, S. 18). Diese Haltung der Unternehmen kann zwar im Falle einer Schadensersatzforderung den Unternehmer vor einer persönlichen Haftung bewahren, verhindert jedoch die Sicht auf den eigentlichen betriebswirtschaftlichen Mehrwert, der sich aus der Einrichtung eines Risikomanagements generieren kann (Gleißner 2011, S. 13).

Nachfolgend sind die wichtigsten betriebswirtschaftlichen Nutzenaspekte zusammengefasst, die sich durch Risikomanagement für ein Unternehmen ergeben können (Gleißner et al. 2004, S. 17 ff.; Löffler et al. 2011, S. 18; Schiller et al. 2011, S. 3; BDI/PwC 2011, S. 11).

- Möglichkeit zur frühzeitigen Risikoerkennung und rechtzeitigen Reaktion auf bestandsgefährdende Risiken.

- Schaffung/Erhöhung der Transparenz über die betriebliche Risikosituation → Planungssicherheit in Bezug auf die Unternehmensentwicklung.
- Nutzung gewonnener Risikoinformationen als Grundlagen für fundierte unternehmerische Entscheidungen.
- Verbesserung der Fähigkeit, mit unvorhersehbaren zukünftigen Entwicklungen umzugehen.
- Möglichkeit, bei unternehmerischen Entscheidungen die erwarteten Erträge mit den eingegangenen Risiken abzuwägen.
- Erhöhung der Qualität unternehmerischer Entscheidungen bei Unsicherheit.
- Sicherung der Zukunftsfähigkeit, Finanz- und Ertragskraft.
- Reduzierung der Wahrscheinlichkeit einer Unternehmenskrise, die durch Fehlentscheidungen ausgelöst wird.
- Reduzierung der Wahrscheinlichkeit einer Insolvenz.
- Krisenprävention und Gewährleistung des Unternehmensfortbestandes.
- Verbesserung des Unternehmensratings und damit Erhöhung der Finanzierungsflexibilität und Senkung der Finanzierungskosten.
- Vermeidung von Schadensersatzansprüchen.

Aus den genannten Punkten geht hervor, dass der aktive Umgang mit Risiken, in Form eines Risikomanagements, ein wichtiger Bestandteil in der erfolgreichen und präventiven Unternehmensführung ist, der dazu dienen kann, die Unternehmensexistenz und den Unternehmenserfolg langfristig zu sichern (Gietl und Lobinger 2006, S. 11; Henschel 2010, S. 8).

Während die einschlägige Fachliteratur für große Unternehmen und Konzerne zahlreiche Anleitungen für eine erfolgreiche Ausgestaltung des Risikomanagements bereithält, existieren für KMU nur wenige geeignete Ansätze und Konzepte (Schiller et al. 2011, S. 1; Henschel 2010, S. 14; Rautenstrauch und Wurm 2008, S. 107). Grundsätzlich gibt es keinen universellen, für alle Unternehmen optimalen Ansatz zur Ausgestaltung eines unternehmensweiten systematischen Risikomanagements (Vanini 2012, S. 40). Vielmehr stellt sich der Detaillierungs- und Formalisierungsgrad an ein solches System in jedem Unternehmen unterschiedlich dar und ist abhängig von (Gietl und Lobinger 2006, S. 19):

- Komplexität und Struktur des Unternehmens,
- Unternehmensgröße,
- Branche,
- und Kapitalstruktur.

Das Hauptmerkmal mittelständischer Unternehmen, verglichen mit Großunternehmen, ist die relativ geringe Unternehmensgröße und die damit einhergehende geringere Komplexität der gesamten Geschäftstätigkeit. Dies hat zur Folge, dass auch das Risikomanagement nicht die Komplexität aufweisen muss, die in einem Großunternehmen als angemessen erscheint. Als mitbestimmende Faktoren für die Komplexität des Risikomanagements sind beispielsweise die Umsatzgröße, die Prozesskomplexität, die Risikostrategie, die Mitarbeiterzahl und deren Qualifikation, die Breite der Produktpalette, der Kundenstamm oder bereits vorhandene EDV-Systeme zu nennen (Schröer 2007, S. 47). Vielmehr sollte für die Entwicklung eines Risikomanagements im Mittelstand darauf geachtet werden, dass es zu den Charakteristika des Unternehmens passt und einfache Konzepte verwendet werden (Brünger 2011, S. 20). Dabei sind die Besonderheiten mittelständischer Unternehmen zu berücksichtigen und zugleich die zeitlichen und finanziellen Ressourcen zu schonen (Bungartz und Strobl 2011a, S. 42).

Die Ergebnisse empirischer Studien[3] zeigen allesamt ein ähnliches Bild hinsichtlich des Umsetzungsstandes und der aktuellen Situation des Risikomanagements in KMU auf.

Risikomanagement ist im Mittelstand angekommen. Der Nutzen zur Einführung eines Risikomanagements wird beziehungsweise wurde von den Unternehmen erkannt (Tritschler 2001, S. 35; BDI/PwC 2011, S. 25). Über die gesamte Breite des deutschen Mittelstandes werden Risikomanagementaktivitäten verzeichnet (Beyer et al. 2010, S. 116). Diese sind je nach Unternehmen stark beziehungsweise weniger stark ausgeprägt. Auch wenn Risikomanagement zur gelebten Unternehmenspraxis von Klein- und Mittelbetrieben gehört, weisen jedoch viele Unternehmen Defizite und einen erheblichen Nachholbedarf bei der Errichtung eines systematischen Risikomanagements auf (Löffler et al. 2011, S. 5; Köglmayr 2011, S. 99). Dementsprechend wird das Risikomanagement selten ganzheitlich mit all seinen Bestandteilen umgesetzt, sondern es werden oftmals nur Teilaspekte berücksichtigt (Giebel 2006, S. 119). Vielen Unternehmen fehlen schlicht betriebswirtschaftliches Methodenwissen sowie einfache und mittelstandstaugliche Risikomanagementkonzepte (Henschel 2010, S. 238; Schiller et al. 2011, S. 1; Köglmayr 2011, S. 104).

Insbesondere bei der organisatorischen Verankerung des Risikomanagements im Unternehmen bestehen große Defizite (Giebel 2006, S. 119; BDI/PwC 2011, S. 11). Auch die Anwendung angemessener Methoden zur Risikoidentifizierung und Bewertung stellt für KMU eine große Herausforderung dar (Giebel 2006, S. 114). Im Allgemeinen verwenden Klein- und Mittelbetriebe einfache Methoden zur Risikoidentifikation und vorwiegend subjektive Verfahren zur Bewertung der Risiken (Tritschler 2001, S. 42).

Die Mehrheit der mittelständischen Unternehmen setzt sich zwar regelmäßig mit ihren Risiken (Einzelrisiken) auseinander (Tritschler 2001, S. 20), ist jedoch nicht in der Lage, ihr Risikoprofil beziehungsweise die Gesamtrisikoposition des Unternehmens klar zu bestimmen. Darüber hinaus zeigt sich, dass lediglich eine kleine Zahl von KMU über eine umfassende Unternehmensplanung und somit die Basis für ein systematisches Risikomanagement verfügt. Durch die mangelnde Verbindung von Risikomanagement und Unternehmensplanung ist es dem Großteil der Unternehmen nicht möglich, Auswirkungen von Risiken auf entscheidende Zielgrößen (Erfolg und Liquidität) zu bestimmen (Henschel 2010, S. 234, 334).

---

[3] Im Rahmen eines Literaturreviews wurden elf ausgewählte empirische Studien (vgl. Literaturübersicht) zur Analyse von Zusammenhängen zwischen Unternehmenscharakteristika und Ausgestaltung des Risikomanagements in mittelständischen Unternehmen untersucht.

Auch wenn nur ein kleiner Teil des deutschen Mittelstandes tatsächlich mit der Ausgestaltung seines Risikomanagements zufrieden zu sein scheint, werden die Bedeutung des Risikomanagements (BDI/PwC 2011, S. 24) und dessen Relevanz für den Unternehmenserfolg (Schiller et al. 2011, S. 1) als überwiegend hoch eingeschätzt. In diesem Zusammenhang zeigt sich, dass mit höherer Bedeutungszuschreibung für das Risikomanagement auch dessen Qualität verbessert wird (Schiller et al. 2011, S. 42). Weiterhin weisen Unternehmen, die über ein Risikomanagement verfügen, eine tendenziell höhere Umsatzentwicklung auf als Unternehmen ohne Risikomanagement (Arnsfeld et al. 2007, S. 492).

Neben der Unternehmensgröße ergeben sich auch aus der Führungsform beziehungsweise dem Eigentümerhintergrund des Unternehmens Einflüsse auf die Ausgestaltung des Risikomanagementsystems. Den Ergebnissen der Studien zufolge verfügen managergeführte Unternehmen über ein besseres Risikomanagement als eigentümergeführte Unternehmen. Für die Begründung dieses Zusammenhangs können neben dem Ausbildungshintergrund des Unternehmers auch die Unternehmenskultur und der Führungsstil als qualitätsunterscheidende Merkmale herangezogen werden. Extern eingesetzte Geschäftsführer verfügen in der Regel über ein fundiertes Management-Know-how und solide Unternehmensführungskenntnisse. Aufgrund des vorwiegend technischen Bildungshintergrundes sind die betriebswirtschaftlichen Kenntnisse bei Eigentümer-Unternehmen schwächer ausgeprägt. Demnach wird vermutet, dass Eigentümer-Unternehmern das entsprechende Methodenwissen fehlt, um Risikomanagementkonzepte zu verstehen und effektiv/effizient umzusetzen. Darüber hinaus fehlen dem Eigentümer-Unternehmer schlichtweg die zeitlichen Ressourcen für die strategische Ausrichtung des Unternehmens, da er selbst stark im operativen Tagesgeschäft eingebunden ist (Schiller et al. 2011, S. 26 ff.; Henschel 2010, S. 94 ff.).

Dem Eigentümer-Unternehmer wird außerdem häufig ein patriarchalischer Führungsstil in Verbindung mit geringer Veränderungsbereitschaft zugeschrieben (Schlüter 2007, S. 17). Diese Tatsache kann zur Folge haben, dass der Unternehmer ungern von festen Vorgehensweisen ablässt und neuen Managementkonzepten unaufgeschlossen gegenübersteht.

Neben den Zusammenhängen zwischen unternehmenscharakteristischen Eigenschaften und der Qualität des Risikomanagements ergeben sich auch einige allgemeingültige Erkenntnisse. Im Umgang mit Risiken kann im Laufe der Zeit von Lerneffekten ausgegangen werden. Demnach ist es nicht verwunderlich, dass ein steigender Erfahrungsschatz im Management von Risiken einen signifikanten Einfluss auf den Reifegrad des Risikomanagements hat. Darüber hinaus wurde festgestellt, dass Unternehmen mit Risikomanagement eine höhere Umsatzrenditeentwicklung erzielen als Unternehmen ohne Risikomanagement. Daraus lässt sich ableiten, dass Unternehmen, die sich systematisch mit Gefahren und potenziellen Risikoentwicklungen auseinandersetzen, in der Lage sind, negative Entwicklungen zu erkennen und diesen entsprechend entgegenzuwirken.

3 Konzeption und Implementierung eines Risikomanagementprozesses in mittelständischen Unternehmen

Der Risikomanagementprozess (RMP) beinhaltet funktional sämtliche Maßnahmen zur systematischen und fortlaufenden Identifikation, Beurteilung, Steuerung und Überwachung von Risiken (Abb. 4.2).

Die Grundlage für ein fundiertes Risikomanagement ist die strategische Ausrichtung und organisatorische Verankerung des Risikomanagements im Unternehmen. Es ist die Aufgabe der Unternehmensführung, ein Risikobewusstsein auf allen Hierarchieebenen des Unternehmens zu entwickeln und eine **Risikokultur** zu etablieren, die es auf alle Mitarbeiter zu übertragen gilt (Diederichs 2012, S. 14). Für die Umsetzung der Risikokultur sorgt die **Risikostrategie**, die sich aus der Unternehmensstrategie ableitet. Die Risikostrategie gibt die Risikoziele der Unternehmensleitung wieder und wird durch Risikorichtlinien beziehungsweise risikopolitische Grundsätze konkretisiert (Vanini 2012, S. 43). Risikopolitische Grundsätze wiederum regeln den Umgang mit den Risiken und müssen in der Organisation durch Befugnisse konkretisiert werden (Diederichs 2012, S. 14). Um ein einheitliches Verständnis zum Risikomanagement (z. B. Umgang und Handhabung von Risiken) und eine unternehmensübergreifende Akzeptanz im Unternehmen zu verankern, sollte den Mitarbeitern der sich für das Unternehmen bietende Nutzen offen kommuniziert werden (Bungartz und Strobl 2011b, S. 34.). In der Unternehmenspraxis empfehlen sich dafür regelmäßig stattfindende Seminare und Workshops oder auch Mitarbeiterrundschreiben, durch die die Akzeptanz gefördert werden kann (Diederichs 2012, S. 15).

Im Rahmen der **Risikomanagement-Organisation** werden im Unternehmen die Verantwortlichkeiten für das Risikomanagement geklärt. Risikomanagement ist generell „Chefsache“. Demnach sollte die Geschäftsführung für das Risikomanagement verantwortlich sein. Diese Verantwortlichkeit impliziert zum Beispiel die Festlegung der Risikostrategie für das gesamte Unternehmen sowie die Festlegung der Verantwortlichkeiten der jeweiligen Mitarbeiter für die Erfassung und Bewertung einzelner Risiken als auch die Festlegung der Risikomanagement-Maßnahmen und Bestimmung des Berichtswesens (Henschel 2010, S. 44). Hinsichtlich der Koordination des Risikomanagements im Unternehmen sollte gewährleistet sein, dass die Informationen zentral und „vollständig gesammelt, plausibilisiert, strukturiert aufbereitet und zielgerichtet genutzt werden“(BDI/PwC 2011, S. 14). Abhängig von der strukturellen Ausgestaltung hinsichtlich der Aufbauorganisation des Unternehmens sollte die Controlling-Abteilung beziehungsweise die mit Controlling befassten Mitarbeiter für die laufende Koordination der Informationen aus der Risikoerfassung und -bewertung verantwortlich sein (Gleißner et al. 2004, S. 136 f.).

Ein weiterer wichtiger Punkt im Rahmen der Risikomanagement-Organisation ist die Verzahnung des Risikomanagements mit Prozessen der Unternehmensplanung und -

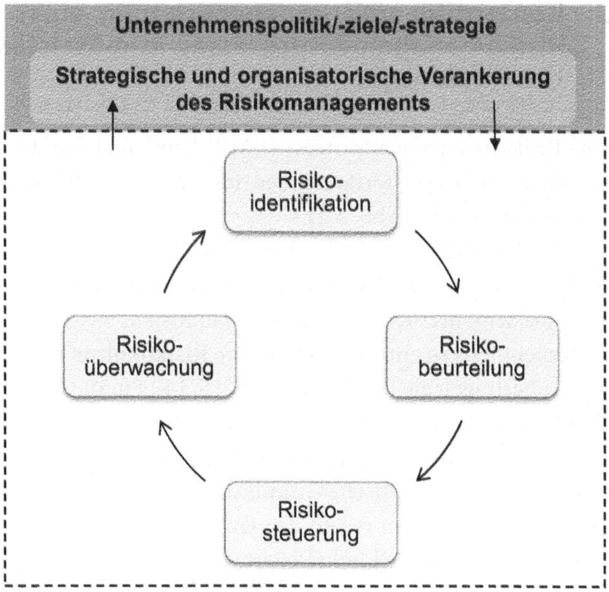

Abb. 4.2 Risikomanagement-Prozess. (Eigene Darstellung in Anlehnung an Diederichs 2012, S. 14)

steuerung. Gerade im Hinblick auf die erhöhte Insolvenzanfälligkeit von KMU ermöglicht die Integration von Risikomanagement und Unternehmensplanung die Bestimmung von Risikoauswirkungen auf entscheidende Zielgrößen wie Erfolg und Liquidität (Henschel 2003, S. 334). Somit kann die Qualität des Risikomanagements erheblich gesteigert werden.

Generell empfiehlt sich für den Mittelstand die Integration des Bereichs Risikomanagement in das Aufgabenfeld einer vorhandenen Abteilung, wobei die Übernahme der Risikomanagement-Aufgaben durch die Geschäftsführung oder das Controlling am geeignetsten erscheinen. Ein eigener Risikomanager oder der Aufbau einer separaten Risikomanagementabteilung scheint aufgrund knapper finanzieller und personeller Ressourcen kaum umsetzbar zu sein. Der Aufbau von risikomanagementrelevantem Know-how bei den Mitarbeitern sollte durch regelmäßige Schulungen und Workshops gewährleistet werden. Dabei empfiehlt sich der Einsatz von externen Beratern mit entsprechender Qualifikation (Brünger 2011, S. 20 f.; Henschel 2010, S. 45).

Die **Risikokommunikation** beinhaltet alle Aktivitäten, die im Rahmen eines systematischen Risikomanagements hinsichtlich der gewonnenen Risikoinformationen ausgetauscht werden. Die Risikokommunikation innerhalb des Unternehmens sorgt für eine zeitnahe Berichterstattung über nicht bewältigte Risiken und ist entsprechend in einer Kommunikationsstrategie festzulegen. Grundsätzlich muss die Risikokommunikation in zwei Richtungen (Top-down und Bottom-up) organisiert werden. Bei der Top-down-Kommunikation werden für den Mitarbeiter Informationen und Anweisungen zur Risikowahrnehmung, zum Risikoverhalten und dem entsprechenden Umgang mit Risiken bereitgestellt und erteilt. Die Bottom-up-Kommunikation hingegen beinhaltet

Tab. 4.1 Beispielhafte Risikokategorisierung nach internen und externen Risiken. (Eigene Darstellung in Anlehnung an Diederichs 2012, S. 56)

Risikokategorien und Risikofelder			
Externe Risiken	Interne Risiken		
Makroökonom. Risiken	*Leistungswirtschaftliche Risiken*	*Finanzwirtschaftliche Risiken*	*Risiken aus Management & Organisation*
Soziokulturelle Risiken	Beschaffung	Überschuldung	Managementqualität
Politisch-rechtl. Risiken	Logistik	Liquidität	Organisationsstruktur
Technologische Risiken	Produktion	Kapitalbeschaffung	Personal
	Absatz		Planung
			IT

unter anderem die Art und Weise der Risikomeldung und Risikoberichterstattung. Die Zeitabstände hinsichtlich der Risikoberichterstattung sind von der Art des Risikos und seiner Bedeutung für das Unternehmen abhängig (Hoffmann 2012, S. 162 f.; Tritschler 2001, S. 22).

Die **Risikodokumentation** ist als letzter Punkt im Rahmen der strategischen Ausrichtung und organisatorischen Verankerung des Risikomanagements im Unternehmen zu erwähnen. Sie dient dazu, den Mitarbeitern einen Orientierungsrahmen beziehungsweise neuen Mitarbeitern eine entsprechende Informationsbasis zur Verfügung zu stellen. Dazu gehören unter anderem die Festlegung der Risikostrategie, die Maßnahmen der Risikosteuerung oder auch der Risikoberichtszyklus hinsichtlich Verantwortlichkeiten und Zeithorizont. Eine entsprechende Dokumentation kann auch als Entlastungsbeweis gegenüber dem Gesetzgeber (KonTraG) über die Einrichtung eines Risikomanagements im Rahmen einer Krisenfrüherkennung dienen und somit einer persönlichen Haftung der Geschäftsführung vorbeugen (Henschel 2010, S. 45).

Risikoidentifikation

Im Rahmen der Risikoidentifikation besteht das Ziel, strukturiert und detailliert jene Risikopotenziale zu erfassen, die die unternehmerischen Ziele und definierten Strategien gefährden (Diederichs 2012, S. 50).

Für Unternehmen existiert eine Vielzahl unterschiedlicher Arten von Risiken. Für eine vollständige und strukturierte Erfassung sämtlicher Risiken sowie einer klaren Abgrenzung untereinander bietet sich eine Kategorisierung der Risiken in interne und externe Risiken an (Tab. 4.1). Dabei liegt die Quelle der internen Risiken innerhalb des Unternehmens und ergibt sich aus der Unternehmertätigkeit, wohingegen externe Risiken auf Ursachen beruhen, die von außen auf das Unternehmen einwirken (Schröer 2007, S. 56; Diederichs 2012, S. 55).

Tab. 4.2 Methoden und Instrumente zur Risikobeurteilung. (Eigene Darstellung in Anlehnung an Semrau 2011, S. 35)

Kreativ-intuitive Methoden	Analytisch-strukturierte Methoden
Brainstorming	Risiko-Checklisten
Brainwriting/Methode 635	Analyse bisheriger Schadensfälle
Interview/Befragung	Besichtigungen
Delphi-Methode	Fehlermöglichkeits- und Einflussanalyse (FMEA)
	Ursachen-Wirkungs-Diagramm
	SWOT-Analyse

Risiken wirken bei Eintritt nicht ausschließlich auf einen begrenzten Bereich im Unternehmen, sondern auch auf die primären und sekundären Leistungsbereiche, die mit dem unmittelbar betroffenen Bereich in einem betriebswirtschaftlichen Zusammenhang stehen. Diese mehrdimensionalen Risikointerdependenzen[4], welche als Ursache-Wirkungs-Beziehungen charakterisiert werden, sind auch im Rahmen des Risikomanagements zu berücksichtigen und zu analysieren (Schröer 2007, S. 60; Diederichs 2012, S. 58 f.).

Für die erfolgreiche Identifikation und Erfassung von Risiken steht einem Unternehmen eine Vielzahl verschiedener Instrumente zur Verfügung. Dabei kann im Wesentlichen zwischen kreativ-intuitiven und analytisch-strukturierten Vorgehensweisen (vgl. Tab. 4.2) unterschieden werden. Auch wenn es keine universale Methode zur Risikoerfassung gibt, empfiehlt sich für den Mittelstand ein gemischter Methodeneinsatz beider Vorgehensweisen vor einer Fokussierung auf rein strukturierte oder rein kreative Methoden (Brünger 2011, S. 17).

Im Anschluss an die Risikoidentifikation folgt eine systematische und strukturierte Auflistung und Beschreibung der erkannten Risiken, das Risikoinventar. Es ist für den weiteren Verlauf des RMP von Bedeutung, insbesondere für die Vergabe von Prioritäten beziehungsweise Relevanzklassen bei der Beurteilung von Einzelrisiken. Das Risikoinventar sollte somit inhaltlich fortlaufend angepasst und präzisiert werden.

Risikobeurteilung

Der Anspruch dieser zweiten Prozessphase besteht darin, die aus der ersten Prozessphase erhobenen Einzelrisiken zusammenzufassen, gegenseitige Abhängigkeiten zu beschreiben und auf einem aggregierten Niveau entsprechend zu beurteilen. Dabei ist zu untersuchen, wie sich die Risiken auf Unternehmensstrategien, -ziele und Kennzahlen auswirken können (Schröer 2007, S. 66; Diederichs 2012, S. 87).

Zur Bewertung des Risikos stehen einem Unternehmen verschiedene Analysemethoden und Instrumente zur Verfügung. Diese lassen sich in qualitative, quantitative und

[4] Beispiel für Interdependenz: Der Verlust von Marktanteilen kann sich auf Absatz, Produktion, Ertragslage, Liquidität etc. auswirken.

Tab. 4.3 Methoden und Instrumente zur Risikobeurteilung. (Eigene Darstellung in Anlehnung an Gunkel 2010, S. 68.))

Qualitative Methoden	Semiquantitative Methoden	Quantitative Methoden
Klassifizierung von Risiken (Risiko- bzw. Relevanzklassen)	Risikoinventar	Eintrittswahrscheinlichkeit und Schadensausmaß
	Risikoportfolio	Schadenserwartungswert
	Scoring-Modelle	Sensitivitätsanalysen
	Delphi-Methode	Szenarioanalysen

Mischformen (semiquantitative) unterteilen. In Tab. 4.3 sind einige für KMU relevante Methoden dargestellt.

Ein wesentliches Merkmal qualitativer Methoden ist, dass deren Ergebnisse meist auf subjektiven Einschätzungen infolge von Fragebögen, Interviews oder Workshops beruhen. Die Einstufung des Risikos erfolgt somit auf einer ordinalen Skala (z. B. hoch, mittel, gering) ohne Festlegung von Wertgrenzen. Wohingegen Ergebnisse quantitativer Methoden auf statistisch erhobenen Daten (Werte oder Wahrscheinlichkeiten) beruhen, die auf einer metrischen Skala messbar sind. Aus Sicht der Qualität des Risikomanagements sind quantitative Methoden aufgrund ihrer objektiven Ergebnisse qualitativen Methoden vorzuziehen (Brünger 2011, S. 17; Gleißner und Romeike 2009, S. 14).

Der Einsatz bestimmter quantitativer Methoden ist aber aufgrund des Fehlens von notwendigem akademischen Statistikwissen und der starken Ressourcenbindung gerade im Mittelstand nur begrenzt einsetzbar (Semrau 2011, S. 40 f.). Für eine praktische Umsetzung der Risikobeurteilung empfiehlt sich eine vorgelagerte qualitative Risikobewertung, bevor die wichtigsten Risiken im Anschluss quantitativ bewertet werden (Gleißner et al. 2004, S. 69 f.). Dabei werden im ersten Schritt die Risiken mithilfe von Relevanzen eingestuft. Mit der Relevanz kann die Gesamtbedeutung des Risikos für das Unternehmen ausgedrückt werden. Es erfolgt dabei ein einfaches Ranking der Risiken. Diese können zum Beispiel von „1" (Unbedeutendes Risiko) bis „5" (Bestandsgefährdendes Risiko) strukturiert sein. Bei der Klassifizierung ist auf eine Korrelation einzelner Risiken untereinander zu achten, da vermeintlich unbedeutende Einzelrisiken bei dem Übergang auf andere Risiken gemeinsam einer höheren Bedeutung unterliegen können (Semrau 2011, S. 42).

Im zweiten Schritt werden dann die wichtigsten Risiken mit höheren Relevanzen intensiver analysiert und mithilfe quantitativer Methoden präzisiert. In Unternehmen erfolgt die Risikoquantifizierung häufig über die Ermittlung eines jährlichen (Risiko- bzw. Schadens-) Erwartungswertes. Dieser setzt sich aus der multiplikativen Verknüpfung der Parameter Eintrittswahrscheinlichkeit und Schadenshöhe zusammen (Gleißner et al. 2004, S. 71). Nach erfolgreicher Aufbereitung der bewerteten Risiken (z. B. mittels Risikoinventar) können diese in einer Risk Map beziehungsweise Risikomatrix, zum besseren Verständnis der Risikosituation des Unternehmens, visualisiert werden (vgl. Fallbeispiel).

Mithilfe der bisherigen Schritte (Identifikation, Analyse und Bewertung von Einzelrisiken) schafft ein Unternehmen Transparenz bezüglich der eigenen Risikosituation. Anhand dessen kann abgeleitet werden, welches der Einzelrisiken den Unternehmensbestand gefährden könnte. Jedoch werden Unternehmenskrisen und Insolvenzen in der Regel nicht durch die Wirkungen von bestimmten Einzelrisiken ausgelöst, sondern vielmehr durch die Auswirkungen einer Kombination von zwei oder mehreren Risiken. Demnach ist es Aufgabe des Unternehmens, im Rahmen einer Risikoaggregation alle relevanten „quantifizierten" Risiken unter Berücksichtigung von Wechselwirkungen zu einer Gesamtrisikoposition zusammenzufassen. Erst durch die Beurteilung des Gesamtrisikoumfanges kann eine Aussage hinsichtlich der Risikotragfähigkeit (Eigenkapitalausstattung und Liquiditätsreserven) des Unternehmens getroffen werden (Gleißner und Romeike 2012, S. 12; Gleißner et al. 2004, S. 75).

Bezüglich des Methodeneinsatzes für KMU lassen sich in der Literatur und Praxis keine eindeutigen Empfehlungen finden. Während sich ein Teil der Autoren für ein einfaches organisiertes und effizientes Risikomanagement, basierend auf qualitativen Methoden, ausspricht, gibt es ebenso Autoren, die einen Verzicht auf quantitative Methoden als nicht zielführend bezeichnen. *Gleißner* vertritt die Auffassung, dass sich ohne die Nutzung quantitativer Methoden und somit der Fähigkeit zum „Rechnen" mit Risiken der ökonomische Mehrwert für das Unternehmen nicht erschließt (Gleißner und Romeike 2012, S. 15; Henschel 2010, S. 38). Für die Umsetzung des praktischen Risikomanagements im Unternehmen sprechen sich Risikoexperten laut einer Umfrage einheitlich für den parallelen Einsatz verschiedener Methoden (qualitativ und quantitativ) im Mittelstand aus (Brünger 2011; S. 18).

Risiken werden von einer Vielzahl von verschiedenen Faktoren bestimmt und unterliegen somit einer gewissen Dynamik. Dementsprechend gilt es die Risikobeurteilung in regelmäßigen Abständen zu wiederholen. Dabei empfiehlt sich für mittelständische Unternehmen eine mindestens jährliche Risikoanalyse und -bewertung, wobei gilt, umso öfter desto besser. Entscheidend dabei ist der Risikobeurteilung zugrunde liegende Zeithorizont. Im Idealfall sollte dieser langfristig angelegt sein (> 2 Jahre) und strategische sowie längerfristige Risiken berücksichtigen. Untersuchungen von insolventen Unternehmen haben gezeigt, dass ca. 60 % der Unternehmenskrisen auf die Nichtbeachtung strategischer Risiken zurückzuführen sind (Gietl und Lobinger 2006, S. 14).

Risikosteuerung

Im dritten Schritt des RMP erfolgt die Risikosteuerung. Das Ziel der Risikosteuerung besteht darin, die identifizierten und beurteilten Risiken unter Berücksichtigung der Risikostrategie beziehungsweise Risikoziele zu beeinflussen (Diederichs 2012, S. 123). Dabei sind geeignete Maßnahmen zu erarbeiten, die die Risikoposition des Unternehmens verbessern.

Je nach Risikobereitschaft des Unternehmens stehen für den Umgang mit steuerungsbedürftigen Risiken vier Risikostrategien zur Verfügung (vgl. Abb. 4.3).

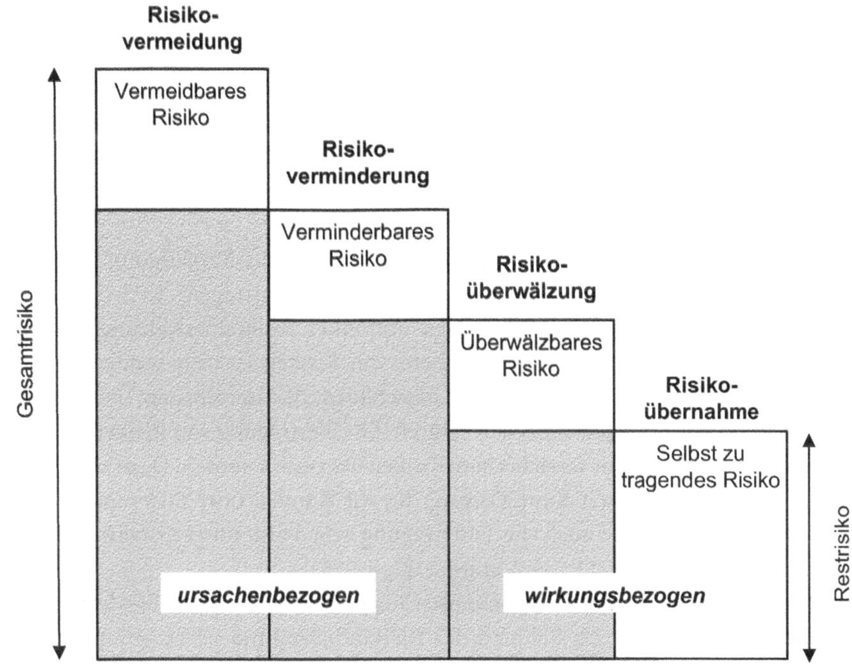

Abb. 4.3 Risikosteuerungsstrategien. (Eigene Darstellung in Anlehnung an Schröer 2007, S. 92)

Zu den ursachenbezogenen Strategien (proaktives Risikomanagement) zählen die Vermeidung und Verminderung von Risiken, mit dem Ziel, die Eintrittswahrscheinlichkeit und/oder die Schadenshöhe zu verringern. Dagegen zählen zu den wirkungsbezogenen Risikostrategien (reaktives Risikomanagement) das Überwälzen und Selbsttragen der Risiken. Das Ziel dabei besteht darin, die Auswirkungen von eingetretenen Risiken zu begrenzen (Henschel 2010, S. 11; Sellin 2007, S. 29).

In der **Risikovermeidung** wird der Verzicht des Unternehmens auf risikobehaftete Geschäfte sowie das Ausweichen vor Risikoquellen verstanden. Diese Maßnahme gilt als Extremfall unter den vier Strategien und ist nur dann sinnvoll, wenn ein bestandsgefährdendes Risiko besteht, welches nicht durch andere Strategien bewältigt werden kann. Dabei gilt es zu berücksichtigen, dass durch die Risikovermeidung auch sämtliche Chancen von vornherein unterdrückt beziehungsweise verhindert werden (Sellin 2007, S. 29; Diederichs 2012, S. 125).

Beispiele zur Vermeidung sind (Schröer 2007, S. 83):

- Verzicht auf neue Technologien,
- Verzicht auf Erweiterung des Produktportfolios.

Im Gegensatz zur Risikovermeidung werden bei der **Risikoverminderung** Risiken nicht von vornherein ausgeschlossen, sondern auf ein für das Unternehmen akzeptables Maß verringert. Durch diese proaktive Risikostrategie können Risiken sowohl durch ein Senken der Eintrittswahrscheinlichkeit (Schadensverhütung) als auch durch ein Herabsetzen des Schadensausmaßes (Schadensherabsetzung) reduziert werden (Diederichs 2012, S. 125; Schröer 2007, S. 84). Ein Beispiel für eine wirkungsvolle Maßnahme im Rahmen der Risikominderung ist die Einführung eines effektiven Debitorenmanagements in den Unternehmen. Dadurch wird die Zahl der Forderungsausfälle und somit die Wahrscheinlichkeit des Schadenseintritts reduziert.

Die **Risikoüberwälzung** stellt eine weitere Möglichkeit zur Bewältigung von Risiken dar. Hierbei werden Risiken gegen Entgelt auf Dritte übertragen. Es wird zwischen einer Risikoüberwälzung auf Versicherungen und einer Risikoüberwälzung auf andere Vertragspartner unterschieden. Das Versichern von Risiken ist insbesondere bei KMU weit verbreitet. So werden beispielsweise Glasschäden, Wasserschäden, Betriebsunterbrechungen oder Haftpflichten versichert. Durch die Übertragung von Risiken auf andere Vertragspartner können nicht versicherbare Risiken überwälzt werden. Dazu zählt – neben Transport-, Liefer- und Beschaffungsrisiken, die auf Kunden oder Lieferanten übertragen werden – beispielsweise auch die Übertragung von Forderungsausfallrisiken durch Factoring (Henschel 2010, S. 11,135; Vanini 2012, S. 229).

Die Risiken, die durch die oben genannten Risikostrategien nicht abgedeckt werden, müssen vom Unternehmen im Rahmen der **Risikoübernahme** selbst getragen werden. Diese Risiken können als Restrisiko zusammengefasst werden. Dabei handelt es sich um Risiken, die bereits aufgrund der Risikobewertung bewusst eingegangen werden (Chancenrealisierung), eine geringe Schadensauswirkung haben oder gar nicht erst identifiziert wurden. Für den Fall eines Risikoeintritts ist im Vorfeld eine ausreichende Risikovorsorge zu treffen, die den potenziellen Schaden abfedern kann. In diesem Zusammenhang kann die Risikotragfähigkeit zum Beispiel durch die Bildung von Rücklagen oder Eigenkapitalerhöhungen durch die Gesellschafter erhöht werden (Diederichs 2012, S. 129; Semrau 2011, S. 56; Schröer 2007, S. 91; Gunkel 2010, S. 81).

In der Unternehmenspraxis reicht es für KMU keineswegs aus, einzelne Steuerungsstrategien durchzuführen. Vielmehr sollten Unternehmen in Abhängigkeit von der Risikosituation (Höhe Eintrittswahrscheinlichkeit und Schadensausmaß) und der Risikotragfähigkeit einen geeigneten Risikostrategiemix festlegen und diesen durch geeignete Steuerungsmaßnahmen konkretisieren. Ziel ist es, die Einzelmaßnahmen aufeinander abzustimmen, um das Gesamtrisiko wirkungsvoll auf das selbsttragende Risiko zu verringern. Dabei ist aber auf ein effizientes Kosten-Nutzen-Verhältnis zu achten (Vanini 2012, S. 231 f.; Schröer 2007, S. 91 f.).

Fallbeispiel: Erstellung einer Risikolandkarte

Ein mittelständisches Unternehmen des verarbeitenden Gewerbes plant die Einführung eines Risikomanagementsystems, um die wesentlichen Risiken für das Unternehmen zu erfassen und zu steuern. Der Unternehmer ist davon überzeugt, dass das Risikomanagement wirkungsvoll die bereits bestehenden Steuerungsinstrumente des Unternehmens ergänzt.

In einem ersten Schritt wird mithilfe von Checklisten und Befragungen der Mitarbeiter angestrebt, alle Risiken zu erfassen. Dies geht einher mit einer ersten Bewertung der Risiken, um ihre Relevanz für das Unternehmen einzuschätzen. Dazu bedient sich das Unternehmen des folgenden, einfachen Bewertungsrasters:

Wie oft ist das Risiko in der Vergangenheit aufgetreten?	nie	selten	regelmäßig	sehr oft
Inwiefern bestehen Eingriffsmöglichkeiten?	hoch	gering	keine	
Wie hoch ist die Schadenshöhe?	Unbedeutend (Risiko tolerierbar) Bedeutend (Schaden spürbar) Bestandsgefährdend (Schaden nicht tragbar)			
Zukünftige Eintrittswahrscheinlichkeit	< 10 %	10–50 %	> 50 %	

Um die Relevanz der Unternehmensrisiken abzuleiten, werden die erfassten Risiken in der folgenden Risikolandkarte dargestellt.

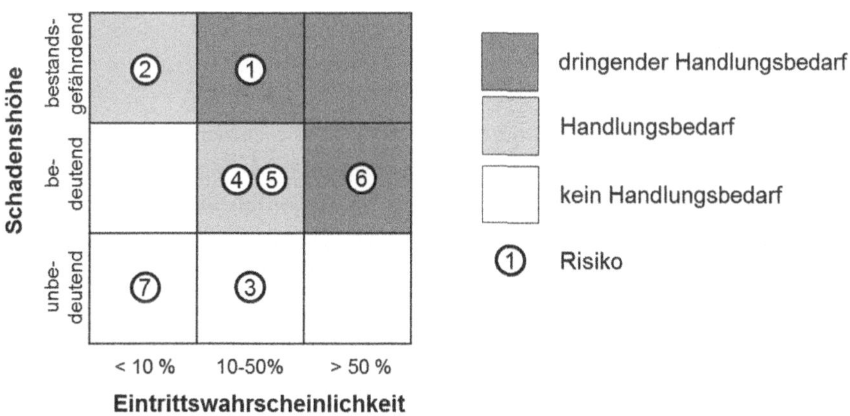

Aus der Einschätzung des Handlungsbedarfs in Verbindung mit den eingeschätzten Eingriffsmöglichkeiten werden mögliche Risikosteuerungsstrategien (vgl. Abb. 4.3) abgeleitet.

Risikoüberwachung

Im Anschluss an die Risikosteuerung folgt mit der Risikoüberwachung die vierte Phase im RMP. In diesem letzten Prozessschritt werden sowohl prozessbegleitende Kontrollen als auch eine systematische Risikonachbereitung durchgeführt. Dadurch soll gewährleistet werden, dass die tatsächliche Risikosituation (Ist-Zustand) mit den Vorgaben der Risikostrategie (Soll-Zustand) übereinstimmen (Sellin 2007, S. 31).

Im Rahmen der prozessbegleitenden Kontrollen werden die Ergebnisse der einzelnen Prozessschritte überprüft. Dabei wird zunächst die Vollständigkeit der Risikoidentifikation geprüft und festgestellt, ob alle eingetretenen Risiken im Vorfeld bekannt waren. Im weiteren Verlauf wird geprüft, ob die beurteilte Eintrittswahrscheinlichkeit und Schadenshöhe mit den prognostizierten Werten übereinstimmt und richtig eingetreten ist. Letztlich kontrolliert die Risikoüberwachung, ob die eingesetzten Risikosteuerungsstrategien den gewünschten Erfolg hatten.

Erkenntnisse über Abweichungen sollten genutzt werden, um die einzelnen Prozessschritte bedarfsgerecht zu optimieren. Darüber hinaus sollte die Risikostrategie überarbeitet, angepasst und gegebenenfalls neu festgelegt werden.

In mittelständischen Unternehmen sollte die Risikoüberwachung insbesondere durch die zuständigen Stellen im Unternehmen (Geschäftsführung, Controlling) prozessabhängig durchgeführt werden. Neben einer prozessabhängigen Überwachung ist es genauso wichtig, für eine Überwachung durch eine unabhängige „Person" zu sorgen, die das gesamte Risikomanagement auf Kriterien wie Ordnungsmäßigkeit, Sicherheit, Wirtschaftlichkeit und Zweckmäßigkeit prüft. Dafür bieten sich je nach Unternehmensgröße eine prozessunabhängige Überprüfung durch den Beirat, interne Revision oder externe Wirtschaftsprüfer an (Vanini 2012, S. 253; Henschel 2010, S. 44 f.).

4 Schlussbetrachtung

Ein Risikomanagementsystem in mittelständischen Unternehmen kann die Unternehmenssteuerung bereichern und zur nachhaltigen Existenzsicherung sowie zum wertorientierten Wachstum des Unternehmens beitragen. Bei der Einführung sollte aber stets den betrieblichen Gegebenheiten Rechnung getragen werden. Es empfiehlt sich ein pragmatisches Vorgehen. In diesem Sinne kann bereits eine einfache Risikoinventarisierung, wie im Fallbeispiel geschildert, einen wirksamen Beitrag zu einer höheren Transparenz in den Unternehmen liefern und die wesentlichen Risiken identifizieren. Auf dieser Grundlage können dann Maßnahmen zur Bewältigung der Unternehmensrisiken abgeleitet werden.

Entscheidend für den Erfolg des Risikomanagementsystems ist, dass es kontinuierlich gepflegt und somit zu einer Selbstverständlichkeit im Rahmen der Unternehmenssteuerung wird.

5 Anhang

Weblinks

http://www.risknet.de
Die Webplattform RiskNET® ist ein unabhängiger, deutschsprachiger Wissenspool zum Risikomanagement und Compliance. Autoren sind anerkannte Experten auf diesen Gebieten.

Weiterführende Literatur

Gleißner, W. 2011. *Grundlagen des Risikomanagements im Unternehmen: Controlling, Unternehmensstrategie und wertorientiertes Management*. 2. Aufl. vollst. neu überarb. München: Vahlen.

Klein, A., Hrsg. 2011. *Risikomanagement und Risikocontrolling*. Freiburg: Vahlen Franz GmbH.

Vanini, U. 2012. *Risikomanagement, Grundlagen - Instrumente - Unternehmenspraxis*. Stuttgart: Schäffer-Poeschel.

Literatur

Creditreform. 2012. Creditreform, Insolvenzen in Deutschland - Jahr 2012. http://www.creditreform.de/Deutsch/Creditreform/Presse/Archiv/Insolvenzen_Neugruendungen_Loeschungen_DE/2012_-_Jahr/2012-11-29_Insolvenzen_in_Deutschland.pdf. Zugegriffen: 3. März 2013.

Bernstein, P. L. 1996. *Against the gods: The remarkable story of risk*. New York: Wiley.

Brünger, C. 2011. Keep it smart and simple. *Risk, Compliance & Audit* 2:14–21.

Bungartz, O., und G. Strobl. 2011a. Lean Risk Management für den Mittelstand (Teil 1). *Risk, Compliance & Audit* 2:41–45.

Bungartz, O., und G. Strobl. 2011b. Lean Risk Management für den Mittelstand (Teil 3). *Risk, Compliance & Audit* 4:32–40.

Diederichs, M. 2012. *Risikomanagement und Risikocontrolling*. 3. Aufl., vollst. neu überarb. München: Vahlen Franz GmbH.

Die Familienunternehmer - ASU e. V./INTES Akademie für Familienunternehmen GmbH. Hrsg. 2010. Governance Kodex für Familienunternehmen, Fassung: 19. Juni 2010. http://www.kodex-fuer-familienunternehmen.de/kodex.html. Zugegriffen: 10. Sept. 2013.

Gietl, G., W. Lobinger. 2006. *Risikomanagement für Geschäftsprozesse: Leitfaden zur Einführung eines Risikomanagementsystem*. München: Hanser.

Gleißner, W. 2011. *Grundlagen des Risikomanagements im Unternehmen: Controlling, Unternehmensstrategie und wertorientiertes Management*. 2. Aufl., vollst. neu überarb. München: Vahlen.

Gleißner, W., und F. Romeike. 2009. Warum Risikomanagement häufig versagt? *Risk, Compliance & Audit* 3:12–19.

Gleißner, W., und F. Romeike. 2012. Betriebswirtschaftlich sinnvolles Risikomanagement für den Mittelstand. *Risk, Compliance & Audit* 5:14–20.

Gleißner, W., H. Lienhard, und D. Stroeder. 2004. *Risikomanagement im Mittelstand: Planungssicherheit erhöhen, Rating verbessern, Unternehmen sichern*. Eschborn: Rationalisierungs- u. Innovationszentrum d. Deutschen Wirtschaft.

Gunkel, M. 2010. *Effiziente Gestaltung des Risikomanagements in deutschen Nicht-Finanzunternehmen - Eine empirische Untersuchung*. Norderstedt: Books on Demand.

Herold, B. 2012. Risikomanagement 4.0. *Risk, Compliance & Audit* 5:21–24.

Hoffmann, J. 2012. *Risikomanagement für mittelständische Unternehmen*. Norderstedt: Books on Demand.

Kästner, M. 2012. *Risikomanagement im Mittelstand: Anforderungen und Ausgestaltung quantitativer Risikosteuerung*. Köln: Josef Eul Verlag Gmbh.

Rautenstrauch, T., und C. Wurm. 2008. Stand des Risikomanagements in deutschen KMU - Ergebnisse empirischer Untersuchungen im Mittelstand. *KSI* 4 (3): 106–111.

Schlüter, T. 2007. *Fitnessprogramm für KMU und Familienunternehmen: Verbesserung der Ertragslage, -sicherheit, Zukunftsfähigkeit und Flexibilität von Unternehmen in Zeiten turbulenter und dynamischer Märkte*. Hamburg: Diplomica Verlag.

Schröer, C. 2007. *Risikomanagement in KMU: Grundlagen, Instrumente, Nutzen*. Saarbrücken: Vdm Verlag Dr. Müller.

Seidel, U.-M. 2011. Grundlagen und Aufbau eines Risikomanagementsystems. In A. Klein Hrsg., *Risikomanagement und Risiko-Controlling*, 21–50. Freiburg: Haufe-Lexware.

Sellin, R. 2007. *Sox und Risikomanagement: Risikomanagement und Mittelstand*. Saarbrücken: Vdm Verlag.

Semrau, D. 2011. *Risikomanagement im Mittelstand: Konzeption und Systementwicklung*. Hamburg: Diplomica Verlag GmbH.

Stiefl, J. 2010. *Risikomanagement und Existenzsicherung: Mit Konzepten und Fallstudien zu KMU*. München: Oldenbourg Wissenschaftsverlag.

Stroeder, D. 2006. Normative Grundlagen des Risikomanagements in Deutschland und Auswirkungen auf mittelständische Unternehmen. In J. Banzhaf und S. Wiedmann, Hrsg., *Entwicklungsperspektiven der Unternehmensführung und ihrer Berichterstattung*, 177–192. Wiesbaden: Deutscher Universitätsverlag.

Vanini, U. 2012. *Risikomanagement, Grundlagen - Instrumente - Unternehmenspraxis*. Stuttgart: Schäffer-Poeschel.

Wiederkehr, B., und R.-M. Züger. 2010. *Risikomanagementsystem im Unternehmen: Grundlagen mit zahlreichen Beispielen, Repetitionsfragen und Antworten*. Wernetshausen: Compendio Bildungsmedien AG.

Wien, A., und R. Kirschner. 2010. Das interne Überwachungssystem als effektives Instrument des Risikomanagements. *ZfCM, Controlling & Management* 3 (56):192–196.

Studien zum Risikomanagement im Mittelstand

Arnsfeld, T., C. Berkau, und A. Frey. 2007 Risikomanagement im Mittelstand: Luxus oder Notwendigkeit? Empirische Studie zum Einsatz von Risikomanagement in der Unternehmenssteuerung. *Controller Magazin* 32 (5):488–493.

BDI/PwC. 2011. Risikomanagement 2.0: Ergebnisse und Empfehlungen aus einer Befragung in mittelständischen deutschen Unternehmen. http://www.bdi.eu/download_content/Marketing/15391_BDI_Risiko_Anhang_4.pdf. Zugegriffen: 23. Jan. 2013.

Beyer, B., D. Hachmeister, und N. Lampenius 2010. Die Bedeutung des Risikomanagements in Unternehmen - Eine Empirische Untersuchung. *ZfCM, Controlling & Management* 54 (2): 114–121.

GGW-Studie „Risikomanagement im Mittelstand“. 2011. Gossler, Gobert & Wolters Gruppe. http://www.ggw.de. Zugegriffen: 20. April 2013.

Giebel, S. 2006. Stand und Entwicklungstendenzen des industriellen Risikomanagements. Kaiserslautern: Technische Universität Kaiserslautern.

Henschel, T. 2003. Risikomanagement im Mittelstand - Eine empirische Untersuchung. *ZfCM, Controlling & Management* 47 (5):331–337.

Henschel, T. 2010. *Erfolgreiches Risikomanagement im Mittelstand: Strategien zur Unternehmenssicherung*. Berlin: Schmidt.

Köglmayr, H.-G. 2011. Russisches Roulette im Mittelstand, Studie zum Risikomanagement im Mittelstand. In: A. Klein Hrsg., *Risikomanagement und Risiko-Controlling*, 97–109. Freiburg: Haufe-Lexware.

Löffler, H., R. Zähres, und T. Augusten. 2011. Exklusive Benchmarkstudie zu Stand und Perspektiven des Risikomanagements in deutschen (Familien-)Unternehmen: Risikomanagement im Mittelstand. http://www.risknet.de/typo3conf/ext/bx_elibrary/elibrarydownload.php?&downloaddata=576. Zugegriffen: 08. Dez. 2012.

Schiller, B., und C. Becker Brünger. 2011. *Risikomanagement im Mittelstand 2010: Eine empirische Studie zum aktuellen Stand des Risikomanagements mittelständischer Unternehmen in Ostwestfalen*. Paderborn.

Tritschler, N. 2001. *Risikomanagementsysteme – eine empirische Studie zum aktuellen Stand der Integration in deutschen und internationalen Unternehmen*. Kornwestheim: Diplomarbeiten Agentur diplom.de.

Strategiefindung unter Unsicherheit in KMUs

5

Gerard J. Lewis

1 Einführung

Alle von uns treffen Entscheidungen jeden Tag unseres Lebens: Was soll ich essen, welche E-Mail sollte ich als erstes beantworten und so weiter. In diesem Kapitel geht es nicht um diese Art von Entscheidungen – in diesem Kapitel geht es um die großen Entscheidungen, die wir machen, vielleicht nur einmal in unserem Leben: ein Haus zu kaufen, in ein fremdes Land auszuwandern, einen Partner zu wählen. In der Wirtschaft ist es nicht anders. Wir treffen unentwegt Routine-Entscheidungen, etwa die Einstellung einer Produktionsanlage zu ändern, einen Telefonanruf zu beantworten und so weiter. Was Manager nicht jeden Tag tun, ist die Produktionsanlage zu kaufen oder in ein neues Telekommunikationssystem zu investieren. Diese Arten von Entscheidungen sind andersgeartet – sie sind strategischer Natur.

Eine strategische Entscheidung hat eine Reihe von Eigenschaften, die den meisten Managern bekannt sind:

- Strategische Entscheidungen haben einen wichtigen Einfluss auf die Fähigkeit der Organisation, ihre Ziele zu erreichen (Johnson et al. 2010).
- In der Regel haben strategische Entscheidungen einen signifikanten Einfluss auf den Aktivitätsradius einer Organisation, etwa auf die Wahl der Märkte und Produkte oder die zum Einsatz kommenden Technologien (Johnson et al. 2010).
- Strategische Entscheidungen sind – im Verhältnis zur Größe der Organisation – mit erheblichem finanziellen, personellen und anderen Ressourcenaufwand verbunden (Mintzberg et al. 1976).

Gerard J. Lewis (✉)
Fakultät Wirtschaftswissenschaften, Hochschule für Technik und Wirtschaft Dresden,
Friedrich-List-Platz 1, 01069 Dresden, Deutschland
E-Mail: lewis@htw-dresden.de

A.-K. Haubold et al. (Hrsg.), *Managementkompetenzen im Mittelstand*,
DOI 10.1007/978-3-658-03448-1_5,

- Strategische Entscheidungen ermöglichen es der Organisation, Wettbewerbsvorteile zu erreichen oder aufrechtzuerhalten (Johnson et al. 2010).
- Strategische Entscheidungen können nur schwerlich rückgängig gemacht werden. Wird zum Beispiel ein ganzes Unternehmen hinzugekauft, ist es sehr schwierig, die Übernahme nach der Integration zu desinvestieren (Macharzina 1993).
- Strategische Entscheidungen sind nicht Routine. Manager treffen strategische Entscheidungen nicht jeden Tag und es gibt kein Rezept, kein Standardverfahren oder Navigationssystem für den Weg zum Ziel. Strategische Entscheidungen sind in der Regel komplex und werden unter Bedingungen der Unsicherheit getroffen (Hickson et al. 1986; Johnson et al. 2010; Mintzberg et al. 1976).

Typische Beispiele für strategische Entscheidungen in der Wirtschaft sind die Übernahme eines Unternehmens, die Einführung eines neuen Produkts, die Entwicklung einer neuen Marke oder der Bau einer neuen Produktionsanlage. Ein zentrales Thema im strategischen Management betrifft die Wirksamkeit der strategischen Entscheidungsfindung. Korrekte Entscheidungen sollten *ceteris paribus* zur überlegenen Performance des Unternehmens führen. Um die Wirksamkeit strategischer Entscheidungsfindung näher zu verstehen, bedarf es eines Verständnisses dafür, wie strategische Entscheidungen unter Unsicherheit getroffen werden.

Strategische Entscheidungsfindung

Die wissenschaftliche Literatur zur strategischen Entscheidungsfindung in Organisationen wird dominiert von idealisierten, rationalen und normativen Ansätzen, die einen Erklärungsbeitrag dazu leisten, wie Manager strategische Entscheidungen treffen. So bezieht sich Fredrickson (1984) auf die Vollständigkeit der strategischen Entscheidungsfindung, Miller (1987) auf deren Rationalität, Mintzberg et al. (1976) fokussiert sich auf die Struktur der Entscheidungsfindung und Janis (1989) auf die aufmerksame Problemlösung in der strategischen Entscheidungsfindung. Die gemeinsamen Schritte in all diesen rationalen Modellen sind:

- Scannen der Umwelt, um Probleme und Chancen zu identifizieren,
- Analyse des Problems oder der Chance,
- Alternative (Lösung) Generation, Bewertung und Auswahl.

Doch unabhängig davon, wie strukturiert oder umfassend ein Entscheidungsprozess auch sein mag, ist die Tatsache, dass „... es praktisch unmöglich ist für die Manager, alle internen Entscheidungen, externe Ereignisse, Verhaltens- und Machtverhältnisse, technische und Informationsbedürfnisse und Handlungen von intelligenten Gegnern zu orchestrieren, sodass sie zu jeder Zeit genau in dem Moment zusammen kommen" (Quinn 1978, S. 17).

Somit wird der Grad der Rationalität, den ein Manager während der strategischen Entscheidungsfindung erreichen kann, sehr oft durch eine Reihe von kognitiven Beschränkungen begrenzt (Janis 1989). Eine der ersten Wissenschaftler, die diese kognitiven Grenzen erkannten, waren March und Simon (1958) mit ihrem Konzept der „begrenzten Rationalität": Rationales Verhalten fordert vereinfachte Modelle, die die wichtigsten Merkmale eines Problems ohne die Erfassung ihrer ganzen Komplexität beinhalten (March und Simon 1958, S. 169). In einer späteren Arbeit unterteilt Simon (1987) in rationale und nicht rationale Klassen von Entscheidungen, in denen rationale Entscheidungen analytisch basiert sind und nicht rationale Entscheidungen wertend und intuitiv basiert sind. Nach Simon (1987) stützt sich Intuition auf eine Verwendung von Muster-Situationen (Modelle) bezogen auf Ausbildung und Erfahrung. Andere Autoren haben darüber hinaus gezeigt, dass Entscheidungsregeln (Heuristiken) eine wichtige Rolle dabei spielen, wie wir Entscheidungen treffen (Gigerenzer und Selten 2001; Gigerenzer und Todd 1999).

Objektive und wahrgenommene Unsicherheit

Strategie kann als Schnittstelle zwischen der Organisation und ihrem Kontext betrachtet werden (Anderson und Paine 1975; Grant 2010; Mintzberg 1983). Dies deutet darauf hin, dass ein tiefes Verständnis für den Organisationskontext sehr wichtig für den Erfolg ist. In der Schlussfolgerung zu seinem Buch „Organizations in Action" stellt Thompson (1967, S. 159) fest, dass „Unsicherheit als das grundlegende Problem für komplexe Organisationen und der Umgang mit Unsicherheit als die Essenz des administrativen Prozesses" erscheint. Frühe Definitionen von Umfeld-Unsicherheit bezogen sich auf Veränderung und Unberechenbarkeit in den objektiven Merkmalen des Umfelds außerhalb der Organisation (Emery und Trist 1965) als auch auf interne Quellen von Umfeld-Unsicherheit (Terreberry 1968).

Das Messen und Verstehen von Umfeld-Unsicherheit hat eine lange Tradition in der Management-Literatur. Dill (1957, S. 426) beschreibt zwei objektive Maße, um das Aufgaben-Umfeld von zwei Organisationen zu vergleichen. Das erste Maß, der „Grad der Einheit und Homogenität", ist der Grad der Ähnlichkeit der Märkte, Wettbewerber und so fort. Das zweite Maß, der „Grad der Stabilität", bezieht sich auf die Art und Weise, in der sich das Umfeld verändert. Diese beiden objektiven Maßnahmen wurden durch Duncan (1972a) weiter entwickelt. Basierend auf organisationstheoretischen Arbeiten (Emery und Trist 1965; Terreberry 1968; Thompson 1967), identifiziert Duncan zwei objektive Maße (einfach-komplex und statisch-dynamisch) im Makro-Umfeld. In seiner umfassenden Rezension der „Organisation–Umfeld"-Literatur findet Starbuck (1976) 20 verschiedene Begriffe, um Organisationsumgebungen zu beschreiben. Jeder Begriff hat seine eigene Definition, bestehend aus sowohl objektiven als auch subjektiven Kriterien.

Die erste große Studie, die die individuelle Wahrnehmung von Managern in der Entscheidungsfindung berücksichtigt, ist die von Lawrence und Lorsch (1967). Die Autoren argumentieren, dass objektive Maßnahmen mit Schwierigkeiten verbunden sind, daher fokussieren ihre Studien die Wahrnehmung von Unsicherheit. Nachfolgende Arbeiten von Downey et al. (1975, 1977) zeigten, dass die Rollen der Wahrnehmung, psychische Zustände und die kognitiven Prozesse der Entscheidungsträger Einflussfaktoren in der Beurteilung der Unsicherheit sowie ihrer Reaktion darauf sind. Tatsächlich argumentieren Downey und Slocum (1975), dass die Unsicherheit eine wahrnehmbare Qualität hat und damit Messungen wie Umfeldvolatilität, Komplexität und Dynamik nicht angemessen sind als objektives Maß für Unsicherheit. Sie vertreten die Ansicht, dass das Umfeld so lange lediglich eine Ansammlung von bedeutungslosen Dingen ist, bis diese Dinge von einer Person wahrgenommen werden (Downey und Slocum 1975, S. 567). Daher argumentieren sie, dass individuelle Reaktionen auf das Umfeld im Allgemeinen und Unsicherheit im Besonderen stets das Ergebnis der individuellen Wahrnehmung sind (Downey und Slocum 1975, S. 570). Diese Ansichten werden auch von Miles et al. (1974) unterstützt. Diese Autoren beobachten, dass die objektiven Messungen der Umfeld-Unsicherheit zu wenig konkreten Ergebnissen führen. Anderson und Paine (1975, S. 813) kommen zu einem ähnlichen Ergebnis: „Nicht alle Führungskräfte, die in höchst unsicherem (sicherem) Umfeld handeln, nehmen unbedingt die gleiche Unsicherheit (Sicherheit) wahr." Weitere Unterstützung für diese von Starbuck (1976) als „Relativität der Wahrnehmung" bezeichnete These liefert Bourgeois (1985). Er erforschte die Volatilität von Märkten sowie die Wahrnehmungen von Topmanagern und ihre unternehmerischen Ziele. Er kam zu dem Schluss, dass verschiedene Manager-Wahrnehmungen des objektiv gleichen Umfelds zu sehr unterschiedlichen Strategien und in der Folge auch unternehmerischen Leistungen führten.

Unsicherheit und Informationen

Galbraith (1973, S. 4) definiert Unsicherheit als „... die Differenz zwischen der Menge an Informationen, die benötigt wird, um eine Aufgabe zu erfüllen, und der Menge bereits in der Organisation vorhandenen Informationen". So kann Unsicherheit als das Fehlen von Informationen (Daft und Lengel 1986) angesehen werden. Folglich müssen Manager, die strategische Entscheidungen fällen wollen, Informationen verarbeiten, um die Unsicherheit zu reduzieren. Organisationen verarbeiten Informationen auch, um Mehrdeutigkeiten, d. h. mehrere und widersprüchliche Bewertungen einer Situation, zu reduzieren (Daft und Lengel 1986). Mehrdeutigkeit schafft Verwirrung und Unverständnis. Somit bezieht sich Mehrdeutigkeit auf das fehlende Wissen eines Managers darüber, welche Umgebungsfaktoren überhaupt existieren. Im Gegensatz dazu bezieht sich Unsicherheit auf die Unwissenheit eines Managers über den Wert eines Umgebungsfaktors. Mehrdeutigkeit hat einen hohen Stellenwert, weil a) sie in der „chaotischen [und] paradoxen Welt der Entscheidungsfindung" häufig anzutreffen ist, b) sie auch mit Unsicherheit verbunden ist, und c) sie beeinflusst, wie Organisationen Informationen verarbeiten (Daft und Lengel 1986). Da keine zwei Organisationen identische Informationsverarbeitungssysteme haben, können sie trotz des identischen Umfeldes unterschiedliche Strategien und Leistungen hervorbringen.

Die Beziehung zwischen der wahrgenommenen Umfeld-Unsicherheit und der Rationalität in der strategischen Entscheidungsfindung

Die Beziehung zwischen der wahrgenommenen Umfeld-Unsicherheit, Rationalität in strategischer Entscheidungsfindung und Unternehmens-Performance wurde von vielen Wissenschaftlern erforscht. Derzeit existieren dazu zwei verschiedene Denkschulen. Die erste Schule wird oft als der „umfassende" Ansatz bezeichnet und wird in der Regel durch die Arbeit von Fredrickson und seinen Kollegen vertreten (Dean und Sharfman 1996; Fredrickson 1984; Fredrickson und Iaquinto 1989; Fredrickson und Mitchell 1984). Diese Schule behauptet, dass es einen negativen Zusammenhang zwischen Unsicherheit und dem Grad der Rationalität in strategischer Entscheidungsfindung gibt. Demzufolge sind überlegene unternehmerische Leistungen dann zu erwarten, wenn bei hoher Umfeld-Unsicherheit die Entscheidungsfindung schrittweise/inkrementell abläuft und bei geringer Umfeld-Unsicherheit die Entscheidungsfindung umfassend abläuft.

Die zweite Schule ist der „inkrementelle" Ansatz und wurde von einer Reihe von verschiedenen Wissenschaftlern erforscht (z. B. Bantel 1993; Eisenhardt 1989; Odom und Boxx 1988). Diese Schule behauptet, dass es eine positive Beziehung zwischen Unsicherheit und dem Grad der Rationalität in strategischer Entscheidungsfindung gibt. Demzufolge sind überlegene unternehmerische Leistungen das Ergebnis umfassender Entscheidungsfindung bei hoher Umfeld-Unsicherheit und inkrementeller Entscheidungsfindung bei geringer Umfeld-Unsicherheit.

Trotz der Entstehung dieser beiden Schulen argumentieren Priem et al. (1995), dass es stärkere Beweise für ein positives Planungs-Leistungs-Verhältnis unter dynamischen (unsicheren) Umfeld-Bedingungen gibt. Sie gehen davon aus, dass es keinen Zusammenhang für Rationalität und Leistung für Unternehmen in einem Umfeld mit mittlerer oder geringer Dynamik (also geringer Unsicherheit) gibt. Diese Ansicht wird von ihren eigenen Forschungsergebnissen unterstützt.

Es gibt immer noch eine ständige Debatte darüber, welche Schule des Denkens richtig ist, vor allem in nichtangelsächsischen betriebswirtschaftlichen Diskussionen (Elbanna und Child 2007a,b). Als vorläufiges Fazit kann der Schluss gezogen werden, dass die Studienlage zu der Beziehung zwischen der Wahrnehmung von Managern, dem Wirtschaftsumfeld um sie herum, der Art der Entscheidungsfindung und der daraus resultierenden organisatorischen Leistung höchst komplex ist. Die Auswirkungen dieser Debatte für KMUs sollen im folgenden Kapitel beleuchtet werden.

2 Wie Führungskräfte in KMUs strategische Entscheidungen unter Unsicherheit treffen

Um zu verstehen, wie KMU-Manager Strategien entwickeln und strategische Entscheidungen treffen, sollen im Folgenden die Ergebnisse einer großen Studie von mittelständischen Unternehmen in der deutschen Textil- und Lebensmittelindustrie betrachtet werden

(Lewis und Schubert 2003a,b). Die Ergebnisse der Studien basieren auf 304 Fragebögen und 41 Interviews (95 % der Unternehmen in der Stichprobe wurden als KMU eingestuft). Zum Vergleich liegt eine ähnliche Studie der britischen Textilindustrie vor (Lewis 1998). Um zu testen, ob verschiedenartige betriebswirtschaftliche Zusammenhänge Unterschiede in der wahrgenommenen Unsicherheit verursachen, verwendeten wir zwei verschiedene Umfelder: das wirtschaftliche Umfeld als Proxy für einen Kontext mit geringer Unsicherheit und die natürliche Umwelt als Proxy für einen Kontext mit hoher Unsicherheit. In beiden Kontexten wurde die wahrgenommene Unsicherheit sowie die Rationalität in der strategischen Entscheidungsfindung gemessen.

Der KMU-Geschäftskontext

Um zu testen, ob der Grad der objektiven Unsicherheit in einem geschäftlichen Kontext einen Unterschied in der Unsicherheits-Wahrnehmung der Manager verursacht, verglichen wir die Wahrnehmung der Manager im wirtschaftlichen Umfeld mit ihrer Wahrnehmung in der natürlichen Umwelt (Lewis und Harvey 2001). Wir würden erwarten, dass die natürliche Umwelt einen höheren Grad der wahrgenommenen Unsicherheit produziert, weil die Wissenschaft der Ökologie sehr jung ist (Norgaard 1989) und wegen der Komplexität von Ökosystemen theoretische Rahmenbedingungen schwierig zu etablieren sind (Hilborn und Ludwig 1993; Ludwig et al. 1993). Die aktuelle wissenschaftliche Praxis ermöglicht die Analyse von nur relativ einfachen linearen Systemen. Die meisten komplexen lebenden Systeme wie Ökosysteme sind fraglos nicht linear (Costanza 1993). Die komplexe Natur der Ökosysteme kann erst durch die noch in den Kinderschuhen steckende Öko-Modellierung tiefergehend analysiert werden. Dadurch können sowohl direkte als auch indirekte Auswirkungen bewertet werden, wobei Studien dafür sprechen, dass indirekt Effekte durchaus überwiegen (Johnson et al. 1991).

Die Ergebnisse der vorliegenden Studie zeigen deutlich, dass in Bezug auf die natürliche Umwelt in der Tat eine höhere wahrgenommene Unsicherheit und Mehrdeutigkeit im Vergleich zum wirtschaftlichen Umfeld zu verzeichnen ist (vgl. Abb. 5.1).

In allen drei Fällen (Textilien, Lebensmittel und eine Referenzgruppe von gemischten KMU) ist der Grad der wahrgenommenen Unsicherheit höher für die natürliche Umwelt als für das wirtschaftliche Umfeld (vgl. Lewis et al. 2006; Müllner und Lewis 2003; Rattei et al. 2005).

Strategieentwicklung in hohen Unsicherheits-Kontexten

In der vorliegenden Studie wurden KMU-Manager weiterhin danach befragt, wie sie sowohl umweltbezogene als auch wirtschaftliche strategische Entscheidungen treffen. Dazu gaben die Unternehmen an, wie häufig sie Informationen zu Umwelt und Umfeld sammeln, wie sie diese Informationen auswerten und ob ihre Unternehmensstrategie kurz-

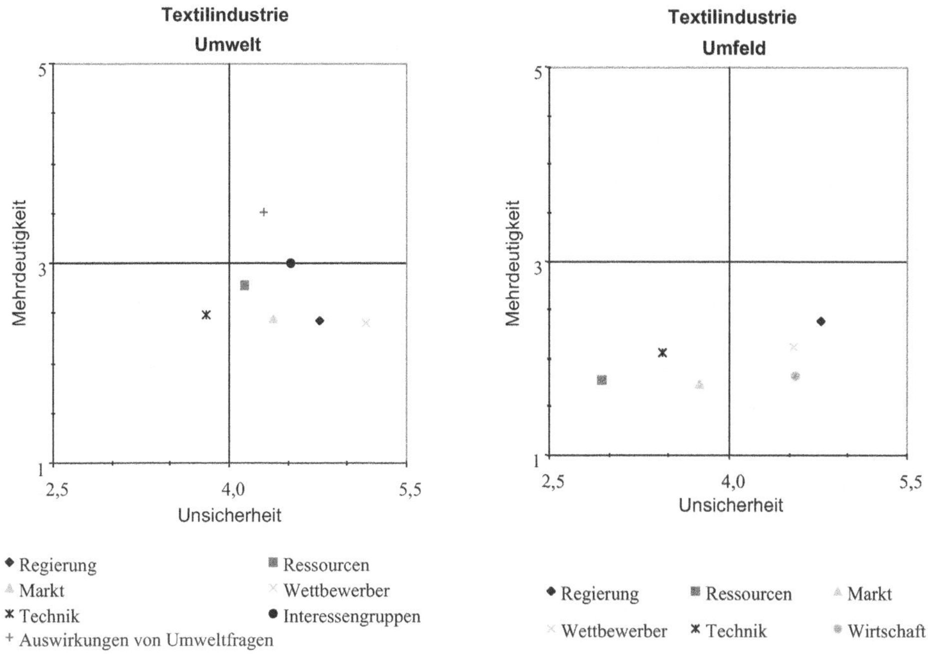

Abb. 5.1 Mittelwerte der Fragengruppen zur Unsicherheit und Mehrdeutigkeit bei Aspekten der natürlichen Umwelt sowie des wirtschaftlichen Umfeldes. (Lewis und Schubert 2003b)

oder langfristig ausgerichtet ist (Lewis und Schubert 2003b). Eine intensive Informationssuche (Schritt 1) und Informationsanalyse (Schritt 2), eine zukunftsorientierte Planung (Schritt 3) sowie ausdrücklich konzipierte Strategien (Schritt 4) stehen für eine rationale Entscheidungsfindung (Miller 1987).

Die nach Industrien getrennte Betrachtung der Entscheidungsfindung wird in Abb. 5.2 dargestellt. Eine niedrige Rationalität liegt bei der Analyse von Umweltinformationen vor. Bei dem Vergleich der Rationalität in Umweltfragen mit der Rationalität bei wirtschaftlichen Entscheidungen wurden signifikante Unterschiede für die Informationssuche, die Informationsanalyse, die Zukunftsorientierung und die Strategiekonzeption deutlich; in allen Bereichen ist die Rationalität bei wirtschaftlichen Entscheidungen (Umfeld) höher als bei Umweltentscheidungen (Lewis und Schubert 2003b). Ähnliche Ergebnisse sind in Großbritannien beobachtet worden (Lewis 1998). Die vorliegenden Daten unterstützen damit die Annahme, dass KMU-Manager weniger rationale Entscheidungen treffen, wenn sie mit höherer Unsicherheit konfrontiert sind.

In der Vergleichsgruppe werden umweltbezogene Entscheidungen mit der höchsten Rationalität getroffen, gefolgt von der Ernährungsindustrie und danach von der Textilindustrie. Bei wirtschaftlichen Entscheidungen sind die Branchenunterschiede geringer. In allen drei betrachteten Industriegruppen wird die Informationsanalyse am wenigsten rational durchgeführt. Der Mittelwert für die Informationsanalyse ist signifikant kleiner

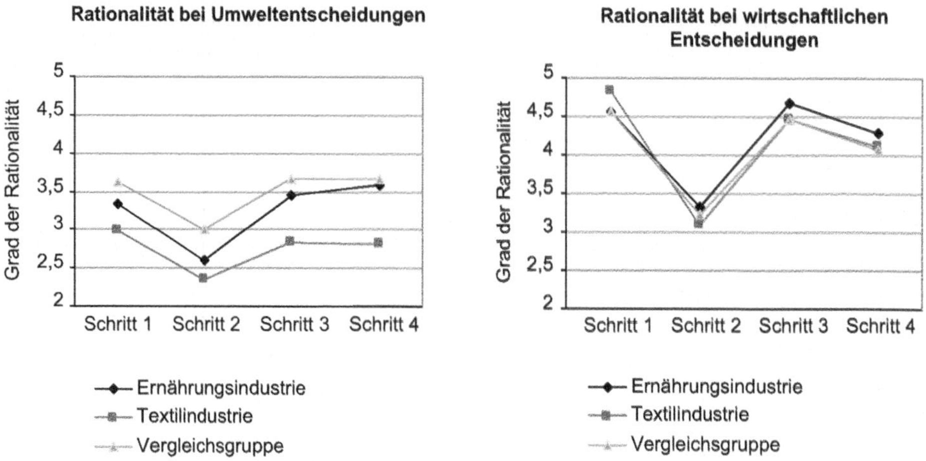

Abb. 5.2 Grad der Rationalität in der Entscheidungsfindung nach Industriegruppen getrennt. (Lewis und Schubert 2003b)

als die Mittelwerte der Informationssuche, der Zukunftsorientierung und der Strategiekonzeption. Dies gilt sowohl für umweltbezogene als auch für wirtschaftliche strategische Entscheidungen (Lewis und Schubert 2003b). Ähnliche Ergebnisse sind auch in Großbritannien beobachtet worden (Lewis 1998). Im Folgenden sollen mögliche Gründe für die vorliegenden empirischen Ergebnisse diskutiert werden.

Die natürliche Umwelt impliziert eine höhere Unsicherheit

Wie oben erklärt, ist die höhere Unsicherheit bei Umweltfragen eng verbunden mit der hohen Komplexität und den vielfältigen Wechselwirkungen in der Natur. Die Verflechtungen der Unternehmen mit der Ökosphäre sind erst in Anfängen erforscht; Handlungsfehler werden häufig erst im Nachhinein erkannt. Die Bemühungen um umweltfreundlichere Produktionsverfahren führen zu Neuentwicklungen und Verbesserungen in schneller Folge. Diese Dynamik ist für kleine und mittelständische Unternehmen schwer zu durchschauen. Firmen können mit den Neuentwicklungen kaum Schritt halten (Lewis 1998; Lewis und Schubert 2003b).

Ein Manager der Textilbranche in Großbritannien kommentiert so: „Ich würde sagen, [grüne Themen sind] wahrscheinlich komplizierter. So viele von diesen Fragen sind von uns eigentlich nie identifiziert worden. Sie sind neu, und sie sind nicht vollständig verstanden. Es ist eines der Themen, zu dem ich eine mehrtägige Weiterbildung besuchen müsste, um dann tiefer in die Diskussion einsteigen zu können. Es ist das Bewusstsein, wahrscheinlich mehr als alles andere." (Lewis 1998)

Unzureichendes Einholen von Informationen

KMU-Manager sind sehr aktiv bei der Beschaffung von Informationen über ihr wirtschaftliches Umfeld, aber dies ist nicht der Fall für die natürliche Umwelt. Die Informationsbeschaffung zur natürlichen Umwelt ist sehr auf neue rechtliche Vorschriften (als das „Problem") und die technologische „Lösung" dieses Problems konzentriert. Niedrige Werte der Rationalität wurden für den Dialog mit Stakeholdern erfasst (Lewis 1998; Lewis und Schubert 2003b).

Für Informationen über die natürliche Umwelt verlassen sich KMU-Manager stark auf populäre Medien. Artikel aus Umwelt- und Handels-Fachzeitschriften werden nur dann zur Kenntnis genommen, wenn darin neue technologische Entwicklungen dargestellt werden. Veröffentlichungen von Regulierungsbehörden und Wirtschaftsverbänden sind vor allem dann interessant, wenn es um die Überwachung des Umweltrechts geht. Insbesondere KMU verlassen sich stark auf die Aussagen von Verbänden. Experten, Berater, Wissenschaftler oder lokale Politiker beziehungsweise Vertreter der Öffentlichkeit werden von KMU selten als Informationsquellen genutzt. Mit anderen Worten werden die breiteren Interessengruppen (Stakeholder) selten für Informationen kontaktiert. Es zeigt sich also, dass die Informationsbeschaffung in Kontexten mit hoher Unsicherheit relativ schwach ausfällt (Lewis 1998; Lewis und Schubert 2003b).

Zwar haben die meisten Manager erkannt, dass Meinungsbildner wie Interessengruppen und Nichtregierungsorganisationen jetzt ein Teil des Wirtschaftskontextes sind, aber sie möchten diese Gruppierungen auf Abstand halten. Manager betrachten diese Meinungsbildner nicht als wahre Stakeholder oder als legitime Informationsquellen (Lewis 1998).

So äußert ein britischer Manager: „Ich denke, [die Eignung meiner Informationen ist] nicht sehr gut, weil ... es ein Problem mit den Informationen gibt – oder wie sehen Sie die Menschen, von denen diese Informationen kommen? ... Ich denke, viele dieser Meinungsmacher agieren verschroben und emotional, das soll nicht heißen, dass alle so sind, aber ich denke, die Qualität der Informationen ist nicht gut, es ist nicht immer, immer solide und daher wissen Sie, es ist schwierig zu beurteilen, ob es nur eine Modeerscheinung ist oder ob es sich um ein ernstes Problem handelt, das angegangen werden muss." (Lewis 1998).

Widersprüchliche Informationen als Ursache für Mehrdeutigkeit

Die Komplexität der natürlichen Umwelt und die regen Forschungsaktivitäten in diesem Bereich führen zu widersprüchlichen Informationen. Sie sind die Ursache für die stark unterschiedliche Einschätzung (hohe Mehrdeutigkeit) bei einigen natürlichen Aspekten (Lewis 1998; Lewis und Schubert 2003b). Die folgende Meinungsäußerung eines deutschen Managers illustriert dies: „Also der Widerspruch Gülle – Stroh! Ist das überhaupt einer oder ist es keiner? Da streiten sich die Gelehrten. Oder: Hühnerauslauf – Hühner werden krank. In der Legebatterie sind die nicht so oft krank. Aber die menschliche Vorstellung ... und die Realität ... die laufen eben auseinander." (Lewis und Schubert 2003b).

Weniger rationale Informationsanalyse bei der natürlichen Umwelt

In Anbetracht der Widersprüchlichkeit und Komplexität von Informationen über die natürliche Umwelt und der mit ihr verbundenen Unternehmensrisiken und -chancen kommt der Informationsanalyse eine besonders wichtige Rolle zu. Die dargestellten Ergebnisse zeigen jedoch eine deutlich seltenere Nutzung rationaler Analysemethoden sowohl im Umweltbereich als auch bei wirtschaftlichen Entscheidungen. Die detaillierte Analyse nach dem Ausbildungsniveau der Entscheidungsträger weist auf eine Ursache dafür hin. So nahm die Informationsanalyse mit höherer Ausbildung beständig zu, ohne dass die Unterschiede bereits statistisch signifikant waren. Dennoch liegt der Schluss nahe, dass Facharbeitern und Meistern der Einsatz rationaler Analysemethoden bei Umweltfragen weniger bekannt sind als promovierten Universitätsabsolventen. Eine andere Erklärung ist eng mit den Attributen umweltbezogener Informationen verbunden. Die komplexen oder – in anderen Fällen – schwer zugänglichen Informationen werden von den Entscheidungsträgern statt mit rationaler Analyse vorwiegend durch Erfahrungswerte, persönliche Fähigkeiten und aus dem „Bauchgefühl" heraus interpretiert (Lewis und Schubert 2003b).

Die Umwelt ist schlecht in Zahlen erfassbar

In den Interviews nannten die Gesprächspartner die schlechte monetäre Quantifizierbarkeit von Umweltfaktoren als weiteren Grund für eine höhere Unsicherheit:

Ein deutscher Manager sagt: „... Langfristig gesehen kann ich keine Aussage treffen, weil die Umweltrelevanz wenig messbar ist, oder Umweltziele kaum messbar sind! Welchen Schaden hat der Bürger vom Rauch einer Zigarette? ... Das kann ich schlecht messen und schlecht quantifizieren." (Lewis und Schubert 2003b).

Umweltfreundliche Produktionsverfahren werden auch aus diesem Grund bislang finanziell unzureichend anerkannt und sind mit einem höheren unternehmerischen Risiko verbunden. Die Unternehmen reagieren oftmals nur auf gesetzliche Regelungen wie zum Beispiel Grenzwerte und nehmen selten eine Vorreiterrolle ein (Lewis und Schubert 2003b).

Begrenzte Ressourcen in kleinen und mittelständischen Unternehmen

Der Grad der Rationalität in der strategischen Entscheidungsfindung steigt mit der Größe der Organisation. So agieren Manager in großen Organisationen rationaler in der strategischen Entscheidungsfindung als KMU-Manager, weil ihnen mehr Ressourcen für die Entscheidungsfindung zur Verfügung stehen (Janis 1989). Umgekehrt zeigen Manager in kleinen Organisationen die niedrigste Rationalität in der strategischen Entscheidungsfindung (Lewis 1998), da diese Manager zugleich Informationsbeschaffer und Entscheider sind (Miller 1983).

Die aufwendige Informationssuche im Bereich der natürlichen Umwelt stößt durch die begrenzten Kapazitäten in kleineren Unternehmen an ihre Grenzen. Das Personal hat oftmals Verantwortung für mehrere Bereiche, sodass die Zeit für eine konzentrierte Informationssuche, eine systematische Verfolgung technologischer Entwicklungen als auch wissenschaftlicher Erkenntnisse, knapp bemessen ist (Lewis und Schubert 2003b).

Ein Interviewteilnehmer beschreibt dies so: „... Wir sind ein Unternehmen mit 13 Mitarbeitern. So, da hatten wir schon immer mehrere Funktionen zu erfüllen, man kann sich also gar nicht hundertprozentig auf alles konzentrieren. Die Zeit hab ich gar nicht!" (Lewis und Schubert 2003b).

3 Bessere strategische Entscheidungen in KMU treffen

Kleine Firmen verhalten sich in ihrem Umgang mit Informationen anders als große. Ursächlich hierfür dürften die fehlenden oder weniger entwickelten Management- Informationssysteme und die oft anzutreffende Konzentration der Verantwortung bei wenigen Personen sein. Weiterhin spielen geringere finanzielle Mittel eine Rolle, die für die Informationssuche zur Verfügung stehen und letztlich die Menge und Qualität der verfügbaren Informationen beeinflussen (Lang et al. 1997). Gerade das Scannen von Informationen wird oft nur informell von Führungskräften im Unternehmen durchgeführt (Boyd und Fulk 1996). Im Hinblick auf die wachsende Menge an zur Verfügung stehenden Informationen einerseits und der geringeren Fähigkeit, wirtschaftliche Misserfolge „wegzustecken" andererseits, ist es für KMU wichtig, Zugang zu verlässlichen Informationsquellen zu haben. Steger (1992) sieht das Problem weniger im Zugang zu den Daten und Informationen als vielmehr in der fehlenden Klarheit und dadurch dem erschwerten Blick auf das Wesentliche, was letztendlich auch den strategischen Entscheidungsprozess beeinflusst. Lang et al. (1997) zeigen, dass Manager kleiner Unternehmen vor allem dann in die Informationssuche investieren, wenn sie konkrete betriebliche Chancen oder Bedrohungen wahrnehmen.

Der wichtigste Punkt ist, dass ein KMU seine Informationsverarbeitungsstrukturen so anpassen muss, dass die Manager den wirtschaftlichen Kontext genau wahrnehmen und kennen (Duncan 1972b). Mittels des von Daft und Lengel (1986) ermittelten Ansatzes ist es möglich, einen Best-Practice-Vergleich der Informationsverarbeitung im Unternehmen durchzuführen. Dieser Ansatz ermöglicht die Identifizierung von schwächeren Bereichen der Informationsverarbeitung in Organisationen wie KMU.

Die Beschaffung von Informationen über betriebswirtschaftliche Zusammenhänge mit verschiedenen Graden der wahrgenommenen Unsicherheit

Abbildung 5.3 zeigt die Ergebnisse wahrgenommener Unsicherheit für die Textilindustrie in Großbritannien. Es ist ein ähnliches Ergebnis wie in Abb. 5.1 dargestellt. Es ist klar, dass die Manager in der Industrie zwei unterschiedliche Grade der wahrgenommenen

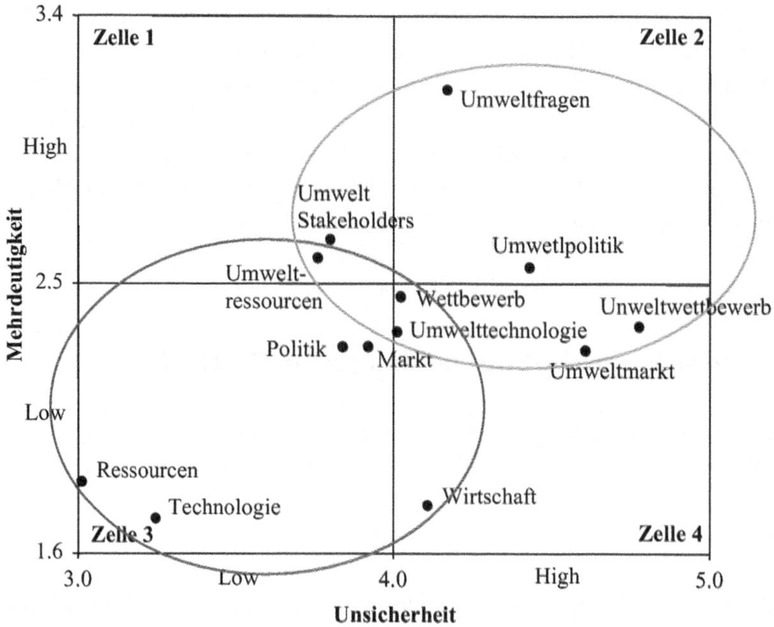

Abb. 5.3 Mittelwerte der Fragengruppen zur Unsicherheit bei Aspekten der natürlichen Umwelt sowie des wirtschaftlichen Umfeldes. (Lewis 1998)

Unsicherheit erfahren – einmal für das wirtschaftliche Umfeld und für die natürliche Umwelt. Dies impliziert, dass KMU die entsprechenden Informationsstrukturen aufbauen sollten, um Unsicherheit und Mehrdeutigkeit langfristig zu reduzieren.

Abbildung 5.4 zeigt die tatsächliche Situation in der britischen Textilindustrie zum Zeitpunkt der Forschung. Die Abbildung zeigt die empfohlenen Informationsstrukturen nach Daft und Lengel (1986) zusammen mit einer Einschätzung des Grades ihrer Verwendung in der Industrie. Es ist ganz klar, dass die KMU nicht über die Informationsstrukturen verfügen, um relativ hohe Unsicherheit und Mehrdeutigkeit handzuhaben. Überraschenderweise ist diese Situation auch in Großkonzernen häufig anzutreffen (Lewis 1997).

Die Ergebnisse zeigen deutlich, dass die KMU Probleme haben wird, effektive Entscheidungen in betriebswirtschaftliche Zusammenhänge mit hoher Unsicherheit wegen grundlegender Informationen-Mängel zu treffen (vgl. Lewis 2004).

Nachfolgend sollen einige Ratschläge gegeben werden, wie man die Situation für die KMU verbessern kann (vgl. Lewis und Schubert 2003b). Insgesamt bestehen Verbesserungspotenziale an mehreren Punkten. Werden sie genutzt, kann die Entstehung von Unsicherheiten verhindert oder bestehende Unsicherheiten reduziert werden. In den vorangegangenen Ausführungen wurden die kritischen Bereiche bereits angedeutet.

Mehrdeutigkeit	Unsicherheit: niedrig		Unsicherheit: hoch	
hoch	**Zelle 1.**		**Zelle 2.**	
	Informationsstrukturen		Informationsstrukturen	
	Unregelmäßige Außenkontakte	+	Feldforschung, spezielle Studien	- -
	Zufällige Information	+	Häufige Treffen	-
	Berufsverbände	++	Projektteams, Taskforces	-
	Gelegentliche Meetings	++	Versuch und Irrtum	-
	Planung	+	Separates Abteilungsaudit	- -
	Delphi-Expertenbefragung	±	Dialektische Anfrage	-
niedrig	**Zelle 3.**		**Zelle 4.**	
	Informationsstrukturen		Informationsstrukturen	
	Regelmäßige Aufzeichnungen	++	Informationssysteme	±
	Regelmäßige Berichte	++	Umfragen und Studien	-
	Regeln	+	Formale Berichte	-
	Verfahrensweisen	++	Audits	±
	Zeitungen	++	Pläne und Termine	+
	Fachzeitschriften	++	Merkblätter	++

Abb. 5.4 Informationsstrukturen für das Management der Unsicherheit und Mehrdeutigkeit. (Nach Daft und Lengel 1986; Lewis 1998). ++ Generische Managementprozesse, die in der gesamten Branche umfassend genutzt werden, + Generische Managementprozesse, die in Teilen der Branche begrenzt genutzt werden, ± Spezielle Managementprozesse, die in Teilen der Branche begrenzt genutzt werden, – Spezielle Managementprozesse, die in Teilen der Branche gelegentlich genutzt werden, – Keine etablierten Managementprozesse vorhanden

Informationsstruktur, Zelle 1, Unsicherheit niedrig, Mehrdeutigkeit hoch

Personal, Nicht-Routine und informelle Datenerhebungen, z. B. Erkenntnisse aus persönlichen Kontakten. Empfohlen werden:

- Auf- und Ausbau von Netzwerken (siehe Handbuchbeitrag von Sonntag et al. in diesem Band),
- Workshops/Brainstorming mit Experten und Stakeholdern,
- Szenario Planungstechniken (siehe weiterführende Literatur in Teil 5 „Anhang“ van der Heijden 2005).

Diese Techniken können auch bei Zelle 2 angewendet werden.

Informationsstruktur, Zelle 2, Unsicherheit hoch, Mehrdeutigkeit hoch

Hoher Handlungsbedarf aufgrund hoher Unsicherheit kombiniert mit einer stark variierenden Einschätzung besteht beim Einfluss von äußeren Interessengruppen und bei den Auswirkungen von Problemen. Zur Behebung der Unsicherheit ist ein reger Meinungsaustausch erforderlich, der vielfältig und häufig erfolgen sollte. Empfohlen werden:

- Intensivieren der Kontakte zu Behörden, Fachkollegen sowie externen Interessengruppen, gegebenenfalls mithilfe des Internets,
- Einbeziehen aller Mitarbeiter in die Informationssuche und ein intensiver Informationsaustausch im Unternehmen,
- Nutzung der Informationsangebote der IHK (Konferenzen, Seminare etc.),
- Befragen der, und Kooperationen mit, industriespezifischen Forschungseinrichtungen (z. B. der Landesanstalt für Landwirtschaft, Universitäten und Hochschulen),
- Teilnahme an themenspezifischen Weiterbildungen.

Informationsstruktur, Zelle 3, Unsicherheit niedrig, Mehrdeutigkeit niedrig

Diese Faktoren gelten als „sichere Faktoren". Aktuelle Maßnahmen sollten beibehalten werden, wobei die Entwicklungen kontinuierlich überwacht werden, z. B. durch Datenerhebungen.

Informationsstruktur, Zelle 4, Unsicherheit hoch, Mehrdeutigkeit niedrig

Quantitative Datenerhebungen zum Beispiel mittels Fragebögen helfen den Entscheidungsträgern, gezielt in den genannten Bereichen die Unsicherheit zu senken. Empfohlen werden:

- Nutzung bereits vorhandener Daten und Veröffentlichungen der Fachverbände sowie Forschungseinrichtungen auch mittels Online-Recherchen,
- Durchführung von Kundenumfragen und Wettbewerberanalysen gezielt auch für Risiken und Chancen,
- Informieren über politische Rahmenbedingungen und Förderprogramme gegebenenfalls mithilfe externer Berater.

Betriebliche Entscheidungsträger

Die Manager stehen vor der Herausforderung, die angebotenen Förderprogramme und Weiterbildungsmöglichkeiten zu nutzen und in ihrem Unternehmen umzusetzen. KMU haben beschränkte Kapazitäten hinsichtlich Zeit und Kapital, sodass nur eine optimale Nutzung dieser Mittel infrage kommt. Die Zeit limitiert den Aufwand für die Informationssuche, durch die alle Unsicherheiten reduziert werden können. Die Finanzen hingegen bestimmen über die Einführung eines Managementsystems oder Technologien, mit deren Hilfe die Unsicherheiten auf indirektem Wege reduziert werden könnten (Lewis und Schubert 2003b).

Eine rationelle Informationssuche über Problemfelder der natürlichen Umwelt spart Zeit und erhöht die Menge relevanter Informationen. Eine schnelle und umfassende Information ermöglicht die Nutzung von Marktchancen im Umweltbereich, ebenso lassen sich Gefahren diesbezüglich erkennen (Lang et al. 1997). Die moderne Kommunikationstechnik macht es leicht, beispielsweise Online-Recherchen durchzuführen und damit aktuelles Wissen zu er-langen. Ebenso kann per E-Mail vom Büro aus mit Behörden, Bildungseinrichtungen und Fachverbänden kommuniziert werden. Nur wenige der befragten Entscheidungsträger nutzen jedoch diese elektronischen Medien, um offene Fragen zu klären. Die Forschung von Bridge und Peel (2001) bestätigt das noch zu wenig genutzte Potenzial der Informationstechnologie insbesondere für KMU und deren strategische Planung (Lewis und Schubert 2003b).

Die Aufgabe der Informationssuche sollte nicht allein den Entscheidungsträgern obliegen. Die Nutzung des Informationsnetzwerkes und des Wissens aller Mitarbeiter birgt enorme Potenziale, die Petts et al. (1998) sowie Carpenter und Fredrickson (2001) erforschten. Die Integration aller Mitarbeiter erhöht und beschleunigt den Informationsfluss, der die wahrgenommenen Unsicherheiten reduzieren kann. Voraussetzung für einen solchen Austausch bildet eine geeignete Unternehmensstruktur. Mehrere Forschungen unterstützen die Erkenntnis, dass Unternehmen in unsicherem Umfeld eine dem Informationsfluss förderliche Struktur benötigen (Daft und Lengel 1986; Hrebiniak und Snow 1980; Beinhocker 1999). Flache Hierarchien und regelmäßige Treffen mit Erfahrungsaustausch fördern den Informationsaustausch ebenso wie die Entwicklung von Lösungsmöglichkeiten für umweltbezogene und andere unternehmensbezogene Probleme. Die Einbeziehung aller Mitarbeiter erhöht zudem deren Motivation zur Mithilfe (Ramus 1997).

Eine weitere Möglichkeit zur Reduzierung der wahrgenommenen Unsicherheit besteht in der Teilnahme an Weiterbildungsmöglichkeiten. Offeriert werden diese durch die örtlichen IHK, von Fachverbänden, staatlichen und privaten Bildungsträgern. Zusätzliche Kompetenzen im Risikomanagement helfen, da sie geeignete Strategien zum Umgang mit komplexen und dynamischen Umwelten vermitteln (Lewis und Schubert 2003b).

Fallbeispiel: Entscheidungen treffen unter Unsicherheit und Mehrdeutigkeit

Paradoxerweise kommt das Fallbeispiel von einem großen britischen Bekleidungshaus mit erheblichen Ressourcen. Es ist hier dargestellt, um die Herausforderung an alle Führungskräfte, strategische Entscheidungen unter Unsicherheit treffen zu müssen, zu zeigen. Der Manager beschreibt einen typischen Entscheidungsprozess, in dem ökologische Aspekte (hohe Unsicherheit) eine Rolle spielen:

> Die meisten Entscheidungen in diesem Geschäft sind warenbezogen. Und die dazugehörige Informationsbeschaffung ist sehr gut etabliert, sehr verständlich und sehr prägnant. ... Und es ist verständlich, und man fühlt sich wohl genug damit, um mit den so generierten Informationen tatsächlich in eine Vorstandssitzung zu gehen und zu sagen, diese und jene zukünftige Gesetzgebung ist zu erwarten oder folgendes aktuelles [ökologisches] Problem haben wir und wir haben mehrere Optionen. Wir können entweder aufhören das Produkt zu verkaufen, können wir eine Alternative entwickeln, können wir auch weiterhin das Produkt verkaufen, und wir liefern eine Argumentation, die aussagt, was unter den gegebenen Umständen sinnvoll ist. ... Wir können mit jemandem arbeiten, der einen etwas anderen Ansatz hat. Selten ist die Sachlage bei Umweltfragen eindeutig und klar. Und die Forschungen dazu sind in der Regel ziemlich neu, die Lösungen wurden in der Regel in einer vereinfachenden Weise in den Medien dargestellt, aber einfach sind sie nicht. Und was wir am Ende tun, ist in der Regel eine sehr detaillierte Darstellung mit unseren eigenen Experten oder externen Experten, falls erforderlich, die tatsächlich sagen, ‚... das ist eigentlich das Problem, das sind die Optionen, das sind vielleicht die Auswirkungen auf die Kosten und sonstigen Auswirkungen; Sie wissen, Ausbildung, Ethik, unternehmenspolitische Implikationen. Und das ist unsere Empfehlung.' Und in der Regel, was passieren wird, ist, dass die Empfehlung mit ein paar Einschränkungen angenommen wird, aber stellen Sie sicher, dass [man berücksichtigt X], und überprüfen Sie es mit [Experte für Y]. (Quelle: Lewis 1998)

Das Zitat verdeutlicht, wie Manager Entscheidungen im Business-Kontext fällen:

1. In einem Umfeld mit geringer Unsicherheit (Merchandising-Entscheidungen) gibt es ein Standard-Vorgehen zur strategischen Entscheidungsfindung.
2. In einem Umfeld mit hoher Unsicherheit (ökologische Probleme) gibt es drei Möglichkeiten für ein Kleidungsstück:
   a. aufhören, es zu verkaufen,
   b. Entwicklung einer Alternative,
   c. weiterhin zu verkaufen und argumentieren, dass es vernünftig ist, dies zu tun.
3. Es gibt zweideutige Informationen in Bezug auf die Entscheidungsgrundlage (Sachlage selten „klar"; Wissenschaft „ziemlich neu"; Lösungen präsentiert „in den Medien").
4. Der Delphi-Methode oder Ähnliches wird verwendet (s. Abb. 5.4), um Mehrdeutigkeit zu reduzieren durch Präsentationen vor der Geschäftsleitung mit internen und/oder externen Experten.
5. Die Folgen für Kosten, Ausbildung, Ethik und Unternehmenspolitik der empfohlenen Alternative (Entscheidung) werden vorgestellt. Die Entscheidungskriterien sind folglich nicht rein finanzieller Natur.
6. Eine Empfehlung (bevorzugte Alternative) für die Entscheidung wird ausgesprochen.
7. Im Sinne der Empfehlung wird – mit einigen Einschränkungen – eine Entscheidung gefällt.

Die vorliegende Fallstudie illustriert somit einen eher rationalen Ansatz zur Entscheidungsfindung unter Einsatz gut etablierter Informationsstrukturen, um Mehrdeutigkeit zu reduzieren.

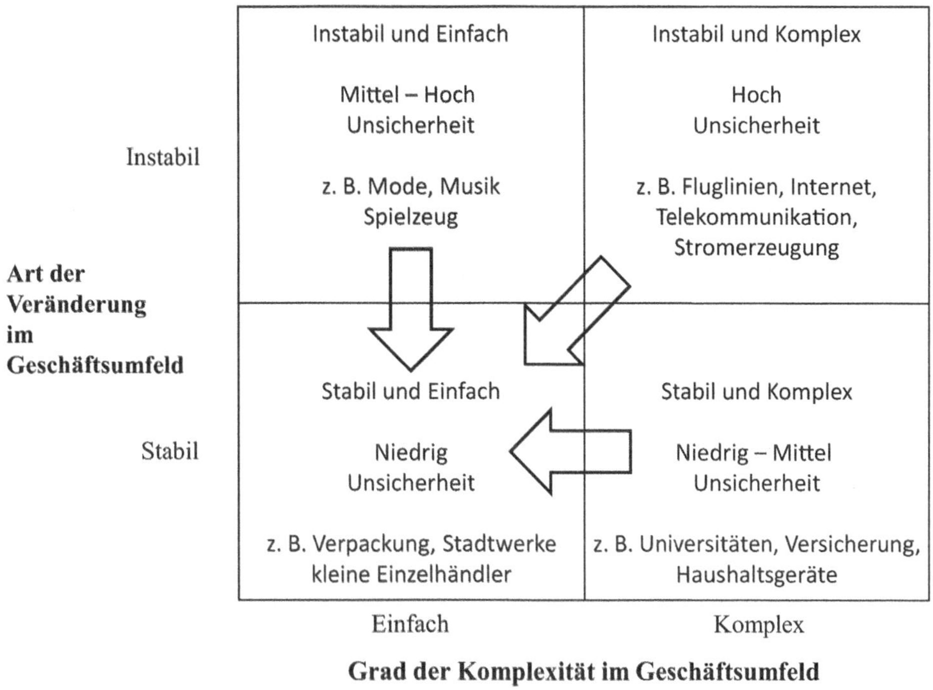

Abb. 5.5 Umfeld-Dimensionen für wahrgenommene Unsicherheit. (Nach Duncan 1972a)

4 Instrumente zur strategischen Entscheidungsfindung unter Unsicherheit

Das in Abb. 5.5 dargestellte einfache Tool ermöglicht dem Manager eine praktische Beurteilung, wie unsicher der Business-Kontext des jeweiligen Unternehmens ist. Die verschiedenen Branchen sind nach Grad der Stabilität und Komplexität den vier Quadranten zugeordnet. Abhängig davon kann der Manager eine Reihe von Optionen prüfen, um die Unsicherheit zu reduzieren und damit eine verbesserte Entscheidungsfindung zu machen.

Option 1. Reduzierung der Komplexität (horizontaler Pfeil in Abb. 5.5).

Reduzierung der Komplexität bedeutet die Verringerung der Anzahl der Variablen im Business-Kontext. In der Praxis bedeutet dies, Fragen zu stellen wie:

> Brauchen wir so viele Produkte, Märkte, Kunden, Lieferanten?
> Die meisten Organisationen machen ihre Umgebungen komplizierter als nötig, weil sie eine unfokussierte Strategie verfolgen (Rumelt 2011).

Option 2. Erhöhung der Stabilität (vertikaler Pfeil in Abb. 5.5).

Eine Erhöhung der Stabilität gelingt, indem Beziehungen mit Lieferanten und Kunden auf lange Frist hin gepflegt werden. Änderungen in den Lieferantenbeziehungen sind eine Grundlage für zunehmende Instabilität – so sollte dies vermieden werden, wenn möglich.

Abb. 5.6 Die Stakeholder-Landschaft. (Eigene Abbildung)

Option 3. Gleichzeitige Umsetzung der Optionen 1 und 2 (diagonaler Pfeil in Abb. 5.5).

Option 4. Verbessern der Informationsstrukturen.

Diese Option wurde im vorliegenden Text schwerpunktmäßig behandelt. Unsicherheit und Mehrdeutigkeit können durch Gewinnung und Verarbeitung von Informationen reduziert werden. Allerdings muss der Manager sich darüber im Klaren sein, wie komplex und instabil der Business-Kontext ist. Gewinnung und Verarbeitung von Informationen hat ihren Preis. Die Informationsstrukturen in der Organisation müssen für den Grad der erlebten Unsicherheit passen. Deshalb ist es wichtig zu wissen, in welcher Art von Kontext das Unternehmen sich befindet (vgl. Zellen 1, 2, 3 oder 4 in Abb. 5.4).

Wen sollte die Organisation um Information bitten? Das Umfeld jeder Organisation wird durch seine Stakeholder bestimmt, und Manager sollten sie fragen, was sie über ein bestimmtes Thema oder eine Situation denken.

Ein Stakeholder ist eine Person oder Gruppe, die die Zielerreichung einer Organisation einerseits direkt beeinflussen kann, andererseits von der Zielerreichung wiederum selbst beeinflusst wird (Freeman 1984). Es ist sehr wichtig für ein KMU, gute Beziehungen und einen Dialog mit seinen Stakeholdern zu unterhalten. Abbildung 5.6 zeigt die häufigsten Stakeholder-Gruppen. Ein Manager sollte wissen, welche Stakeholder für die Organisation wichtig sind.

Option 5. Vorausgesetzt, Sie beurteilen den Grad der Komplexität und Stabilität im Business-Kontext, die Organisation verfügt über die entsprechenden Informationsstrukturen und Sie haben mit Ihren Stakeholdern gesprochen. Aber welche Informationen sind

Abb. 5.7 Geschäftsumfeld-analyse

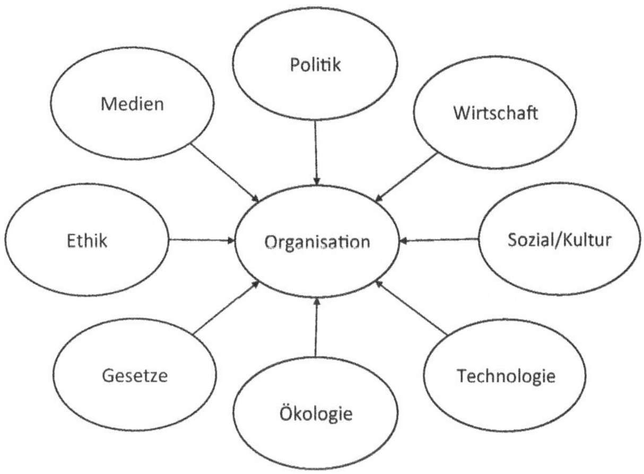

relevant? Welche Fragen oder Faktoren sind relevant? Manager sollten alle in Abb. 5.7 genannten Faktoren in Betracht ziehen.

Beispiele von Faktoren, die Unsicherheit auslösen können, sind:

- **Politik**: politische Stabilität, die Regierungspolitik, Ideologie, Rolle des Staates in der Wirtschaft, Privatisierung, Subventionen;
- **Wirtschaft**: Handel und Investitionen, BIP, Arbeitskräfte und Materialkosten, Produktivität, Arbeitslosigkeit, Inflation, Zinsen und Wechselkurse;
- **Soziales/Kultur**: Sprache, ethnische Herkunft, Religion, Demografie, Institutionen, Bildung, Einwanderung;
- **Technologie**: Infrastruktur, Kommunikation, F & E, Clusters, Exzellenzzentren, digitaler Zugang;
- **Ökologie**: Energie, Ressourcen, Landnutzung, Lärm, Interessengruppen, Klimawandel, Fußabdrücke, Emissionen, Nachhaltigkeit;
- **Gesetzgebung**: Normen, Vorschriften, Sicherheit, Arbeitsrecht, Patente/IPR, Verbraucherschutz, Kartell, Gesundheit, Sicherheit, Umwelt, Subsidiarität (lokal, staatlich, national, EU, WTO);
- **Ethik**: Werte, Arbeitsmoral, Verhaltenskodizes, Corporate Governance, Verantwortung;
- **Medien**: Meinungsbildner, Public Relations, WWW, soziale Netzwerke, TV/Zeitungen.

Sobald alle Fragen und Faktoren berücksichtigt worden sind, muss sich der Manager dann hinsichtlich der zu berücksichtigenden Umfeldfaktoren Prioritäten setzen. Das heißt, was ist die Wahrscheinlichkeit, dass ein bestimmter Faktor auftritt? Und wie groß ist der Einfluss des Faktors auf den KMU? Die Matrix in Abb. 5.8 kann als Prioritätshilfsmittel dienen.

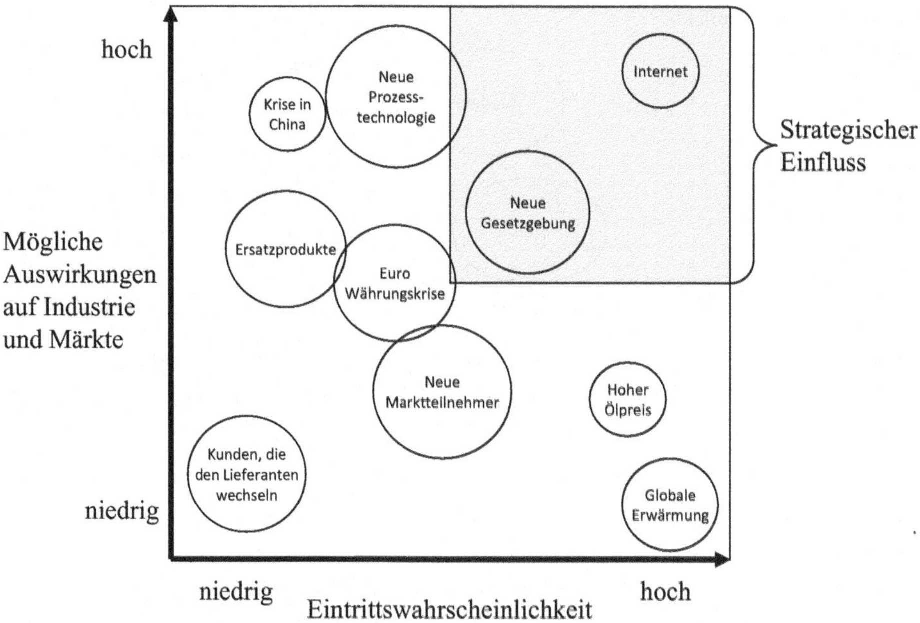

Abb. 5.8 Wahrscheinlichkeit - Auswirkung Matrix

Fazit: Die Umsetzung der Optionen 1 bis 5 verringert die Unsicherheit und Mehrdeutigkeit für Führungskräfte in KMU. Dies wiederum ermöglicht es Managern, effektivere strategische Entscheidungen zu treffen.

5 Anhang

Weblinks

http://www.youtube.com/watch?v=cCFK8t8PoU4
Veröffentlicht am 10.5.2012
Entscheidend ist das Bauchgefühl - Gerd Gigerenzer
Warum Erfahrungen und Intuition bei Entscheidungen wichtig sind.
http://www.youtube.com/watch?v=3qpyD3uv6OQ
Veröffentlicht am 28.2.2013
Alexander Kluge spricht mit Prof. Dr. Gerd Gigerenzer, Direktor am Max-Planck-Institut für Bildungsforschung, über gute Intuition und Heuristik.
Wie man Entscheidungen trifft in unserer unsicheren Welt.
http://www.mpib-berlin.mpg.de/abc/
Hompage für Forschungsbereich Adaptives Verhalten und Kognition. Leiter Prof. Gerd Gigerenzer.
Viele Hintergrundinformationen zu den Themen in diesem Kapitel.

Weiterführende Literatur

Dobelli, R. 2011. Die Kunst des klaren Denkens. Hanser, München. Ein tolles Buch über 52 systematische Denkfehler, die wir alle machen.
Dobelli, R. 2012. Die Kunst des klugen Handelns. Hanser, München. Das Nachfolgewerk über 52 Irrwege, die wir nicht machen sollen.
Gigerenzer, G., und P. Todd. 1999. Simple Heuristics That Make Us Smart. OUP, Oxford. Ein exzellente akademische Übersicht, wie man Entscheidungen trifft. In englischer Sprache.
Kahneman, D. 2011a. *Thinking, fast and slow*. New York: Farrar, Straus and Giroux.
Kahneman, D. 2011b. *Schnelles Denken, langsames Denken*. München: Siedler Verlag. Ein Meisterwerk des Nobelpreisträgers in Englisch und Deutsch. Wie denken wir? Schnell (d. h. intuitiv) oder langsam (d. h. rational, logisch)?
Van der Heijden, K. 2005. *Scenarios, the art of strategic conversation*. 2. Aufl. Chichester: Wiley. Wie setzt man sich mit der Zukunft der Branche auseinander? In englischer Sprache.

Literatur

Anderson, C. R., und F. T. Paine. 1975. Managerial perceptions and strategic behavior. *Academy of Management Journal* 18:811–823.
Bantel, K. A. 1993. Top team, environment and performance effects on strategic planning formality. *Group & Organization Management* 18:436–458.
Beinhocker, D. E. 1999. On the origins of strategies. *McKinsey Quarterly* 4:47–57.
Bourgeois, L. J. 1985. Strategic goals, perceived uncertainty, and economic performance in volatile environments. *Academy of Management Journal* 28 (3):548–573.
Boyd, B. K., und J. Fulk. 1996. Executive scanning and perceived environmental uncertainty: A multidimensional model. *Journal of Management* 22 (1):1–21.
Bridge, J., und M. J. Peel. 2001. A study of computer usage and strategic planning in the SME sector. *International Small Business Journal* 17 (4):82–87.
Carpenter, M. A., und J. W. Fredrickson. 2001. Top management teams, global strategic posture and the moderating role of uncertainty. *Academy of Management Journal* 44 (3):533–545.
Costanza, R. 1993. Ecological economic systems analysis: Order and chaos. In *Economics and ecology: New frontiers and sustainable development*, Hrsg. E. B. Barbier, 29–45. London: Chapman & Hall.
Daft, R. L., und R. H. Lengel. 1986. Organisational information requirements, media richness and structural design. *Management Science* 32 (5):554–571.
Dean, J. W., Jr., und M. P. Sharfman. 1996. Does decision process matter? A study of strategic decision making effectiveness. *Academy of Management Journal* 39 (2):368–396.
Dill, W. R. 1957. Environment as an influence on managerial autonomy. *Administrative Science Quarterly* 2:409–443.
Downey, H. K. und J. W. Slocum. 1975. Uncertainty: Measures, research and sources of variation. *Academy of Management Journal* 18:562–578.
Downey, H. K., D. Hellriegel, und J. W. Slocum. 1975. Environmental uncertainty: The construct and its application. *Administrative Science Quarterly* 20:613–629.
Downey, H. K., D. Hellriegel, und J. W. Slocum. 1977. Individual characteristics as sources of perceived uncertainty variability. *Human Relations* 30 (2):161–174.
Duncan, R. B. 1972a. Characteristics of organizational environments and perceived environmental uncertainty. *Administrative Science Quarterly* 17:313–327.

Duncan, R. B. 1972b. Toward an operant model of organizational learning: Adaption to environmental uncertainty. Northwestern University Graduate School of Management, Working Paper, 72/D

Eisenhardt, K. M. 1989. Making fast strategic decisions in high velocity environments. *Academy of Management Journal* 32 (3):543–576

Elbanna, S., und J. Child. 2007a. The influence of decision, environmental and firm characteristics on the rationality of strategic decision-making. *Journal of Management Studies* 44 (4):561–591.

Elbanna, S., und J. Child. 2007b. Influences on Strategic Decision Effectiveness: Development and Test of an Integrative Model. *Strategic Management Journal* 28:431–453.

Emery, F. E., und E. T. Trist. 1965. The causal texture of organisational environments. *Human Relations* 18:21–32.

Fredrickson, J. W. 1984. The comprehensiveness of strategic decision processes: Extension, observations, future directions. *Academy of Management Journal* 27 (3):445–466.

Fredrickson, J. W., und A. L. Iaquinto. 1989. Inertia and creeping rationality in strategic decision processes. *Academy of Management Journal* 32 (3):516–542.

Fredrickson, J. W., und T. R. Mitchell. 1984. Strategic decision processes: Comprehensiveness and performance in an industry with an unstable environment. *Academy of Management Journal* 27 (2):399–423.

Freeman, S. E. 1984. *Strategic management: A stakeholder approach*. London: Pitman Books Ltd.

Galbraith, J. 1973. *Designing complex organizations*. Reading: Addison-Wesley.

Gigerenzer, G., und R. Selten. 2001. Rethinking rationality. In *Bounded rationality, the adaptive toolbox*, Hrsg. G. Gigerenzer und R. Selten, 1–12. Cambridge: MIT Press.

Grant, R. M. 2010. *Contemporary strategy analysis*. 7. Aufl. Oxford: Blackwell.

Hickson, D., R. J. Butler, D. Cray, et al. 1986. *Top decisions: Strategic decision-making in organizations*. Oxford: Basil Blackwell Ltd.

Hilborn, R., und D. Ludwig. 1993. The limits of applied ecological research. *Ecological Applications* 3:550–552.

Hrebiniak, L. G., und C. C. Snow. 1980. Industry differences in environmental uncertainty and organizational characteristics related to uncertainty. *Academy of Management Journal* 23 (4):750–759.

Janis, I. L. 1989. *Crucial decisions: Leadership in policymaking and crisis management*. London: Collier Macmillan Publishers.

Johnson, G., R. Whittington, und K. Scholes. 2010. *Exploring strategy*. 9. Aufl. Harlow: Pearson.

Johnson, M. L., D. G. Huggins, und F. DeNoyelles. 1991. Ecosystem modeling with LISREL: A new approach for measuring direct and indirect effects. *Ecological Applications* 1 (4):383–398.

Lang, J. R., R. J. Calantone, und D. Gudmundson. 1997. Small firm information seeking as a response to environmental threats and opportunities. *Journal of Small Business Management* 1:11–22.

Lawrence, P. R., und J. W. Lorsch. 1967. *Organization and environment: Managing differentiation and integration*. Harvard: Harvard University Press.

Lewis, G. J. 1997. A cybernetic view of environmental management: The implications for business organizations. *Business Strategy and the Environment* 6 (5):264–275.

Lewis, G. J. 1998. Integrating the ‚Green' Environment into Business Strategy. PhD Thesis, Manchester Business School.

Lewis, G. J. 2004. Uncertainty and equivocality in the commercial and natural environments: The implications for organizational design. *Corporate Social Responsibility and Environmental Management* 11:167–177.

Lewis, G. J., und B. Harvey. 2001. Perceived environmental uncertainty: The extension of Miller's scale to the natural environment. *Journal of Management Studies* 38 (2):201–233.

Lewis, G. J., und E. Schubert. 2003a. Strategische Entscheidungsfindung bei Umweltfragen in kleinen und mittleren Unternehmen (KMU). Abschlussbericht, BMBF, FKZ 170 9101.

Lewis, G. J., und E. Schubert. 2003b. Strategische Entscheidungsfindung bei Umweltfragen in kleinen und mittleren Unternehmen (KMU). Ergebnisberichte, BMBF, FKZ 170 9101.

Lewis, G. J., E. Schubert, und S. Rattei. 2006. Strategische Entscheidungsfindung bei Umweltfragen in kleinen und mittelständischen Unternehmen. *Wissenschaftliche Schriftenreihe Management* (1):25–50, Dresden: Europäisches Institut für postgraduale Bildung an der TU Dresden e. V. Hrsg.

Ludwig, D., R. Hilborn, und C. Walters. 1993. Uncertainty, resource exploitation, and conservation: lessons from history. *Ecological Applications* 3:547–549.

Macharzina, K. 1993 *Unternehmensführung – Das internationale Managementwissen*. Wiesbaden: Gabler.

March, J. G., und H. A. Simon. 1958. *Organizations*. New York: Wiley

Miles, R. E., C. C. Snow, und J. Pfeffer. 1974. Organization-environment: Concepts and issues. *Industrial Relations* 13:244–264.

Miller, D. 1983. The correlates of entrepreneurship in three types of firms. *Management Science* 29 (7):770–791.

Miller, D. 1987. Strategy making and structure: Analysis and implications for performance. *Academy of Management Journal* 30 (1):7–32.

Mintzberg, H. 1983. The case for corporate social responsibility. *Journal of Business Strategy* 4 (2):3–15.

Mintzberg, H., D. Raisinghani, und A. Théorêt. 1976. The structure of „unstructured" decision processes. *Administrative Science Quarterly* 21:246–275.

Müllner, E., und G. J. Lewis. 2003. Wahrgenommene Unsicherheit in der Ernährungswirtschaft. *Journal für Betriebswirtschaft* 53 (3):92–103.

Norgaard, R. B. 1989. The case for methodological pluralism. *Ecological Economics* 1 (1):37–57.

Odom, R. Y., und W. R. Boxx. 1988. Environment, planning processes and organizational performance of churches. *Strategic Management Journal* 9:197–205.

Petts, J., A. Herd, und M. O'Hoecha. 1998. Environmental responsiveness, individuals and organizational learning: SME experience. *Journal of Environmental Planning and Management* 41 (6):711–730.

Priem, R. L., A. M. A. Rasheed, und A. G. Kotulic. 1995. Rationality in strategic decision processes, environmental dynamism and firm performance. *Journal of Management* 21 (5):913–929.

Quinn, J. B. 1978. Strategic change: „Logical incrementalism". *Sloan Management Review* Fall:7–21.

Ramus, C., U. Steger, und M. Winter. 1997. Umweltschutz schafft Wettbewerbsvorteile. *io-management* 6:6–21.

Rattei, S., G. J. Lewis, und E. Schubert. 2005. Analyse der Wahrnehmung von Umwelt und Umfeld bei Entscheidungen. *Zeitschrift für angewandte Umweltforschung* 17 (1):92–109

Rumelt, R. 2011. *Good strategy bad strategy: The difference and why it matters*. New York: Crown Business.

Simon, H. A. 1987. Making management decisions: the role of intuition and emotion. *Academy of Management Executive* February:57–64.

Starbuck, W. H. 1976. Organizations and their environments. In *Handbook of industrial and organizational psychology*, Hrsg. M. D. Dunnette, 1069–1123. Chicago: Rand McNally.

Steger, U. 1992. *Future Management: Europäische Unternehmen im globalen Wettbewerb*. Frankfurt a. M.: Fischer Taschenbuch Verlag.

Terreberry, S. 1968. The evolution of organizational environments. *Administrative Science Quarterly* 12:591–613.

Thompson, J. D. 1967. *Organizations in action*. New York: McGraw Hill.

Mitarbeiter führen

6

Tobias Braun

1 Einführung: Führung als komplexes Problem

Um das Geheimnis erfolgreicher Mitarbeiterführung ranken sich viele Legenden: Der tapfere Stammesfürst, der tausende seiner Krieger allein mit einem Wink seines Schwertes in den Kampf um Leben und Tod zu schicken weiß – allzu leicht gibt man sich der Illusion hin, dass dieses Motiv das Führungsgeschehen im Unternehmen trefflich abbildet.

Doch auch, wenn uns unser Alltag immer wieder in Form solcher Heldengeschichten begreifbar gemacht wird – die Politikerin, die das ganze Land aus der Krise führt; der Trainer, der den Titel im Alleingang holt; der Manager, ohne den das gesamte Unternehmen nicht mehr innovativ sein kann – die Managementforschung der letzten Jahrzehnte hat wiederholt gezeigt, dass diese Sicht auf Führung naiv ist, denn sie vernachlässigt all jenes Geschehen, das vorher, nachher und nebenbei ebenfalls von Bedeutung ist, um Menschen in Bewegung zu versetzen.

Mit einer einfachen Erklärung allein wird man dem komplexen Phänomen Führung nicht gerecht. Trotzdem weiß die Führungsforschung inzwischen so gut über das Führungsgeschehen Bescheid, dass sie die Führungspraxis mit zugleich handlichen als auch bewährten Konzepten unterstützen kann. Diese helfen der Führungskraft zu verstehen, welchen Steuerungsproblemen sie gegenüber steht, und liefern zugleich konkrete Ansatzpunkte, mit ihnen umzugehen.

Anhand dreier Entwicklungslinien soll im Folgenden ausgewählten Strömungen der aktuellen Diskussion um Personalführung nachgegangen und ihre Bedeutung für die Führungspraxis im Mittelstand herausgeschält werden, um diese anschließend in einem praktischen Führungsinstrument zu verdichten.

T. Braun (✉)
Fachbereich Wirtschaftswissenschaften, Hochschule für Wirtschaft und Recht Berlin,
Badensche Straße 52, 10825 Berlin, Deutschland
E-Mail: tobias.braun@hwr-berlin.de

A.-K. Haubold et al. (Hrsg.), *Managementkompetenzen im Mittelstand*,
DOI 10.1007/978-3-658-03448-1_6, © Springer Fachmedien Wiesbaden 2014

2 Aktuelle Entwicklungen in der Führungsforschung und ihre Bedeutung für die Führungspraxis im Mittelstand

Führungskontext statt Führungsstil

Allzu leicht folgt man in der Führungspraxis dem Impuls, das Thema Führung vor allem aus der Perspektive der Führungskraft abzuhandeln: „Warum bin ich (!) erfolgreich und warum nicht?" Und auch in der Forschung konzentrierte man sich zunächst auf die Person des Vorgesetzten: So versuchte der Eigenschaftsansatz diejenigen angeborenen Persönlichkeitseigenschaften zu ermitteln, die erfolgreiche von weniger erfolgreichen Führungskräften unterscheiden, und scheiterte, ehe anschließend die Führungsstilforschung anstelle von Eigenschaften erlernte Verhaltensweisen als Erfolgsfaktoren auszumachen suchte (vgl. Steinmann et al. 2013). Der große Erfolg, den das Versprechen des idealen Führungsstils in Form von Ratgebern und Trainingsangeboten in der Praxis bisweilen immer noch hat, sollte jedoch nicht mit dem Grad seiner empirischen Absicherung verwechselt werden. So zeigt Neuberger (2002, 426 ff.), dass es bis heute keine wissenschaftlich gesicherten Aussagen zur generellen Überlegenheit eines bestimmten Führungsstils gibt. Die übersichtliche Welt, die einem die Führungsstilkonzepte vorgaukeln, beruhigen die Führungskraft und vermitteln die Illusion, die Lage im Griff haben zu können, eine objektiv messbare Auswirkung auf den Führungserfolg zeigt sich jedoch nicht (vgl. Neuberger 2002, 528 ff.).

Aktuelle Forschungsbeiträge haben deshalb die Sackgasse der Führungsstilforschung verlassen und nehmen stärker auf Rahmenbedingungen der Führung Bezug, den Führungskontext. Dahinter verbergen sich zwei vielversprechende Erkenntnisse: Zum einen kann man zeigen, dass das Verhalten von Mitarbeitern aller Hierarchieebenen nicht nur durch die vorgesetzte Führungskraft beeinflusst wird, sondern auch durch viele andere mindestens ebenso bedeutsame Phänomene: Aufbauorganisation, Organisationsanweisungen, Aus- und Weiterbildung, technische Sachzwänge, Anreizsysteme, organisationale Sozialisation u. v. m. All diese Kontextfaktoren fungieren als Substitute für Personalführung, und ihre Existenz bewirkt, dass das Instrument Personalführung im Unternehmensalltag eine viel geringere Bedeutung bei der Verhaltenssteuerung spielt als von den Beteiligten wahrgenommen und von Beobachtern gemeinhin vermutet (vgl. Kerr und Jermier 1978; Türk 1981; Meindl et al. 1985; Kerr und Mathews 1995). Zum anderen – und das ist für die Führungspraxis von besonderer Bedeutung – wirken Kontextfaktoren nicht nur bei tatsächlicher oder gefühlter Anwesenheit der Führungskraft verhaltensbeeinflussend, sondern häufig auch in Situationen, in denen keine Aufsicht oder keine präzise Ergebniskontrolle möglich ist. Gelingt eine geeignete Ausgestaltung des Führungskontexts, könnte das Feld der Einflussnahme auf den Mitarbeiter also – im Vergleich zur traditionellen Führungsperspektive – deutlich erweitert werden.

Beispielhaft zeigt sich dies an der LMX-Theorie (Leader-Member Exchange) der Führung: Sie geht davon aus, dass das tägliche Führungsgeschehen stark davon beeinflusst ist, welche Führungsbeziehungen sich zwischen dem Mitarbeiter und der Führungskraft etabliert haben (vgl. Graen und Uhl-Bien 1995). Die gemeinsame Führungsvergangenheit bildet also den die Gegenwart stark beeinflussenden Kontext, der nur noch einen deutlich reduzierten Spielraum für Verhaltensvariation auf beiden Seiten lässt.

Empirisch zeigte sich, dass sich die Qualität der Arbeitsbeziehungen zwischen Führer und Geführtem ganz unterschiedlich entwickeln kann (vgl. Graen und Scandura 1987) und dabei häufig auf zwei charakteristische Endzustände zustrebt: Während sich zwischen Führungskraft und Mitarbeiter in einem Fall eine hochwertige Beziehung etabliert, in der der Mitarbeiter generell zu einem hohen Leistungsniveau bereit ist, und das wechselseitige Verhalten von Sympathie, Loyalität und professionellem Respekt geprägt ist (In-Group), kann sich im anderen Fall zwischen der gleichen Führungskraft und einem anderen Mitarbeiter eine Beziehung etablieren, in der gegenseitige Abneigung, Misstrauen, Unloyalität und Geringschätzung herrscht und daher mit geringer Arbeitsleistung einhergeht (Out-Group). Hat sich erst einmal eine Beziehung etabliert, sorgt eine selbsterfüllende Prophezeiung dafür, dass die Kategorisierung des Mitarbeiters als Mitglied der „Out-Group“ oder „In-Group“ im Arbeitsalltag immer wieder neu bestärkt wird, ein radikaler Wandel der Beziehung zum besseren oder schlechteren also äußerst unwahrscheinlich ist.

Mit dem Wissen um diesen in der Praxis immer wieder zu beobachtenden Sachverhalt der In-Group-/Out-Group-Kategorisierung kann die Führungskraft nun versuchen zu verhindern, dass sich eine Führungsbeziehung negativ entwickelt (vgl. Graen und Uhl-Bien 1995). Sie muss zunächst wissen, dass ihre Vorurteile über den Mitarbeiter eine zentrale Weichenstellung vornehmen: Ähnlichkeit und Sympathie sind Startpunkt einer Spirale positiv verstärkender Interaktionen, während Unähnlichkeit und fehlende Anfangssympathie sich schnell negativ verstärken (vgl. Duchon et al. 1986). Des Weiteren – darauf weist die Identitätstheorie der Führung hin (vgl. Lührmann 2006; Lührmann und Eberl 2007) – muss sie reflektieren, inwieweit ihr gegenwärtiges Selbstverständnis als Führungskraft die Entwicklung hochwertiger Führungsbeziehungen überhaupt systematisch (und nicht nur zufällig) ermöglicht. Darauf aufbauend ist sie dann gefordert – trotz möglicherweise schlechter Ausgangslage –, mit unerschütterlichem Vorschussvertrauen stetig auf eine Veränderung ihrer Führungsidentität und die Entwicklung hochwertiger Führungsbeziehungen hinzuarbeiten.

Für den Mittelstand sei vor diesem Hintergrund zusätzlich auf die besonders akute Gefahr einer zu gering ausgeprägten Vielfalt in der Mitarbeiterschaft verwiesen: Das (im Vergleich zum Großunternehmen) hohe Mitspracherecht der oberen Führungskräfte bei der Personalauswahl könnte über den Ähnlichkeits-In-Group-Effekt einerseits und den Unterschiedlichkeits-Out-Group-Effekt andererseits ein zu homogen ausgeprägtes Kompetenzprofil des Unternehmens bewirken. Wie der Beitrag von Haubold zur Personalbindung in diesem Band zeigt, sollten Unternehmen aber gerade an der Bindung seltener – und das heißt zugleich: unähnlicher – Mitarbeiterressourcen interessiert sein.

Eine zweite Forschungsrichtung, die sich für den Führungskontext als mächtige Einflussvariable interessiert, ist die Theorie der motivationsorientierten Arbeitsgestaltung.

Schon Hackman und Oldham (1976) zeigten auf, wie durch eine Erhöhung der Tätigkeitsvielfalt, der Ganzheitlichkeit der Tätigkeit, des Bedeutungsgehalts, der Handlungs- und Entscheidungsautonomie sowie der Rückmeldung über erzielte Ergebnisse – durch

Veränderungen des Führungskontextes also – das Motivationspotenzial einer Tätigkeit erhöht werden kann. Mitarbeiter, die konkret spürbar die Erfahrung machen, dass sie 1) bei einer Arbeit, die ihnen am Herzen liegt, 2) durch eigenes Zutun ein 3) gutes Arbeitsergebnis erzielt haben – so die Grundüberlegung –, werden höhere Motivation, höhere Arbeitszufriedenheit, höhere Arbeitsqualität und weniger Fehlzeiten aufweisen, ohne dass die Führungskraft regelmäßig motivierend tätig werden muss. Wird der Arbeitskontext hingegen bewusst oder aus Unwissenheit so ausgestaltet, dass die fünf Dimensionen nur gering ausgeprägt sind (z. B. aufgrund hoher Standardisierung der Tätigkeiten, starker Kontrolle durch den Vorgesetzten, hoher Entscheidungszentralisation), verschenkt das Unternehmen eine einfache Möglichkeit, das Verhalten der Mitarbeiter positiv zu beeinflussen.

Praxisbeispiel: IT-Dienstleister GitHub

Beim amerikanischen IT-Dienstleister GitHub arbeiten viele der rund 180 Mitarbeiter als Software-Entwickler an der Programmierung der eigenen Produkte. Da sich die Produktivität der Programmierer schlecht einfach nur an der Zahl der Arbeitsstunden messen lässt und auch eine Kontrolle der Güte und Fehlerfreiheit der Arbeitsergebnisse – Algorithmen – nur mit unverhältnismäßig hohem Aufwand durch Dritte möglich ist, hat sich das Unternehmen dafür entschieden, den Arbeitskontext so zu gestalten, dass die Programmierer „von allein" nach Effizienz und Effektivität streben. Durch Ausweitung der Arbeitsplatz-Dimension „Autonomie" versucht die Arbeitsorganisation bei GitHub, die besonders produktiven Zeiten der Mitarbeiter zu maximieren: Ob zu Hause oder im Büro, ob ab 7 Uhr früh oder ab 15 Uhr nachmittags, die Mitarbeiter arbeiten, wo sie wollen und wann sie wollen, und sei es mitten in der Nacht. Eine andere Maßnahme besteht im weitgehenden Verzicht auf Teammeetings: Probleme werden stattdessen in „asynchronen" Chats diskutiert, was den Vorteil hat, dass nur diejenigen involviert werden, die tatsächlich mit einem Thema konkret zu tun haben, dass man sich genau dann beteiligen kann, wenn es einem in den Zeitplan passt, und dass zugleich automatisch die wichtigsten Beratungsergebnisse protokolliert sind und jederzeit – auch von Nicht-Teilnehmern – nachvollzogen werden können (vgl. Holman 2011a, b).

In aktuellen Forschungsarbeiten werden die klassischen fünf Arbeitsplatz-Dimensionen von Hackman und Oldham weiterhin als bedeutend geführt, auch wenn sie inzwischen weiter ausdifferenziert wurden, um z. B. den besonderen Charakteristika von Wissensarbeit besser gerecht zu werden (vgl. Morgeson und Humphrey 2006). Auch das Erhebungsinstrumentarium zur Erfassung des Motivationsgehalts von Tätigkeiten wurde weiterentwickelt (vgl. der von Morgeson und Humphrey 2006 vorgelegte „Work Design Questionnaire"). Zu den Ursprungsdimensionen hinzugetreten ist u. a. ein verstärktes Interesse an den Auswirkungen der sozialen Dimension der Arbeit: So zeigt Grant (2007) Maßnahmen auf, mit denen das Bedürfnis, andere zu beschützen und ihnen Gutes zu tun (prosoziale Motivation), im Arbeitskontext geweckt und gefördert werden kann und sich z. B. bei Call-Center-Mitarbeitern (vgl. Grant 2008) in höherer Arbeitsleistung niederschlägt. Starkes Interesse besteht auch an der Frage, wie durch unterstützende soziale Interaktion mit Kollegen und Vorgesetzten im Arbeitsalltag oder abstrakter Unterstützung durch das Unternehmen der Arbeitskontext motivierender gestaltet werden kann (vgl. im Überblick Grant und Parker 2009).

In der Führungspraxis bewähren kann sich die motivationsorientierte Organisationsgestaltung vor allem aufgrund ihrer konkreten Gestaltungsvorschläge und des vielfach nur geringen Zeit- und Kostenaufwands bei umzusetzenden Verbesserungen. Dies macht sie für Unternehmen aller Größen interessant. Die größte Hürde bei der Anwendung der Ideen besteht meist darin, den Status quo überhaupt als modellier- und optimierbar zu begreifen (vgl. auch Berg et al. 2013).

Die dritte Forschungsrichtung, mit der exemplarisch die Bedeutung des Führungskontexts für die Personalführung betont werden soll, ist die Forschung zur Unternehmenskultur.

Ausgangspunkt ist die Beobachtung, dass das Verhalten von Menschen in Unternehmen durch gemeinsam geteilte Wahrnehmungs- und Verhaltensmuster geprägt wird, die als Unternehmenskultur bezeichnet werden können. Empirisch ließ sich zeigen, dass dieses Phänomen die Interaktion im Unternehmen nachhaltig und in der Regel unbewusst beeinflusst. Einerseits ermöglicht und erleichtert Unternehmenskultur erfolgreiche Interaktion zwischen Organisationsmitgliedern (vgl. Schein 1983, 1984; Phillips 1994; Harris 1994), andererseits wird sie immer wieder als Ursache verzerrter Wahrnehmung und mangelnder Veränderungsfähigkeit ausgemacht (vgl. Gilbert 2005; Lepoutre und Valente 2012).

Für die Personalführung von Interesse ist insbesondere die Funktion von Unternehmenskultur als System sozialer Kontrolle (vgl. im Folgenden O'Reilly und Chatman 1996). Im Gegensatz zu formalen Kontrollsystemen (wie z. B. Planvorgaben, Budgets, Leistungskontrollen), bei denen aus ihrer Konstruktionslogik heraus stets unsicher bleibt, ob sie tatsächlich Verhalten wie bezweckt steuern, reicht die normative Kraft der sozialen Kontrolle durch den (ggf. auch nur imaginären) Kollegen weiter und tiefer und wird zudem sehr kostengünstig erzielt: Eine Abweichung von bestimmten Normen und Werten wird von vornherein aus der Menge akzeptabler Verhaltensweisen ausgeschlossen und kommt deshalb gar nicht vor, sie muss dementsprechend auch nicht vom Unternehmen durch extrinsische Anreize erkauft werden. Mit dieser Argumentation im Einklang rekonstruiert z. B. Pratt (2000), wie es Netzwerk-Marketing-Unternehmen mithilfe sozialer Kontrolle gelingt, das Verhalten ihrer Mitglieder umfassend zu beeinflussen, obwohl diese aufgrund ihrer durch Hausbesuche geprägten Vertriebstätigkeit kaum klassischer sozialer Beobachtung (z. B. durch Kollegen im Büro) ausgesetzt sind.

Exemplarisch zeigt sich der tiefgreifende Einfluss der Unternehmenskultur auf das Verhalten von Mitarbeitern auch am Themenfeld Motivation. So beschreibt Van Maanen (1975) in einer Pionierstudie, wie zunächst hoch motivierte Polizeianwärter in den USA im Rahmen ihrer Ausbildung und Einarbeitung ihre Ideale aufgeben, ihre Motivation auf ein dauerhaft niedriges Niveau absenken, und schließlich voller Genugtuung (!) die Verwandlung in einen „echten" Polizisten an sich konstatieren, bereit, der nächsten Generation von Polizeianwärtern deren verrückte Flausen auszutreiben. Umgekehrt identifizieren Peters und Waterman (2004, 224 ff.) gemeinsam geteilte Werte der Unternehmenskultur als wichtigen Einflussfaktor von außergewöhnlich hoher Arbeitsmotivation, wie z. B. der der Forscher und Entwickler des amerikanischen Unternehmens 3M.

Die jüngere Forschung interessiert sich verstärkt dafür, wie das Management Einfluss auf die Kulturentwicklung des Unternehmens nehmen kann. Eine Schlüsselbedeutung kommt dabei den Replikationsmechanismen von Unternehmenskultur zu. Einer dieser Mechanismen ist der Sozialisationsprozess, in dessen Rahmen die neuen Mitarbeiter durch formelle und informelle Aktivitäten zur Aneignung der speziellen kulturellen Handlungsmuster des Unternehmens bewegt werden.

Pratt (2000) und Pratt und Ashforth (2003) zeigen auf, wie im Rahmen eines ausgefeilten Sozialisationsprozesses durch gezielt initiierte Sensebreaking- und Sensemaking-Prozesse tiefgreifend auf die Einstellung der Mitarbeiter zu ihrer Arbeit eingewirkt wird, bis diese ihr Unternehmen mit ihrer Familie gleichsetzen und Außenstehenden gegenüber leidenschaftlich verteidigen. Cable et al. (2013) beobachten, wie eine hohe Identifikation des Mitarbeiters mit dem Unternehmen umgekehrt auch dadurch erzielt werden kann, dass ihm im Rahmen des Sozialisationsprozesses die Möglichkeit gegeben wird, die eigenen Überzeugungen und Einstellungen in der Unternehmenskultur gespiegelt zu finden.

Für die Führungspraxis ergibt sich die Konsequenz, dass zunächst einmal der eigenen Unternehmenskultur verstärkte Aufmerksamkeit zu widmen ist, etwa indem die Auswirkungen des bestehenden Sozialisationsprozesses reflektiert werden: welche Werte werden transportiert und inwiefern wirken sich diese unterstützend oder problematisch auf den Unternehmensalltag aus. Die Schwierigkeit besteht darin, dass sich eine Kultur in der Regel der Selbstbeobachtung verweigert. Wir kennen das aus dem Alltag, wenn erst die Konfrontation mit fremden Kulturen – z. B. bei der Fernreise – das scheinbar selbstverständliche eigene Verhalten als „auch anders möglich“ enttarnt. Trotzdem ist Reflexion möglich, und diese Kompetenz wird inzwischen auch in Trainings und vereinzelt sogar im Rahmen des betriebswirtschaftlichen Studiums vermittelt. Im zweiten Schritt sind dann gegebenenfalls Interventionen zu entwerfen, um die Reproduktion unerwünschter Denk- und Verhaltensmuster durch den Sozialisationsprozess zu unterbinden.

Praxisbeispiel: Online-Händler Zappos

Ein Teil des Erfolgsgeheimnisses des amerikanischen Online-Händlers Zappos sind seine stets freundlichen und gut gelaunten Mitarbeiter im Call-Center. Sie begreifen die Arbeit für Zappos als etwas Besonderes und eben nicht nur als einen stinknormalen Call-Center-Job. Einen wichtigen Anteil daran hat der Sozialisationsprozess des Unternehmens. Neue Mitarbeiter durchlaufen ein vierwöchiges Einarbeitungsprogramm, um das gesamte Unternehmen kennenzulernen, sowie spezielle Kurse zur Unternehmenskultur bei Zappos. Am Ende der Einarbeitungszeit erhält jeder Mitarbeiter ein besonderes Angebot: Jeder Neuling, der jetzt sein Arbeitsverhältnis kündigt, erhält $ 1000. Alle anderen dürfen weiter bei Zappos arbeiten. Nur circa drei Prozent der Neulinge entscheiden sich für das Geld (vgl. Taylor 2008).

Zappos nutzt damit die symbolische Kraft, die einer freien Wahl innewohnt (vgl. auch O'Reilly und Chatman 1996, S. 178). Kein Neuling wird das starke Signal übersehen können, dass bei Zappos nicht jeder x-Beliebige arbeitet, sondern dass nur eine ganz bestimmte Sorte Auserwählter auch diese letzte Prüfung besteht.

Für den Mittelstand im Besonderen bietet sich beim Management von Unternehmenskultur die Gelegenheit, die geringere Unternehmensgröße in eine Stärke umzumünzen. Dem Gründer und Eigentümer wird ein größerer Einfluss auf Kulturentwicklungsprozesse zugesprochen als dem angestellten Manager (vgl. Schein 1983), und auch die Durchdringung mit neuen Orientierungsmustern sollte bei kleineren Unternehmen in der Regel schneller zu vollziehen sein.

Smarte Mitarbeiter statt SMARTe Ziele

Eine weitere Wendung in der Führungsforschung lässt sich bei der Idee des Führens mit Zielen (Management by Objectives) ausmachen. Auch diese Idee zieht, genau wie die Hoffnung auf die Existenz eines idealen Führungsstils, einen Großteil ihrer Attraktion aus der Illusion der Beherrschbarkeit allfälliger Probleme der Unternehmenssteuerung (vgl. Braun 2004).

Zunächst ist festzuhalten, dass die Idee des Führens mit Zielen auf einem umfassenden Fundament empirischer Erkenntnisse aufbaut, der sogenannten Goal Setting Theory, was ihr zwischenzeitlich die Einschätzung einbrachte, zu den wenigen gleichfalls nützlichen wie empirisch fundierten Managementinstrumenten zu gehören (vgl. Miner 2003). Ausgangspunkt ist die Einsicht, dass Ziele eine wichtige Funktion bei der menschlichen Handlungssteuerung übernehmen können: Im Fluss des Alltagsgeschehens richten Ziele die Aufmerksamkeit auf die zur Zielerreichung notwendigen Handlungen und Informationen und helfen dabei, die notwendige Anstrengung zu mobilisieren und bis zur Zielerreichung aufrecht zu halten (vgl. Latham und Locke 1991). In experimentellen Studien konnte man darüber hinaus zeigen, dass die Arbeitsleistung sich durch die geschickte Wahl der Ziele positiv beeinflussen lässt: So führen schwierige Ziele (auch wenn sie nicht erreicht werden) zu höherer Leistung als weniger schwierige Ziele – allerdings nur sofern die notwendigen Fähigkeiten vorhanden sind; spezifische schwierige Ziele führen zu höherer Leistung als vage gehaltene schwierige Ziele (z. B. „Gib Dein Bestes!", vgl. Locke und Latham 2002).

Durch diese Beobachtungen inspiriert wird nun der Führungskraft empfohlen, Ziele auch zur Fremdsteuerung einzusetzen, mit anderen Worten, es dem Mitarbeiter nicht selbst zu überlassen, ob und mit welchen Zielen er sein Handeln steuert, sondern ihm ein Ziel vorzugeben, das sich der Mitarbeiter zu eigen machen soll. Die vereinbarten Ziele sollen unter anderem spezifisch, messbar, aktiv beeinflussbar, realistisch und terminiert sein, was bisweilen mit dem Akronym SMART zusammengefasst wird (vgl. z. B. Karnicnik 2001). Um die Wahrscheinlichkeit zu erhöhen, dass die Ziele tatsächlich verhaltensbeeinflussend wirken, wird empfohlen, die Zielerreichung eng mit einem Anreizsystem wirksamer Belohnungen und Bestrafungen zu verknüpfen und zu kontrollieren.

Die versprochene Welt der Hochleistung durch Zielvorgabe stellt sich jedoch im betrieblichen Kontext nicht immer wie gewünscht ein. Stattdessen finden sich immer wieder typische Folgeprobleme, die erst durch die Verwendung von Zielen überhaupt entstehen: Mitarbeiter vernachlässigen all diejenigen Aufgaben, die nicht über Ziele abgedeckt sind; Zielvorgaben wirken negativ auf die Kooperationsbereitschaft der Akteure; Zielerreichung „um jeden Preis" bringt unerwünschte Nebenwirkungen mit sich; die typische Zeitlogik aus Quartals- und Jahreszielen erweist sich als zu statisch; wie leicht oder schwer bestimmte Ziele sind, lässt sich im Vorhinein oft weder vom Mitarbeiter noch der Führungskraft einschätzen usw. (vgl. Braun 2004; Kayes 2005; Ordóñez et al. 2009).

Diese und weitere Probleme führen dazu, dass sich im Wechselspiel zwischen Mitarbeitern und Management ein verhängnisvoller Teufelskreis aufschaukeln kann, indem die Mitarbeiter sich vor unerwünschten Nebenwirkungen der Zielsteuerung zu schützen versuchen, dabei jedoch ein aus Sicht des Unternehmens problematisches Verhalten zeigen, woraufhin die Unternehmensführung mit genau denjenigen Maßnahmen reagiert, die aus Sicht der Mitarbeiter schwer erträgliche Nebenwirkungen darstellen, was wiederum ein entsprechendes Ausweichverhalten zur Folge hat (vgl. Abb. 6.1).

Es sind nicht nur die dargelegten Nebenwirkungen, die am Thron der Zielsteuerung sägen. Daneben zeigt sich in der Praxis, dass bisweilen gerade die gründliche Missachtung des von der Zielsteuerung empfohlenen Vorgehens mit Erfolg gekoppelt ist: So zeigt Gittell (2000, 2001), wie im Rahmen des Flugabfertigungsprozesses zweier Fluggesellschaften ein das „Führung durch Ziele" abbildende System fester Verantwortlichkeiten für genau spezifizierte Ziele und mit regelmäßiger Leistungsmessung gegenüber einem System allgemein gehaltener Ziele, ungenauer Problemreports und funktionsübergreifender Verantwortung unterlegen ist. Staw und Boettger (1990) dokumentieren die Überlegenheit allgemeiner Ziele gegenüber spezifischen Zielen schon für die vergleichsweise einfache Tätigkeit des Korrekturlesens.

Die widersprüchlichen Beobachtungen zur Erfolgswirksamkeit von Zielsteuerung lassen sich ein Stück weit auflösen, sobald man den Charakter der durch Ziele zu steuernden Teilaufgaben mit in den Blick nimmt. Aufgaben unterscheiden sich unter anderem hinsichtlich Varietät und Analysierbarkeit (vgl. Perrow 1967) sowie Interdependenz (vgl. Thompson 1967). Die klassische Ideologie der Zielsteuerung hat immer dann mit Problemen zu kämpfen, wenn die durch sie gesteuerten Teilaufgaben eine hohe Varietät, eine geringe Analysierbarkeit oder eine tiefgreifende Interdependenz aufweisen.

Während die klassische Zielideologie beispielsweise im Vertrieb ihre Stärken ausspielen kann, weil sich die gewünschten Arbeitsergebnisse unzweideutig in monetären Größen formulieren lassen und aufgrund von festgelegten Verkaufsbezirken relativ wenig Abhängigkeiten zu den Tätigkeiten der Kollegen bestehen, leiden Funktionen, wie die Forschung und Entwicklung, in denen konkretisierte Ziele der Komplexität der zu steuernden Tätigkeit nicht gerecht werden können und in der es auf Zusammenarbeit ankommt, vor allem unter seinen Schwächen.

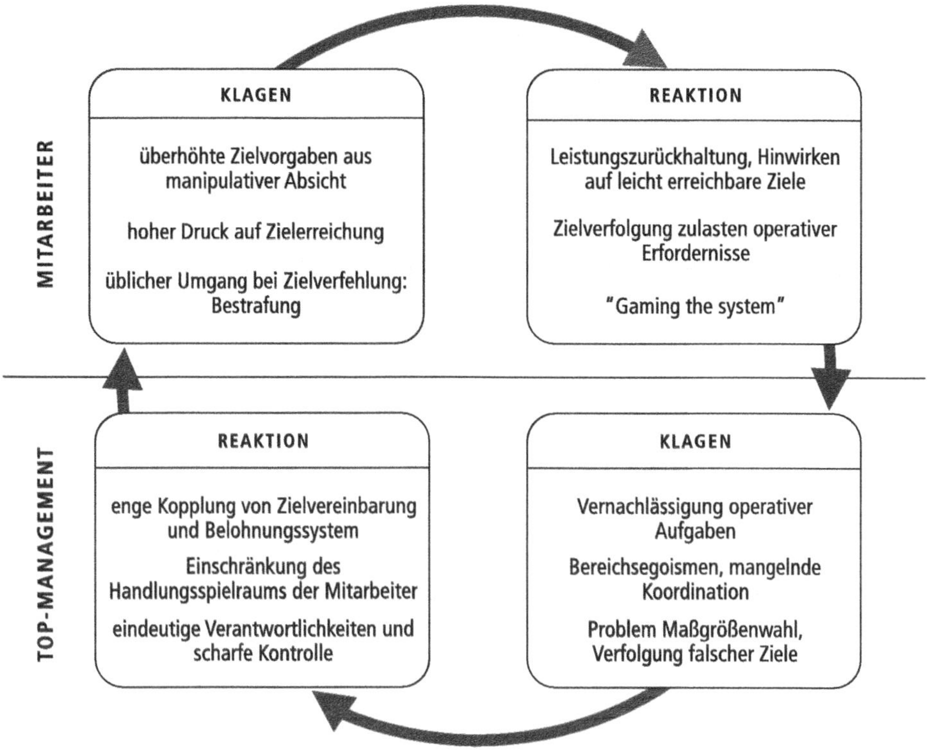

Abb. 6.1 Der Teufelskreis beim Führen mit Zielen. (Quelle: Braun und Dabitz 2012, S. 433, modifiziert)

Die Empfehlung für die Steuerung komplexer Aufgaben lautet deshalb, das Dogma der traditionellen Zielsteuerung weniger ernst zu nehmen und zum Beispiel Ziele absichtlich allgemeiner zu halten, zu akzeptieren, dass bestimmte Zielaspekte nicht messbar sind, darauf zu verzichten, Zielerreichung allzu eng mit dem Anreizsystem zu koppeln usw. Abbildung 6.2 visualisiert das Spektrum der prinzipiell vorhandenen Alternativen.

Zugleich ist aber auch klar, dass unklare Ziele allein noch kein Erfolgsgarant sind, sondern erst in Verbindung mit kompetenten Mitarbeitern ihre Wirkung entfalten. Diese müssen nämlich die Freiräume, die unklare Ziele bewusst lassen, sinnvoll und voller Sorgfalt nutzen. Management und Mitarbeiter müssen die Reife mitbringen, die Unsicherheit, die unklare Ziele und lose Kopplung zwischen Ziel und Anreizsystem mit sich bringen, auszuhalten und mit ihr reflektiert umzugehen, andernfalls würde sich doch wieder der beschriebene Teufelskreis an unerwünschten Nebenwirkungen in Gang setzen.

Abb. 6.2 Optionen bei der Ausgestaltung von Zielsteuerungssystemen. (Quelle: eigene Darstellung)

Praxisbeispiel: Personaldienstleister Page

Beim auf Fach- und Führungskräfte spezialisierten Personaldienstleister Michael Page verzichtet man auf die sonst in der Branche üblichen hohen Provisionen als Entlohnungsbestandteil, weil man die Erfahrung gemacht hat, dass sich dies auf die Qualität der Betreuung negativ auswirkt: Allzu leicht würden Klienten zum Wechsel des Arbeitgebers überredet, nur um die damit verbundene Prämie zu erzielen, und neu hinzustoßende Kollegen gelten pauschal als Konkurrenten, die einem ein Stück vom Kuchen wegzunehmen drohen. Stattdessen wird nun erfolgreiche Teamarbeit und langfristig orientierte Kundenbetreuung belohnt, indem 25 % des Gewinns an die Mitarbeiter ausgeschüttet werden. Neue Kollegen werden rasch eingearbeitet, damit sie schnell profitabel arbeiten und so das Unternehmen weiter wächst. (vgl. Frankfurter Allgemeine Zeitung v. 17. Juli 2007, S. 14).

Für die Führungspraxis im Mittelstand hat die beschriebene Debatte also mehrere Konsequenzen: Erstens scheint generell ein vorsichtigerer Umgang mit dem Konzept des „Führens mit Zielen" geraten, denn in vielen Situationen überwiegen die Nachteile. Zweitens wird, je nach Situation, ein bewusster Bruch mit den Vorstellungen der klassischen Zielsteuerung notwendig sein. Das Ausmaß der Standardisierung der Ziele und ihres Zeithorizontes sowie der vorgeplanten Interdependenzen von Zielen im Rahmen eines Zielsystems aus Ober- und Unterzielen ist von der aufgeklärten Führung als veränderlich und situativ optimierbar zu begreifen. Drittens ist mit sinkendem Standardisierungsgrad und steigender Interdependenz umso stärker auf die Kompetenz der Mitarbeiter und selbst initiierte Abstimmungsprozesse zwischen den an einer Zielerreichung Beteiligten zu setzen.

Bedeutungsgehalt statt Gehaltsbedeutung

Eine dritte Entwicklungslinie in der Führungsforschung besteht in einer Hinwendung zu subjektiven Realitäten, die das Führungsgeschehen prägen, und die bisweilen sogar im Widerspruch zur physisch messbaren Realität das Verhalten im Unternehmen beeinflussen.

Diese Forschung steht unter anderem in der Tradition des Konzepts der intrinsischen Motivation, bei der im Gegensatz zur extrinsischen Motivation eine Tätigkeit ihre Attraktivität nicht von den mit dem Endergebnis verknüpften greifbaren Folgewirkungen (z. B. Gehalt) verliehen bekommt, sondern die Tätigkeit selbst und ihr Ergebnis als unmittelbar befriedigend empfunden wird (vgl. Deci et al. 1999). Auch andere etablierte Motivationstheorien – etwa die Theorie des sozialen Vergleichs (vgl. Adams 1965) – haben sich schon früh mit der Erklärung solcher subjektiv erfahrenen, für den Außenstehenden schwer greifbaren Wirklichkeiten beschäftigt. Nicht zuletzt existieren enge Bezüge zur oben geschilderten Diskussion um Unternehmenskultur, bei der ebenfalls die soziale Konstruktion von subjektiven Realitäten im Mittelpunkt steht.

Trotz der nicht von der Hand zu weisenden Erkenntnis, dass menschliches Verhalten auch von extrinsischen Anreizen beeinflusst ist, versucht die aktuelle Führungsforschung eben insbesondere mehr über die nur schwer dingfest zu machenden sozial konstruierten Umstände von Motivation zu erfahren. Exemplarisch sei dies im Folgenden an dem für jede Führungskraft bedeutsamen Phänomen erläutert, dass Menschen ihrer Arbeit eine (positive oder negative) Bedeutung zuschreiben.

Ausgangspunkt der Forschung zum Bedeutungsgehalt der Arbeit ist die Beobachtung, dass Arbeit von Menschen ganz unterschiedlich wahrgenommen wird: Für den einen ist sie einfach nur eine Qual, voller Langeweile und niederschmetternd, während sie für den anderen einen Quell der Freude, Erfüllung und Energie darstellt (vgl. Wrzesniewski 2003; Rosso et al. 2010). Geht man diesem Phänomen nach, stellt man fest, dass – entgegen erster Vermutungen – weder die Arbeitstätigkeit selbst noch die Persönlichkeit des Stelleninhabers diese Beobachtungen vollständig erklären. Wrzesniewski et al. (1997) ermitteln beispielsweise, dass sich selbst innerhalb des gleichen Unternehmens, bei gleichen Stellen und ähnlichen Mitarbeiterprofilen ganz unterschiedliche Einstellungen zur Arbeit entwickeln können: In ihrer Untersuchung offenbart etwa ein Drittel der Befragten des Geldes wegen zu arbeiten („work as a job"), ein weiteres Drittel arbeitet in der Hoffnung auf Karriere („work as a career") und das letzte Drittel sieht in der Arbeit eine Art Berufung („work as a calling").

Diese Ergebnisse werden deshalb in der aktuellen Forschung als das Resultat subjektiver Zuschreibungsprozesse (Sensemaking) gedeutet. Mit anderen Worten: Die Einstellung, „nur des Geldes" wegen zu arbeiten, ist kein unvermeidlicher Fakt und kein Resultat objektiver Rahmenbedingungen, sondern es ist den Betroffenen bislang nur nicht gelungen, einen anderen Sinngehalt und eine tiefere Bedeutung in der eigenen Arbeit zu erkennen, weshalb sie auf diesen in unserer Gesellschaft verbreiteten und akzeptierten Archetypus des Sinns von Arbeit zurückgreifen, um sich ihr tägliches Handeln zu erklären (vgl. Wrzesniewski et al. 1997).

Ganz real sind hingegen die Wirkungen dieser Zuschreibungsprozesse: Sieht man die eigene Arbeit als Berufung, ist man mit ihr und seiner Karriere zufriedener, ist man mit seinem Leben insgesamt zufriedener, sinkt die Wahrscheinlichkeit, unter Stress, Depression oder Konflikten zwischen Arbeit und Nicht-Arbeit zu leiden (vgl. im Überblick Pratt und Ashforth 2003; Bunderson und Thompson 2009). Hat man in der eigenen

Arbeit tiefere Bedeutung entdeckt, sinkt die Bereitschaft, nur für höhere Bezahlung oder andere Annehmlichkeiten eine andere Tätigkeit auszuüben (vgl. Bunderson und Thompson 2009).

Falls der Sinn von Arbeit aber subjektiv konstruiert ist, besteht die Möglichkeit, diesen zu beeinflussen. Der Bedeutungsgehalt einer Tätigkeit ist also keine feste Größe, sondern kann durch symbolisches Handeln erhöht und verringert werden. Ariely et al. (2008) etwa zeigen experimentell, wie eine einfache Manipulation auf der symbolischen Ebene, nämlich das Signalisieren von Anerkennung für Arbeitsleistungen bei einer an sich sinnlosen Tätigkeit im Gegensatz zum neutralen Ignorieren der Leistungen, zu deutlich erhöhter Arbeitsmotivation führt. Bunderson und Thompson (2009) beobachten, dass überraschenderweise gerade die schlechten Arbeitsbedingungen von Tierpflegern überhaupt erst ermöglichen, dass diese die eigene Arbeit als besondere Berufung begreifen.

Für die Führungspraxis ergibt sich demnach die Aufgabe eines systematischen Managements des Bedeutungsgehalts. Ein umfassender Vorschlag dazu kommt von Pratt und Ashforth (2003): Für sie kann jede Tätigkeit mit einem tieferen Sinn versehen und damit bedeutungsvoller gemacht werden. Sie nutzen eine Beobachtung der Identitätsforschung, nämlich, dass sich das eigene Selbstverständnis aus den Tätigkeiten und den Interaktionspartnern speist, mit denen der eigene Alltag angefüllt ist, und ein Großteil dieser Tätigkeiten und Interaktionspartner besteht in der Regel aus Arbeit und Arbeitskollegen. Arbeit wird demnach mit Bedeutung aufgeladen, wenn es gelingt, sie mit vom Individuum erwünschten Identitäten zu verkoppeln und die Beschaffenheit der organisationalen Zugehörigkeit auf erwünschte Identitäten auszurichten. Zugleich mahnt der sozial konstruierte Charakter des Bedeutungsgehalts von Arbeit die Führungspraxis an, dass Sinngehalt auch leicht zerstört werden kann: Die freundlich gemeinte Arbeitserleichterung („Das kann doch auch der Praktikant machen") entwertet die bislang mit Herzblut versehene, als wichtig erachtete Aufgabe zur niederen Tätigkeit, der fachlich berechtigte Führungseingriff („Dieses Projekt wird gestoppt, ehe es zu spät ist") enthüllt dem Mitarbeiter die kaltherzige Fratze des eben noch geliebten Unternehmens.

Praxisbeispiel: Vergnügungspark Disney World

Durch einen aufwendig gestalteten Personalauswahl-, Sozialisations- und Personalentwicklungsprozess gelingt es dem Vergnügungspark Disney World, dass scheinbar unattraktive Tätigkeiten, wie Straßenkehrer, Eintrittskartenkontrolleur, Fahrgeschäft-Betreuer u. ä., von den Mitarbeitern als verantwortungs- und bedeutungsvolle Tätigkeit im Showbusiness wahrgenommen werden. Die Mitarbeiter, die das anspruchsvolle Auswahlseminar überstehen, büffeln die Geschichte der berühmten Disney-Figuren und übernehmen die Sprache des Entertainments: Sie kümmern sich um „Gäste" (statt Kunden), tragen „Kostüme" (statt Uniformen) und arbeiten „auf der Bühne" (statt im Parkgelände). Schon bald sind sie überzeugt, dass auch ihre kleine Rolle einen wichtigen Teil des großen Glücks ausmacht, das die Gäste aus dem Park mit nach Hause nehmen (vgl. Peters und Waterman 2004, 167 f.).

Die skizzierte Gesamtschau der ausgewählten Entwicklungslinien der aktuellen Führungsforschung zeigt – wie einführend angekündigt –, das diesem Thema in der Führungspraxis nicht mit einfachen Rezepten beizukommen ist. Das darf die Führungskraft jedoch nicht lähmen.

Im Folgenden soll ein handlungsnahes Managementtool präsentiert werden, das einerseits überschaubar und leicht anzueignen ist, aber andererseits einer vorschnellen Simplifizierung des Führungsgeschehens aus dem Weg zu gehen sucht: der Job Crafting Workshop.

3 Der Job Crafting Workshop als integratives Führungsinstrument

Mit dem Begriff Job Crafting bezeichnen Wrzesniewski und Dutton (2001) das Phänomen, dass Mitarbeiter aus eigener Initiative Veränderungen am eigenen Arbeitsinhalt und Arbeitsumfeld herbeiführen, ohne dass der Organisator oder die Geschäftsleitung dazu das Mandat erteilt hätten. Es geschieht mit dem Ziel, die Arbeit für sich selbst bedeutungsvoller zu gestalten.

Das Spektrum der Veränderungen, die Mitarbeiter dabei eigenständig vollziehen, umgreift drei Bereiche: Task Crafting beinhaltet Veränderungen in Aufgaben und Verantwortung. Relational Crafting umfasst ein Neuschmieden der Beziehungen zu den Personen, mit denen ein Mitarbeiter zusammenarbeitet. Cognitive Crafting besteht aus Veränderungen in der eigenen Wahrnehmung hinsichtlich Arbeitsaufgaben und Zusammenarbeit (vgl. Berg et al. 2010b, 2013; Wrzesniewski et al. 2010). Beispielsweise zeigen Wrzesniewski et al. (2003), wie Reinigungspersonal im Krankenhaus auf eigene Initiative den Kontakt mit Patienten und Angehörigen intensiviert und dadurch mehr Anerkennung erfährt und die eigene Rolle stärker als pflegerisch wahrnehmen kann. Bunderson und Thompson (2009) beobachten Tierpfleger, denen es gelingt, die auf den ersten Blick simple Tätigkeit des Fütterns und Gehegesäuberns als moralische Pflicht anzusehen („Bewahrung der Schöpfung") und dadurch mit Bedeutungsgehalt aufzuladen.

Die Vielfalt der inzwischen vorliegenden Studien deutet darauf hin, dass Job Crafting sogar bei stark reglementierten und als Routinetätigkeiten angelegten Arbeitsstellen möglich ist. Die möglichen positiven Auswirkungen auf den wahrgenommenen Bedeutungsgehalt der Arbeit (siehe oben, Abschn. 2.3) rechtfertigen deshalb Bemühungen, Job Crafting nicht einfach dem Zufall zu überlassen, sondern bewusst zu fördern.

Vor diesem Hintergrund und im Wissen um die je speziellen Hindernisse, die auf den unterschiedlichen Hierarchiestufen einem Job Crafting im Wege stehen können (vgl. Berg et al. 2010a), entwickeln Berg et al. (2013) ein Instrument, das genau dies erreichen soll: Job-Crafting-Prozesse gezielt zu initiieren und durch eine einfache Systematik inhaltlich zu unterstützen. Im Rahmen eines Job Crafting Workshops soll der Mitarbeiter – geleitet durch ein Arbeitsheft mit Anweisungen –, ausgehend von einer Analyse des Status quo, in allen drei Dimensionen des Job Crafting zu einem Überdenken des eigenen Arbeitsplatzes bewegt werden und die eigene Arbeit noch enger als bislang mit persönlichen Motiven, Stärken und Interessen verknüpfen. Den dabei erarbeiteten Sollzustand gilt es

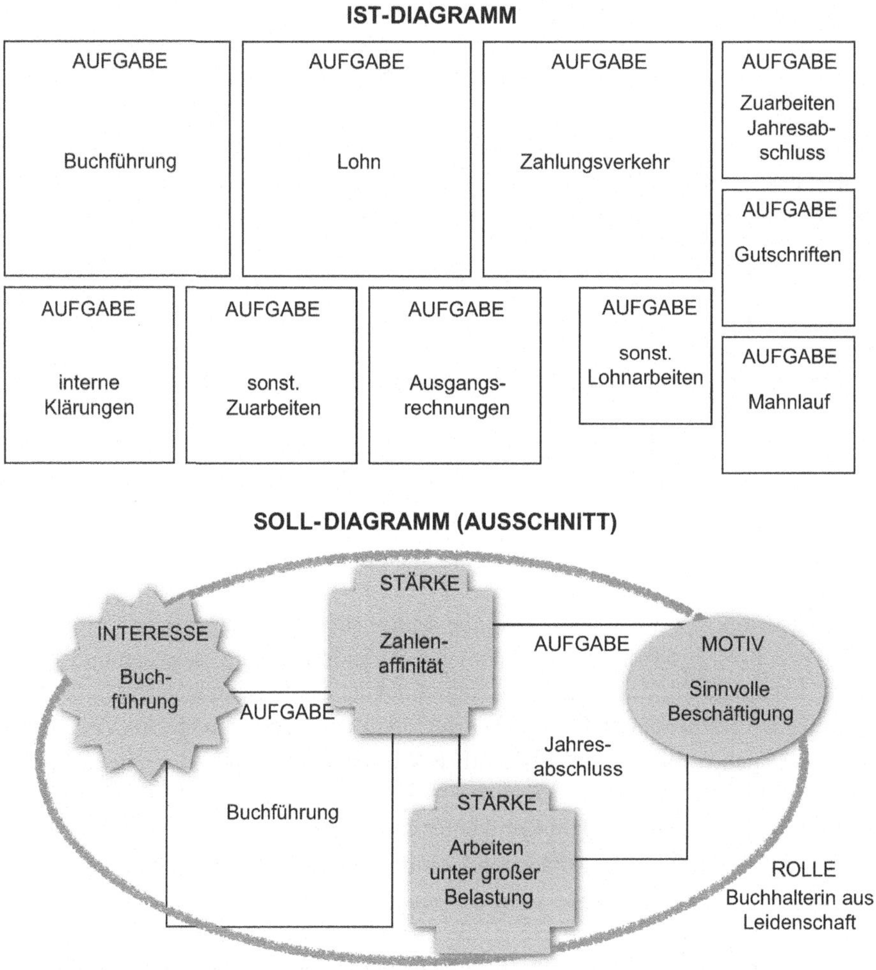

Abb. 6.3 Ausschnitt aus den Zwischen- und Endergebnissen eines Job Crafting Workshops. (Quelle: eigene Darstellung)

anschließend, unterstützt durch einen individuellen Maßnahmenplan, Schritt für Schritt im Arbeitsalltag umzusetzen.

Der Workshop erfasst zunächst das aktuelle Profil der Tätigkeit aus Sicht des Mitarbeiters. Im Mittelpunkt steht die Frage, welche Aufgaben im täglichen Geschäft zu erledigen sind, und welche Zeit und Energie sie erfordern. Dies wird visuell aufbereitet, um einen Gesamtüberblick zu ermöglichen (vgl. Abb. 6.3). Bisweilen ergibt sich schon hier die erste Überraschung daraus, dass der ermittelte Ist-Zustand nicht nur deutlich von der Stellenbeschreibung abweicht, sondern auch der Mitarbeiter selbst überrascht ist, in welchem Verhältnis der Zeitumfang der einzelnen Aufgabenblöcke zueinander steht, z. B. wie wenig Zeit für die zentralen wichtigen Aufgaben zur Verfügung steht. Im nächsten Schritt muss der Mitarbeiter den Blick auf sich wenden und sich über seine persönlichen Motive, Stärken und Interessen befragen. Hierbei ist wichtig, dass nicht nur die bislang mit der Arbeit in Verbindung gebrachten, sondern gerade auch solche nur in Familie und Freizeit verfolgten und erfahrenen Motive, Stärken und Interessen expliziert werden. Diese dienen nämlich im dritten Schritt als Sortierkriterien, die die Suche nach zusätzlichen, den Mitarbeiter besser gerecht werdenden Aufgaben leiten, eine Reduzierung bestehender, dem Mitarbeiter nicht gerecht werdender Aufgaben argumentativ unterlegen sowie überraschende neue Verbindungen zwischen bisher als zusammenhangslos empfundenen Tätigkeiten aufzeigen. Auch das Ergebnis des dritten Schrittes wird visuell aufbereitet, und zwar zum „Soll-Diagramm" (vgl. Berg et al. 2013).

Untersuchungen am Zentrum für Mittelstand an der Hochschule für Technik und Wirtschaft Dresden haben Hinweise ergeben, dass dieses angeleitete Job Crafting nicht nur – wie von den Autoren positioniert – als autonom durchgeführte Personalentwicklungsmaßnahme sinnvoll ist, sondern auch – in Abwandlung der ursprünglichen Idee des Job Crafting – als gemeinsamer Workshop von Führungskraft und Mitarbeiter, unterstützt durch einen Job-Crafting-Trainer, konzipiert werden und dadurch weitere positive Effekte auslösen kann. Die Führungskraft wird hier an bestimmten Stellen des Job-Crafting-Prozesses einbezogen, u. a. bei der Ermittlung der Stärken des Mitarbeiters und der Erstellung des Soll-Diagramms sowie des Maßnahmenplans zur Umsetzung.

Die explorative Studie zeigte u. a., dass der sachliche Rahmen des Job Craftings eine offene Kommunikation zwischen Mitarbeiter und Führungskraft begünstigt, dass der Mitarbeiter – gewissermaßen nebenbei – ein vollumfängliches Feedback über die eigenen Leistungen erhält, dass durch das gemeinsame Erlebnis Job Crafting günstigere Rahmenbedingungen für die Konkretisierung und das Annehmen von Feedback als zum Beispiel im Mitarbeitergespräch gegeben sind, und dass dem „Soll-Diagramm" aufgrund der gemeinsamen Erarbeitung eine realistische Chance auf erfolgreiche Umsetzung eingeräumt wird.

Praxisbeispiel: Job Crafting in einem sächsischen KMU

Eine Mitarbeiterin der Buchhaltung in einem sächsischen KMU reflektiert im Rahmen der Erhebung der Ist-Situation, wie in den letzten Jahren ihr Aufgabengebiet von der Betreuung des Zahlungsverkehrs über die Hinzunahme der Lohnbuchhaltung und schließlich auch der Buchführung an Bedeutung gewonnen hat, dass daneben aber gut ein halbes Dutzend weiterer Aufgaben zu ihren regelmäßigen Pflichten gehört (vgl. Abb. 6.3). Als persönliche Stärken identifiziert sie gemeinsam mit ihrem Vorgesetzten exaktes Arbeiten, Arbeiten unter großer Belastung, Kommunikationsstärke und prozessorientiertes Denken. Ihre besonderen Interessen liegen im Bereich Buchführung und Lohn, als wichtige Motive erachtet sie erfüllende soziale Kontakte, einen echten Sinn in der eigenen Arbeit zu sehen und finanzielles Auskommen.

Der gemeinsame Workshop mit dem Vorgesetzten ergibt u. a., dass es an der Zeit ist, sich von Aufgaben der Lohnbuchhaltung zum Teil zu trennen, da diese auch von anderen Mitarbeitern übernommen werden könnten. Stattdessen prädestinieren die Stärken und Interessen der Mitarbeiterin sie dazu, die Aufgabe der Jahresabschlusserstellung neu hinzuzunehmen, und dadurch gleichzeitig die Bedeutung der Stelle weiter zu erhöhen (vgl. Abb. 6.3). Diese Umstellung soll durch eine Weiterbildung zum Bilanzbuchhalter begleitet werden. Die von der Mitarbeiterin in letzter Zeit notgedrungen übernommene und eher als lästig empfundene Aufgabe der Einarbeitung neuer Mitarbeiter stellt sich im Rahmen des Workshops als vom Vorgesetzten hoch geschätzt und zugleich auf die besondere kommunikative Stärke der Mitarbeiterin zugeschnittene sowie das Interesse an erfüllenden sozialen Kontakten bedienende Aufgabe heraus. Durch die offizielle Institutionalisierung der Aufgabe im Soll-Diagramm und ihre Deklarierung als „Internes Coaching" wandelt sie sich von der zeitaufwendigen Zusatzpflicht zur verantwortungsvollen Schlüsselaufgabe der Personalentwicklung.

Vor dem Hintergrund der oben aufgezeigten aktuellen Entwicklungen in der Führungsforschung zeigt sich das Instrument des Job Crafting Workshops in mehrfacher Hinsicht als besonders geeignet für die tägliche Führungspraxis:

- Der Workshop kann die als wichtig identifizierte Qualität der Arbeitsbeziehung zwischen Führungskraft und Mitarbeiter fördern, denn er bietet Anlässe, eine bereits bestehende In-Group-Beziehung weiter zu vertiefen oder einer fest gefahrenen Out-Group-Beziehung einen positiven Entwicklungspfad aufzuzeigen. Er kann zudem als konkrete Instanz unterstützender sozialer Interaktion erfahren werden und erreicht dies nicht zuletzt aufgrund der symbolischen Bedeutung, die aus Sicht des Mitarbeiters einer Interaktion auf Augenhöhe mit dem eigenen Vorgesetzten bei der Erarbeitung der eigenen Stelle innewohnt.
- Er initiiert eine im Sinne des Mitarbeiters motivationsfördernde Aus- und Umgestaltung des Arbeitsplatzes, aber – aufgrund der Beteiligung der Führungskraft – unter Beachtung gesamtunternehmerischer Anforderungen. Da die Entdeckung und Beeinflussung des Bedeutungsgehalts der Arbeit aus der Auseinandersetzung mit der eigenen Aufgabe entsteht, wird sie mit vergleichsweise geringem Aufwand erzielt. Zudem sind die Veränderungen auf der Wahrnehmungsebene unmittelbar, also ohne Zeitverzögerung, wirksam.
- Die vom Instrument geförderte Gesamtsicht auf die eigene Tätigkeit wird der Komplexität des betrieblichen Geschehens gerecht, die typische Engführung der Aufmerksamkeit und des Arbeitseinsatzes, die sich im Rahmen eines Führens mit Zielen häufig zeigt, wird vermieden. Zugleich unterstützt die Maßnahme dabei, Mitarbeiter in genau denjenigen Aufgabenbereichen einzusetzen, für deren Bewältigung sie über passende Stärken und besonderes Interesse verfügen.

Zwar birgt auch ein Job Crafting Workshop Gefahren, etwa das Wecken zu hoher Erwartungen auf Seiten des Mitarbeiters, was die zukünftigen Arbeitsinhalte angeht, oder den Missbrauch des Workshops als verkapptes Reorganisationsinstrument durch die

Führungskraft. Insgesamt zeigt sich jedoch ein günstiges Chancen-Risiken-Profil der Methode.

Zu berücksichtigen ist allerdings weiterhin, dass Führung als komplexes Phänomen nicht mit dem einmaligen Einsatz eines einfachen Tools umfassend abgehandelt werden kann. Der beschriebene Workshop ist deshalb eher als Knotenpunkt in einem Strom von Steuerungsmaßnahmen zu verstehen, der reflektierendes Innehalten, systematisches Bilanzieren und mutige Veränderungsentscheidungen bündeln kann.

Abschließend ist deshalb erneut an die umfassende Perspektive des Führungskontextes zu erinnern: Es ist nicht die Führungskraft allein, die sämtliche Führungsprobleme löst. Erfolgreiche Führungskräfte nutzen mächtige Werkzeuge, die ihnen wesentliche Teile der Führungsarbeit abnehmen: passende Arbeitsstrukturen, smarte Mitarbeiter, bedeutungsvolle Arbeit usw. Im Konzert mit diesen Rahmenbedingungen können sie sich dann punktuell auf genau jene Fragestellungen konzentrieren, die sich nicht von alleine lösen.

Und falls sie darin erfolgreich sind, wird der flüchtige Beobachter leicht glauben, dass wieder einmal Helden ganz allein Großes erreicht haben.

4 Anhang

Weblink

http://positiveorgs.bus.umich.edu/cpo-tools/job-crafting-exercise/.
Themenseite der „Erfinder" des Job Crafting mit weiterführenden Links.

Weiterführende Literatur

Berg, J. M., J. E. Dutton, und A. Wrzesniewski. 2013. Job crafting and meaningful work. In *Purpose and meaning in the workplace,* Hrsg. B. J. Dik, Z. S. Byrne, und M. F. Steger, 81–104. Washington, DC: American Psychological Association. (beschreibt Grundlagen und gibt Handlungsanleitungen zur Durchführung eines Job Crafting Workshops).

O'Reilly, C. A., und J. A. Chatman. 1996. Culture as social control: Corporations, cults and commitment. *Research in Organizational Behavior* 18:157–200. (erläutert die spezielle Wirkungsweise von Unternehmenskultur als Instrument sozialer Kontrolle, und wie starke Unternehmenskulturen kult-ähnlichen Zusammenhalt erzeugen können).

Literatur

Adams, J. S. 1965. Inequity in social exchange. *Advances in Experimental Social Psychology* 2:267–299.

Ariely, D., E. Kamenica, und D. Prelec. 2008. Man's search for meaning: The case of Legos. *Journal of Economic Behavior & Organization* 67:671–677.

Berg, J. M., A. Wrzesniewski, und J. E. Dutton. 2010a. Perceiving and responding to challenges in job crafting at different ranks: When proactivity requires adaptivity. *Journal of Organizational Behavior* 31:158–186.

Berg, J. M., A. M. Grant, und V. Johnson. 2010b. When callings are calling: Crafting work and leisure in pursuit of unanswered occupational callings. *Organization Science* 21:973–994.

Berg, J. M., J. E. Dutton, und A. Wrzesniewski. 2013. Job crafting and meaningful work. In *Purpose and meaning in the workplace,* Hrsg. B. J. Dik, Z. S. Byrne, und M. F. Steger, 81–104. Washington, DC: American Psychological Association.

Braun, T. 2004. *Jenseits der Zielsteuerung – Eine kritische Untersuchung zielbasierter Instrumente der Unternehmenssteuerung*. Köln: Kölner Wissenschaftsverlag.

Braun, T., und R. Dabitz. 2012. Führung. Bd. 2. In *Kompendium Management in Banking & Finance,* Hrsg. U. Steffens und M. Gerhard, 413–512. Frankfurt a. M.: Frankfurt School Verlag.

Bunderson, J. S., und J. A. Thompson. 2009. The call of the wild: Zookeepers, callings, and the double-edged sword of deeply meaningful work. *Administrative Science Quarterly* 54:32–57.

Cable, D. M., F. Gino, und B. R. Staats. 2013. Breaking them in or eliciting their best? Reframing socialization around newcomers' authentic self-expression. *Administrative Science Quarterly* 58:1–36.

Deci, E. L., R. Koestner, und R. M. Ryan. 1999. A meta-analytic review of experiments examining the effects of extrinsic rewards on intrinsic motivation. *Psychological Bulletin* 125:627–668.

Duchon, D., S. G. Green, und T. D. Taber. 1986. Vertical dyad linkage: A longitudinal assessment of antecedents, measures, and consequences. *Journal of Applied Psychology* 71:56–60.

Gilbert, C. G. 2005. Unbundling the structure of inertia: Resource versus routine rigidity. *Academy of Management Journal* 48:741–763.

Gittell, J. H. 2000. Paradox of coordination and control. *California Management Review* 42:101–117.

Gittell, J. H. 2001. Supervisory span, relational coordination and flight departure performance: A reassessment of postbureaucracy theory. *Organization Science* 12:468–483.

Graen, G. B., und M. Uhl-Bien. 1995. Relationship-based approach to leadership: Development of leader-member exchange (LMX) theory of leadership over 25 years: Applying a multi-level multi-domain perspective. *The Leadership Quarterly* 6:219–247.

Graen, G. B., und T. A. Scandura. 1987. Toward a psychology of dyadic organizing. *Research in Organizational Behavior* 9:175–208.

Grant, A. M. 2007. Relational job design and the motivation to make a prosocial difference. *Academy of Management Review* 32:393–417.

Grant, A. M. 2008. Employees without a cause: The motivational effects of prosocial impact in public service. *International Public Management Journal* 11:48–66.

Grant, A. M., und S. K. Parker. 2009. Redesigning work design theories: The rise of relational and proactive perspectives. *Academy of Management Annals* 3:317–375.

Hackman, J. R., und G. R. Oldham. 1976. Motivation through the design of work: Test of a theory. *Organizational Behavior and Human Performance* 16:250–279.

Harris, S. G. 1994. Organizational culture and individual sensemaking: A schema-based perspective. *Organization Science* 5:309–321.

Holman, Z. 2011a, Aug. 6. How GitHub works: Hours are bullshit. Zachholman.com. http://zachholman.com/posts/how-github-works-hours/. Zugegriffen: 07. Feb. 2014.

Holman, Z. 2011b, Aug. 17. How GitHub works: Be asynchronous. Zachholman.com. http://zachholman.com/posts/how-github-works-asynchronous/. Zugegriffen: 07. Feb. 2014.

Karnicnik, E. 2001. Zielvereinbarungen als Führungsinstrument – woran sie scheitern können. In *Führen mit Zielen,* Hrsg. M. O. Schwaab, G. Bergmann, F. Gairing, und M. Kolb, 107–115. Wiesbaden: Gabler.

Kayes, D. C. 2005. The destructive pursuit of idealized goals. *Organizational Dynamics* 34:391–401.

Kerr, S., und C. S. Mathews. 1995. Führungstheorien – Theorie der Führungssubstitution. In *Handwörterbuch der Führung*. 2. neu gestalt. u. erg. Aufl., Hrsg. A. Kieser, G. Reber, und R. Wunderer, 1021–1034. Stuttgart.

Kerr, S., und J. M. Jermier. 1978. Substitutes for leadership: Their meaning and measurement. *Organizational Behavior and Human Performance* 22:375–403.

Latham, G. P., und E. A. Locke. 1991. Self-regulation through goal setting. *Organizational Behavior and Human Decision Processes* 50:212–247.

Lepoutre, J. M. W. N., und M. Valente. 2012. Fools breaking out: The role of symbolic and material immunity in explaining institutional nonconformity. *Academy of Management Journal* 55:285–313.

Locke, E. A., und G. P. Latham. 2002. Building a practically useful theory of goal setting and task motivation: A 35-year odyssey. *American Psychologist* 57:705–717.

Lührmann, T. 2006. *Führung, Interaktion und Identität: Die neuere Identitätstheorie als Beitrag zur Fundierung einer Interaktionstheorie der Führung*. Wiesbaden: Deutscher Universitätsverlag.

Lührmann, T., und P. Eberl. 2007. Leadership and identity construction: Reframing the leader-follower interaction from an identity theory perspective. *Leadership* 3:115–127.

Meindl, J., S. Ehrlich, und J. Dukerich. 1985. The romance of leadership. *Administrative Science Quarterly* 30:78–102.

Miner, J. B. 2003. The rated importance, scientific validity, and practical usefulness of organizational behavior theories: A quantitative review. *Academy of Management Learning and Education* 2:250–268.

Morgeson, F. P., und S. E. Humphrey. 2006. The Work Design Questionnaire (WDQ): Developing and validating a comprehensive measure for assessing job design and the nature of work. *Journal of Applied Psychology* 91:1321–1339.

Neuberger, O. 2002. *Führen und führen lassen: Ansätze, Ergebnisse und Kritik der Führungsforschung*. Stuttgart: UTB.

O'Reilly, C.A., und J. A. Chatman. 1996. Culture as social control: Corporations, cults and commitment. *Research in Organizational Behavior* 18:157–200.

Ordóñez, L., M. Schweitzer, A. Galinsky, und M. Bazerman. 2009. Goals gone wild: the systematic side effects of overprescribing goal setting. *Academy of Management Perspectives* 23:6–16.

Perrow, C. 1967. A Framework for the comparative analysis of organizations. *American Sociological Review* 32:194–208.

Peters, T. J., und R. H. Waterman. 2004. *In search of excellence: Lessons from America's best-run companies*. New York: HarperCollins.

Phillips, M. E. 1994. Industry mindsets: Exploring the cultures of two macro-organizational settings. *Organization Science* 5:384–402.

Pratt, M. G. 2000. The good, the bad and the ambivalent: Managing identification among Amway distributors. *Administrative Science Quarterly* 45:456–493.

Pratt, M. G., und B. E. Ashforth. 2003. Fostering meaningfulness in working and at work. In *Positive organizational scholarship: Foundations of a new discipline*, Hrsg. K. S. Cameron, J. E. Dutton, und R. E. Quinn, 309–327. San Francisco: Berrett-Koehler.

Rosso, B. D., K. H. Dekas, und A. Wrzesniewski. 2010. On the meaning of work: A theoretical integration and review. *Research in Organizational Behavior* 30:91–127.

Schein, E. H. 1983. The role of the founder in creating organizational culture. *Organizational Dynamics* 12:13–28.

Schein, E. H. 1984. Coming to a new awareness of organizational culture. *Sloan Management Review* 25:3–16.

Staw, B. M., und R. D. Boettger. 1990. Task revision: A neglected form of work performance. *Academy of Management Journal* 33:534–559.

Steinmann, H., G. Schreyögg, und J. Koch. 2013. *Management: Grundlagen der Unternehmensführung*. Wiesbaden: Gabler

Taylor, B. 2008, Mai 19. Why zappos pays new employees to quit – and you should too. HBR Blog Network. http://blogs.hbr.org/2008/05/why-zappos-pays-new-employees/. Zugegriffen: 07. Feb. 2014.

Thompson, J. D. 1967. *Organizations in action: Social science bases of administration*. New York: McGraw-Hill.

Türk, K. 1981. *Personalführung und soziale Kontrolle*. Stuttgart: Enke.

Van Maanen, J. 1975. Police socialization: A longitudinal examination of job attitudes in an urban police department. *Administrative Science Quarterly* 20:207–228.

Wrzesniewski, A. 2003. Finding positive meaning in work. In *Positive organizational scholarship: Foundations of a new discipline*, Hrsg. K. S. Cameron, J. E. Dutton, und R. E. Quinn, 296–308. San Francisco: Berrett-Koehler.

Wrzesniewski, A., und J. E. Dutton. 2001. Crafting a job: Revisioning employees as active crafters of their work. *Academy of Management Review* 26:179–201.

Wrzesniewski, A., C. McCauley, P. Rozin, und B. Schwartz. 1997. Jobs, careers and callings: People's relations to their work. *Journal of Research in Personality* 31:21–33.

Wrzesniewski, A., J. E. Dutton, und G. Debebe. 2003. Interpersonal sensemaking and the meaning of work. *Research in Organizational Behavior* 25:93–135.

Wrzesniewski, A., J. M. Berg, und J. E. Dutton. 2010. Turn the job you have into the job you want. *Harvard Business Review* 88:114–117.

Mitarbeiter an das Unternehmen binden

7

Anne-Katrin Haubold, Katharina Gnieser, Marina Golovina, Lars Mönnich, Kristin Herrmann, Nadine Müller und Tizia Schwenke

1 Einführung

Dem italienischen Staatsmann Niccoló Machiavelli wird der Ausspruch zugeschrieben: „Die Menschen wechseln gern ihren Herrn in der Hoffnung, einen besseren zu bekommen, darin aber täuschen sie sich." In dieser Hinsicht unterscheidet sich das 16. kaum vom 21. Jahrhundert: Der Fluktuationskoeffizient bei den sozialversicherungspflichtigen Beschäftigungsverhältnissen in Deutschland steigt seit mehreren Jahren kontinuierlich an; in 2011 kamen auf 100 durchgängig Beschäftigte 27 Beschäftigte, deren Arbeitsverhältnis wechselte (vgl. Bundesagentur für Arbeit 2011, S. 112). Die frei gewordenen Stellen blieben in 2012 durchschnittlich 77 Tage vakant – länger als je zuvor in den letzten 10 Jahren (vgl. Bundesagentur für Arbeit 2012, S. 42). Es liegt in der Natur der Sache, dass jeder dieser Wechsel für das Unternehmen mit zeitlichem und finanziellem Aufwand verbunden ist: Bouncken (2012) geht davon aus, dass für die Wiederbesetzung einer vakanten Stelle Kosten in Höhe von 50 bis 150 % eines Monatsgehalts der zu besetzenden Stelle anzusetzen sind.

Das o. g. Szenario unterstreicht die Bedeutung von Personalbindung als der Managementkompetenz, Mitarbeiter längerfristig an das Unternehmen zu binden (vgl. für eine ähnliche Definition Pepels 2013, S. 62). In der Literatur wird vielfach betont, dass das Ziel der Personalbindung nicht allein in der Verlängerung der reinen Betriebszugehörigkeit liegt; als ebenso wichtig wird die Intensivierung des Commitments der Mitarbeiter erachtet (vgl. Scholz 2011, S. 459).

Das Thema Personalbindung hat, seiner strategischen Bedeutung zum Trotz, in der deutschsprachigen wissenschaftlichen Literatur bislang eher wenig Widerhall gefunden

A.-K. Haubold (✉) · K. Gnieser · M. Golovina · L. Mönnich · K. Herrmann
N. Müller · T. Schwenke
Hochschule für Technik und Wirtschaft Dresden, Fakultät Wirtschaftswissenschaften,
Friedrich-List-Platz 1, 01069 Dresden, Deutschland
E-Mail: haubold@htw-dresden.de

A.-K. Haubold et al. (Hrsg.), *Managementkompetenzen im Mittelstand*,
DOI 10.1007/978-3-658-03448-1_7, © Springer Fachmedien Wiesbaden 2014

(vgl. Hofe 2005, Jaeger 2012, Bröckermann und Pepels 2013). Ein Grund dafür mag in dem deutsch-englischen Begriffs-Wirrwarr liegen, welches die Thematik begleitet: Statt von Personalbindung, sprechen einige Autoren auch in deutschsprachigen Publikationen von Retention Management (etwa Wucknitz und Heyse 2008) oder Retainment (z. B. Gröll 2009).

Als weiterhin kontraproduktiv für die Bekanntmachung der Thematik hat sich das unterschiedliche Begriffsverständnis herausgestellt, welches in der Literatur vorherrscht: Einige Autoren betrachten Personalbindung als eine Managementaufgabe, welche sich über die gesamte personalwirtschaftliche Wertschöpfungskette erstreckt (vgl. Bröckermann 2013, S. 17). So verstanden beginnt Personalbindung mit der Auswahl der richtigen Mitarbeiter und deren passgenauer Einarbeitung und endet mit effektiver Alumni-Arbeit. Andere Autoren verfolgen ein engeres Begriffsverständnis, wonach sich Personalbindung allein auf das Sichern strategisch wichtiger Wissens- oder Personalressourcen bezieht (vgl. Gmür 2009, S. 863). Becker (2010) spricht nicht ganz zu Unrecht von Mitarbeiterbindung als einem „schwierigen Objekt".

Folgt man dem weiten Begriffsverständnis von Personalbindung, so ist die Bindung von Mitarbeitern ein willkommenes Nebenprodukt gut funktionierender Personalprozesse wie Rekrutierung, Entwicklung und Führung. Oder anders formuliert: Wenn die „richtigen" Mitarbeiter eingestellt und diese dann auch „ordentlich" behandelt werden, dann ist zu erwarten, dass sie auch lange im Unternehmen bleiben. Die empirische Forschung findet leider keine durchgängige Bestätigung für derartige monokausale Zusammenhänge (vgl. z. B. McKay et al. 2007).

Die allgemeine Bedeutung gut funktionierender Personalprozesse für die Personalbindung soll hier nicht abgestritten werden. Allerdings stellen diese Prozesse nach Meinung der Autorin doch eher die allgemeine Grundvoraussetzung dar, auf der das gezielte Personalbindungsmanagement (gemäß der o. g. engen Begriffsdefinition) aufsetzen kann. Die Kompetenz, Mitarbeiter zu binden, beschränkt sich im so verstandenen Sinne somit erstens auf die Fähigkeit zu erkennen, welche Mitarbeiter an das Unternehmen gebunden werden sollen, und zweitens der Kompetenz, diese Mitarbeiter durch entsprechende Maßnahmen tatsächlich im Unternehmen zu halten.

Aktuelle Diskussionsfelder der Mitarbeiterbindung

Aktuell wird das Thema Personalbindung vor allem in zwei verschiedenen Kontexten diskutiert: zum einen im Zusammenhang mit der Internationalisierung von Unternehmen, zum anderen im Kontext sich wandelnder Jobpräferenzen.

Gründen Unternehmen im Zuge ihrer Internationalisierungsstrategie Dependancen in anderen Ländern, ergeben sich viele Fragen hinsichtlich des Personaleinsatzes, der Rekrutierung und Vergütung des in der Fremde anzusiedelnden Personals (vgl. für einen Überblick Harzing und Pinnington 2011). Hinter diesen praktischen personalwirtschaftlichen Aspekten steht die übergreifende Frage: Wie schaffen wir es, die Mitarbeiter, die im Ausland arbeiten, trotz der geografischen Distanz an das Unternehmen zu binden? Reiche

(2007) benennt verschiedene Instrumente, die die Personalbindung in der Dependance erhöhen; dazu zählt er eine Rekrutierungsentscheidung, die im Konsens zwischen lokalem Management vor Ort und der Unternehmenszentrale entstanden ist, ein Sozialisations- und Trainingskonzept für die Mitarbeiter vor Ort sowie klare Kommunikations- und Reiseregelungen zur Erleichterung des Austausches zwischen Zentrale und Dependance.

Der Umgang mit Mitarbeitern, die nur temporär im Ausland arbeiten (den sog. Expatriates), hat sich in der Praxis als besonders schwierig erwiesen: Die Kündigungsrate ist v. a. unter den rückkehrenden Expatriates verhältnismäßig hoch (vgl. Stahl et al. 2002). In der Literatur diskutiert wird die Notwendigkeit, gezielte Repatriierungsstrategien zu entwickeln, um Mitarbeiter nach Beendigung ihres Auslandseinsatzes ein attraktives Arbeitsumfeld zu bieten (vgl. Reiche und Harzing 2011, S. 209 f.).

Das Thema Personalbindung war so lange praktisch wenig bedeutsam, wie Jobsuchende die Festanstellung in einem Unternehmen mit Aussicht auf lebenslange Beschäftigung präferierten. Allerdings scheint dieses Suchschema jedoch nicht mehr für alle Stellensuchenden zu gelten. Insbesondere der Generation der nach 1984 Geborenen, der sogenannten „Generation Y", wird zugeschrieben, dass sie wenig Loyalität für ihren Arbeitgeber empfinden und schnelle Jobwechsel als bereichernd ansehen (vgl. PricewaterhouseCoopers 2008).

In einem kürzlich im Harvard Business Review veröffentlichten Aufsatz fordern die Autoren daher, Arbeitgeber sollten sich von der Idee lebenslanger Mitarbeiter-Loyalität lösen und stattdessen auf die Bindung von Mitarbeitern für den begrenzten Zeitraum eines Arbeitseinsatzes setzen (vgl. Hoffmann et al. 2013). Dieses Konzept wird etwa bei dem amerikanischen Netzwerk-Betreiber LinkedIn umgesetzt, wo für Mitarbeiter generell ein vierjähriger Arbeitseinsatz als gewünschte Verweildauer im Unternehmen definiert wird; ist ein solcher Arbeitseinsatz erfolgreich, wird dem Mitarbeiter ein weiterer vierjähriger Einsatz angeboten (vgl. Hoffmann et al. 2013). Man kann diesem radikalen Ansatz allerdings vorwerfen, das Kind mit dem Bade auszuschütten: Indem per se nur befristete Arbeitsverträge vergeben werden, wird dem Mitarbeiter implizit die Botschaft vermittelt, eine längere Beschäftigungsdauer sei gar nicht erwünscht.

Die Problematik der praktischen Umsetzung des Personalbindungsmanagements lässt sich mit dem amerikanischen Sprichwort umschreiben: „Only the squeaky wheel gets the grease". So wie bei einem Fuhrwerk nur das quietschende Rad geölt wird, erhält auch im Unternehmen oftmals nur derjenige Mitarbeiter Aufmerksamkeit, der laut kundtut, er wolle gehen. Wenn sich Personalbindungsaktivitäten nur auf diese Mitarbeiter beschränken, führt dies zu unsystematischem Aktionismus; insbesondere werden diejenigen Beschäftigten vernachlässigt, die ohne vorherige Ankündigung ihr Kündigungsschreiben einreichen, aber für das Unternehmen wichtige Aufgaben erfüllen. Vonnöten ist daher ein vorausschauendes, strategisch kompetentes Vorgehen in der Personalbindung.

Theoretische Basis: Ressourcenbasierter Ansatz

Eine gute theoretische Basis für ein solches strategisch angelegtes Personalbindungskonzept liefert der sogenannte ressourcenbasierte Ansatz (vgl. Barney 1991; Wernerfelt 1984). Der ressourcenbasierte Ansatz geht davon aus, dass Unternehmen innerhalb einer

Industrie sehr heterogen aufgestellt sein können im Hinblick auf ihre Ressourcen, und dass diese Ressourcenunterschiede nicht kurzerhand ausgeglichen werden können (vgl. Barney 1991, S. 101). Zu diesen Unternehmensressourcen zählen selbstverständlich auch das Wissen und die Fähigkeiten der Mitarbeiter eines Unternehmens (vgl. auch Scholz 2011, S. 147 ff.). Seine individuelle Ressourcenausstattung ermöglicht es dem Unternehmen, langfristig strategische Wettbewerbsvorteile gegenüber der Konkurrenz aufzubauen (vgl. Wernerfelt 1984, S. 173).

Personalbindung ist vor diesem theoretischen Hintergrund die Managementfähigkeit, diejenigen Wettbewerbsvorteile zu bewahren und auszubauen, die auf der individuellen Zusammensetzung der Humanressourcen beruhen. Der ressourcenbasierte Ansatz legt dabei ein strategisch ausdifferenziertes Vorgehen nahe: Personalbindungsaktivitäten sollten sich auf diejenigen Mitarbeiter bzw. Positionen im Unternehmen beziehen, die in besonderem Maße zur Generierung dieser Wettbewerbsvorteile beitragen. Der ressourcenbasierte Ansatz geht dabei davon aus, dass (Human-)Ressourcen umso eher Wettbewerbsvorteile ermöglichen, je stärker sie dem sogenannten VRIO-Prinzip genügen (vgl. Oechsler 2011, S. 20 f., Bezug nehmend auf Barney 1991, 1995 und Penrose 1995). VRIO steht für:

- **V**aluable (wertvoll): Im Vordergrund steht hier der Wertbeitrag, den der einzelne Mitarbeiter zur strategischen Weiterentwicklung der Wettbewerbsvorteile des Unternehmens leistet (vgl. Barney 1991, S. 106). Der Leiter der Forschungs- und Entwicklungsabteilung wird wahrscheinlich schon aufgrund seiner Stellung im Unternehmen einen hohen Wertbeitrag leisten. Gleiches kann aber auch der Produktionsmitarbeiter leisten, der über das betriebliche Vorschlagswesen regelmäßig Ideen zur Effizienzsteigerung der Produktionsabläufe einbringt. In den Fokus der Personalbindungsstrategie rücken damit nicht diejenigen Mitarbeiter, die am lautesten ihren Unmut kundtun, sondern diejenigen, die substanzielle Wertbeiträge für das Unternehmen leisten.
- **R**are (selten): Die Seltenheit einer Humanressource ergibt sich aus der Verfügbarkeit ihrer Qualifikationen und Kompetenzen am Arbeitsmarkt (vgl. Stock-Homburg 2010, S. 52). Der Fachkräftemangel am deutschen Arbeitsmarkt führt dazu, dass nicht nur Fachspezialisten in vielen Branchen schwer zu rekrutieren sind, sondern dies auch auf weniger spezialisierte Tätigkeiten zutrifft (etwa Pflegekräfte im Gesundheitswesen). Im Sinne der Personalbindungsstrategie wird das Seltenheits-Kriterium konkretisiert über die anzunehmende Dauer bzw. die anzunehmenden Kosten der Wiederbesetzung einer vakanten Stelle.
- **I**nimitable (nicht imitierbar): Die Leistung eines Mitarbeiters ist vor allem dann schlecht imitierbar, wenn dieser Mitarbeiter im Laufe der Unternehmenszugehörigkeit seine Qualifikationen an die besonderen Anforderungen des Unternehmens angepasst hat (vgl. Hunt und Morgan 1995, S. 13), bzw. eine wichtige Rolle in dem komplexen sozialen Gefüge des Unternehmens einnimmt (vgl. Barney 1991, S. 110 f.). Die Experten und die Netzwerker unter den Mitarbeitern rücken damit in den Fokus von Personalbindungsmaßnahmen.
- **O**rganization (Nutzungsgrad durch die Organisation): Die fähigsten Köpfe kreieren noch keine Wettbewerbsvorteile für das Unternehmen, wenn das Unternehmen nicht

in der Lage ist, diese Mitarbeiter entsprechend ihrer Fähigkeiten betrieblich einzusetzen bzw. sie zu motivieren, ihre volle Leistungsfähigkeit für das Unternehmen einzubringen (vgl. Penrose 1995). Im Zentrum des Personalbindungs-Interesses stehen damit Mitarbeiter, die entsprechend ihrer Qualifikation eingesetzt sind und eine mindestens durchschnittliche Arbeitsleistung erbringen.

Richtet sich die Personalbindungs-Strategie am ressourcenbasierten Ansatz aus, ergibt sich ein proaktives Vorgehen: Die gesamte Mitarbeiterschaft eines Unternehmens kann auf Basis des VRIO-Ansatzes in regelmäßigen Abständen einem Personalbindungsaudit unterzogen werden (zum Instrument des Personalbindungsaudits vgl. Abschn. 4 dieses Handbuch-Kapitels). Damit erhält die Geschäftsführung die Basis, um mit den so identifizierten Mitarbeitern Gespräche zu führen bzw. weitere Maßnahmen folgen zu lassen (zu möglichen Maßnahmen vgl. Abschn. 3 dieses Handbuch-Kapitels).

2 Personal binden im Mittelstand

Vor allem für kleinere und mittlere Unternehmen stellen Eigenkündigungen der Beschäftigten ein massives Problem dar. Es fehlen oftmals die finanziellen Ressourcen für aufwendige Rekrutierungsmaßnahmen, etwa die Einschaltung einer Personalberatung, die Kandidaten für die vakante Stelle liefern könnte. Allgemein wird davon ausgegangen, dass Großunternehmen gegenüber Mittelständlern die besseren Karten haben, was die Gewinnung von kompetenten Mitarbeitern angeht (vgl. etwa Gertz 2012).

Dass Mittelständler nicht per se auf verlorenem Posten stehen, was die Beschaffung von qualifiziertem Personal angeht, zeigen u. a. Haubold et al. (2013) auf: KMU können etwa über die Bildung lokaler Netzwerke oder der Einbindung der Belegschaft („Mitarbeiter werben Mitarbeiter") ihre Position im Kampf um die besten Köpfe verbessern. Gleichzeitig sprechen empirische Befunde dafür, dass mittelständische Unternehmen unter Hochschulabsolventen als Arbeitgeber durchaus begehrt sind – in einer Studie unter deutschen Fachhochschulstudenten gaben 96 % der Befragten an, sich einen Berufseinstieg im Mittelstand vielleicht oder definitiv vorstellen zu können (vgl. von der Weth und Beckmann 2012).

Kaum von der Hand zu weisen ist eine weitere Besonderheit des Personalmanagements in kleinen und mittleren Unternehmen: Eigene Personalexperten oder gar Personalabteilungen gibt es in Unternehmen mit weniger als 100 Mitarbeitern zumeist nicht (vgl. Bröckermann 2009, S. 4). In diesen Unternehmen wird die Personalarbeit in der Regel vom Geschäftsführer als Nebenaufgabe mit erledigt (vgl. Heybrock et al. 2011, S. 3).

Die geringe Institutionalisierung des Personalmanagements geht häufig einher mit einer geringeren Budgetierung von Personalaufgaben. Vor allem langfristige Investitionen in die bessere Positionierung des Unternehmens auf dem Arbeitsmarkt werden im Mittelstand selten getätigt (vgl. Jäger und Kaltenstein 2009, S. 87).

Dass das Personalmanagement in KMU in den Händen der Geschäftsführung liegt, muss in Bezug auf die Personalbindung kein Nachteil sein: Gute Mitarbeiter an das Unternehmen zu binden wird in diesen Unternehmen zur Chefsache, statt von einer – gegebenenfalls technokratisch vorgehenden – Personalabteilung abgewickelt zu werden. Der Geschäftsführer kann seine Rolle als Leitfigur im Unternehmen dazu einsetzen, um beim Mitarbeiter das affektive Commitment zu stärken, also die gefühlsbezogene Seite der Verbundenheit des Beschäftigten mit dem Unternehmen (zur Rolle des affektiven Commitments in der Mitarbeiterbindung vgl. Gmür 2009, S. 863). Wenn der oberste „Chef" im Vier-Augen-Gespräch dem Mitarbeiter glaubwürdig mitteilt, wie sehr er die Arbeitsleistung dieses Beschäftigten schätzt, dürfte dies eine deutliche Wirkung auf die Personalbindung haben. Empirische Studien zeigen einen positiven Zusammenhang zwischen positivem Feedback und Verbleibe-Absicht im Unternehmen (vgl. etwa Belschak und Den Hartok 2008).

Weiterhin günstig für die Personalbindung in KMU ist die geringe Anonymität innerhalb der Belegschaft. Aufgrund flacher Hierarchien und i. d. R enger räumlicher Zusammenarbeit sind die Mitarbeiter „bekannt" in dem Sinne, dass das Management ein klares Bild zu Arbeitspräferenzen und -einstellungen jedes Beschäftigten hat. Befindet sich das Unternehmen im ländlichen Raum, ist häufig zudem das persönliche Umfeld der Mitarbeiter bekannt. Dadurch ergibt sich für das Unternehmen die Chance, Fluktuationsrisiken frühzeitig zu erkennen und darauf zu reagieren. Wird etwa der Vater der schier unersetzlichen Chefsekretärin zum Pflegefall, könnte die Geschäftsführung im KMU im persönlichen Gespräch klären, ob etwa eine Verlagerung der Arbeitszeiten zur besseren Vereinbarkeit privater und beruflicher Pflichten beiträgt. In einem Großunternehmen mit hoher Distanz zwischen Vorgesetzten und Mitarbeitern wird es u. U. zu einem solchen Gespräch nie kommen.

Ein weiterer wesentlicher Vorzug der kleinen gegenüber den großen Unternehmen liegt in der höheren Flexibilität, was Personalbindungsmaßnahmen angeht: In Großunternehmen sind personalwirtschaftliche Maßnahmen von der Entgeltgestaltung bis zur Personalentwicklung starr reglementiert. Individuelle Lösungen, die den einzelnen Mitarbeiter zum Verbleib im Unternehmen motivieren könnten, werden aufgrund der dadurch entstehenden „Präzedenzfälle" der Ungleichbehandlung der Beschäftigten von Personalexperten wie Betriebsräten gleichermaßen mit Argusaugen gesehen. In der Praxis ergibt sich in Großunternehmen dadurch der absurd klingende Fall, dass ein Vorgesetzter alles daran setzt, einen Mitarbeiter zu halten, am Ende aber an den starren Vorgaben des Personalmanagements scheitert und den Mitarbeiter ziehen lassen muss. In mittleren und kleineren Unternehmen ist der Spielraum für Einzelfall-Lösungen hingegen groß, da hier Dinge wie etwa der Zugang zu Personalentwicklungsmaßnahmen nicht rechtlich bindend in Betriebsvereinbarungen geregelt sind.

Aus den weniger bürokratischen Strukturen im Mittelstand ergeben sich als weiterer Vorteil gegenüber Großunternehmen kurze Reaktionszeiten: Ein wankelmütiger Mitarbeiter wird sich dann zum Bleiben motivieren lassen, wenn er sieht, dass zügig Fakten geschaffen werden. Dafür hat im KMU der Geschäftsführer das Mandat. In Großunternehmen müssen hingegen Einzelmaßnahmen der Personalbindung von verschiedensten Fachexperten genehmigt werden, was i. d. R Zeit kostet. Dies erzeugt beim Mitarbeiter den Eindruck, den hehren Worten würden keine Taten folgen.

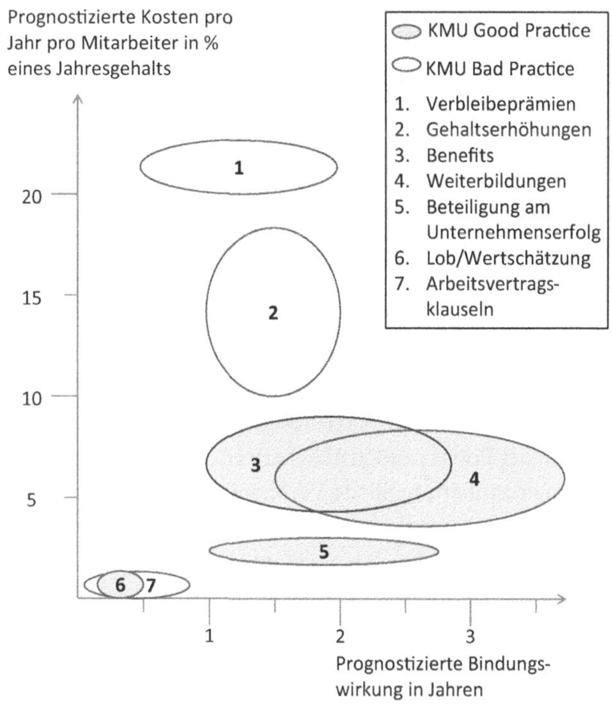

Abb. 7.1 Prognose von Kosten und Wirkung verschiedener Personalbindungsmaßnahmen. (Quelle: eigene Darstellung)

Zusammenfassend lässt sich sagen, dass kleine und mittlere Unternehmen trotz des evidenten Handicaps eines geringeren Personalbudgets ihre geringe Größe als Vorteil für die Personalbindung ausspielen können; mit welchen Best Practices dies geschehen kann, soll im nachfolgenden Abschnitt diskutiert werden.

3 Best Practices der Personalbindung im Mittelstand

Mitarbeiter können auf unterschiedlichen Wegen an das Unternehmen gebunden werden. In der Literatur finden sich vielfältige Auflistungen von einzelnen Methoden bzw. Strategien (vgl. z. B. Bertrand und Wörmann 2013). Abbildung 7.1 unternimmt den Versuch einer Klassifizierung dieser Maßnahmen, die im Folgenden dann genauer erläutert werden soll.

Verbleibeprämien

Zeichnet sich im Mitarbeitergespräch ab, dass ein wichtiger Mitarbeiter mit dem Gedanken spielt, das Unternehmen zu verlassen, löst dies bei vielen Chefs den Reflex aus: Ich muss ihm mehr Geld zahlen! In der Tat werden häufig Gehaltserhöhungen und Verbleibeprämien gezahlt, um Mitarbeiter an das Unternehmen zu binden (vgl. auch Huf 2012).

Verbleibeprämien werden gezahlt, um wichtige Mitarbeiter über einen definierten Zeitraum im Unternehmen zu halten. Die Prämien werden vertraglich hinterlegt – d. h., der Mitarbeiter verpflichtet sich im Gegenzug für die Zahlung einer bestimmten Summe, mindestens bis zu einem definierten Stichtag im Unternehmen zu bleiben. Die Prämien können genutzt werden, um wichtige Terminarbeiten fristgerecht zum Abschluss zu bringen (vgl. Bertrand und Wörmann 2013, S. 310), oder nach einer Unternehmensübernahme im Unternehmen wichtige Mitarbeiter des akquirierten Unternehmens an Bord zu halten – so geschehen etwa bei der Übernahme von Mannesmann durch Vodafone in 2000. Im Vodafone-Fall zogen die Prämien aufgrund ihrer Höhe von insgesamt 51 Mio. € allerdings ein Verfahren wegen Untreue nach sich (vgl. Handelsblatt, 15.10.2005).

Verbleibeprämien sind für Unternehmen eine kostspielige Angelegenheit: Auch wenn der Fall Vodafone nur die Spitze des Eisbergs ist, so muss doch mit Kosten von ca. 20 % eines Mitarbeiter-Jahresgehaltes gerechnet werden. Gleichzeitig ist die Bleibewirkung gering: In der Praxis werden üblicherweise Verbleibefristen von wenigen Monaten bis zu zwei Jahren vereinbart. Explizite Verbleibeprämien haben zudem den Nachteil, dass sie nur extrinsisch motivieren, bis zu einem definierten Datum im Unternehmen zu verbleiben. In der Folge entsteht bei den so gebundenen Mitarbeitern eine Art Söldner-Mentalität, die in der Praxis den Mitarbeiter-Kollegen nicht verborgen bleibt und somit negative Effekte auf das Betriebsklima wahrscheinlich macht. In Anbetracht dieser Nachteile können Verbleibeprämien als Instrument der Mitarbeiterbindung kleinen und mittleren Unternehmen nicht empfohlen werden.

Gehaltserhöhungen

Eine Gehaltserhöhung als Personalbindungsmaßnahme zeichnet sich dadurch aus, dass sie außerhalb eines möglicherweise definierten Gehaltserhöhungs-Turnus vollzogen wird und nur ausgewählte Mitarbeiter betrifft. Um eine Bindungswirkung zu entfalten, muss die Erhöhung bedeutsam ausfallen: Einem unter Personalmanagern häufig genannten Erfahrungswert zufolge versuchen Beschäftigte bei dem Wechsel in ein neues Unternehmen ein Gehaltsplus von ca. 20 % zu realisieren (vgl. Bröckermann 2009, S. 125). Zwar kann dieses Gehaltsplus auch als Kompensation für die erkaufte Jobunsicherheit aufgrund der durchzustehenden Probezeit verstanden werden; nichtsdestotrotz wird ein „Gegengebot" des alten Arbeitgebers, welches unter 10 % liegt, keine Anreizwirkung entfalten können.

Die Gehaltserhöhung als alleiniges Bindungsinstrument besitzt neben den erwähnten hohen Kosten noch verschiedene andere Nachteile. Erstens zeigen wissenschaftliche Studien einen eher schwachen Einfluss von Gehaltserhöhungen auf die Bleibe-Motivation von Mitarbeitern (vgl. z. B. Tekleab et al. 2005). Zweitens ist anzunehmen, dass die Bindungswirkung einer Gehaltserhöhung verhältnismäßig kurz ist: Bei der nächsten oder übernächsten Verhandlungsrunde wird der Mitarbeiter wahrscheinlich mit ähnlichen Forderungen wieder an den Arbeitgeber herantreten. Drittens hat der Arbeitgeber keine Gewähr, dass der Mitarbeiter trotz Gehaltserhöhung im Unternehmen bleibt, und ein

Rückzahlungsanspruch der gewährten Gehaltserhöhung ist rechtlich nicht zulässig, sollte der Beschäftigte die Unternehmung nur wenige Monate später verlassen. Angesichts der diskutierten Nachteile gilt für die Gehaltserhöhungen das Gleiche wie für die bereits diskutierten Verbleibeprämien: Als Instrument der Mitarbeiterbindung sind sie für sich genommen für KMU nicht empfehlenswert.

Benefits

Als Instrumente der Personalbindung weniger problembehaftet sind die sogenannten Benefits, auch nicht-monetäre Gehaltsbestandteile genannt. Hierzu zählen klassischerweise Vergünstigungen wie Dienstwagen und Kantinenessen (vgl. Bröckermann 2009, S. 240). Für die Personalbindung interessant sind allerdings nicht alle Benefits gleichermaßen, sondern vor allem die folgenden drei Subgruppen:

- An Betriebszugehörigkeit gekoppelte Benefits: Hier sei das Beispiel einer Unternehmensberatung angeführt, die für ihre Mitarbeiter Beiträge in einen Pensionsfonds einzahlt; ein Anrecht auf die vollen Beträge erhält ein Mitarbeiter in dieser Beratungsgesellschaft allerdings erst, wenn er mindestens vier Jahre dort tätig war. Im Prinzip kann eine Vielzahl der typischen Vergünstigungen an eine Mindest-Betriebszugehörigkeit gekoppelt werden.
- Benefits zur Erhöhung der faktischen Bindung: Weiterhin interessant im Sinne der Personalbindung sind Benefits, die nicht nur die psychologische, sondern auch die faktische Bindung des Mitarbeiters an das Unternehmen erhöhen. Als Beispiel sei hier eine im ländlichen Raum angesiedelte Vertriebsgesellschaft genannt, die ihren Mitarbeitern eine Wohnbauprämie zahlt, wenn diese Wohnraum im Umkreis von 20 km um den Firmensitz herum erwerben oder bauen.
- Maßgeschneiderte Benefit-Pakete: Die Bindung erhöhen Angebote, die auf die konkrete Lebenssituation der Beschäftigten zugeschnitten sind. Der Wochenendpendler wird vielleicht eher an einer Bahncard 100, die berufstätige Mutter hingegen an der Kostenübernahme der Kinderbetreuungskosten interessiert sein. In größeren Unternehmen werden solche Auswahlmöglichkeiten durch sogenannte Cafeteria-Modelle (d. h., jeder nimmt sich, was er mag) umgesetzt (vgl. Bröckermann 2009, S. 325).

Bei der Einführung von Benefits sollten sich kleine und mittlere Unternehmen über zwei Dinge im Klaren sein. Zum einen gilt es zu bedenken, dass einmal gewährte Benefits nicht ohne Weiteres nach mehreren Jahren vom Arbeitgeber wieder zurückgenommen werden können. Rechtlich spricht man hier von der sogenannten betrieblichen Übung. So darf z. B. ein Mitarbeiter, dem über drei Jahre hinweg jeweils eine Bahncard 100 vom Arbeitgeber kostenfrei bereit gestellt wurde, aus dem Verhalten des Arbeitgebers ableiten, dass dieser die Bahncard auch in Zukunft finanzieren wird; ihm entsteht dadurch ein einklagbares Recht (vgl. Bittmann und Mujan 2013). Zum anderen werden Benefits von Mitarbeitern zumeist als eine Leistung betrachtet, die allen Beschäftigten – zumindest aber allen Beschäftigten einer Hierarchiestufe – gleichermaßen zustehen sollte. Werden Benefits allerdings den Empfehlungen des zuvor erläuterten ressourcenbasierten Ansatzes folgend nur einzelnen „zu bindenden" Mitarbeitern offeriert, sorgt dies unter den übrigen Kollegen schnell für Empörung, nach dem Motto: „Warum der und nicht wir?". Es erscheint daher in diesem Fall ratsam, über gewährte Benefits zwischen den Beteiligten Stillschweigen zu vereinbaren.

Weiterbildung

Investitionen in Weiterbildung sind eine weitere wichtige Möglichkeit für KMU, um Mitarbeiter längerfristig an das Unternehmen zu binden (vgl. auch van Bentum 2013, S. 339 ff.). Vom Arbeitgeber bezahlte Weiterbildungen erhöhen die psychologische Verbundenheit des Mitarbeiters mit dem Unternehmen: Dem Beschäftigten wird signalisiert, dass man seine Arbeit wertschätzt und für die Zukunft erhalten möchte. Anders als bei Gehaltserhöhungen, die sich für das Unternehmen allein in höheren Personalkosten niederschlagen, liefern Weiterbildungsinvestitionen einen Return on Investment, da der Mitarbeiter (im besten Falle) seine zusätzlich erworbenen Qualifikationen gewinnbringend im Arbeitsalltag einsetzen kann. In der Vergangenheit scheute die Mehrzahl der KMU Investitionen in Weiterbildung aufgrund der entstehenden hohen Kosten. Mittlerweile haben neun Bundesländer und der Bund Förderprogramme für Weiterbildung aufgelegt, mittels derer bis zu 80 % der Kosten aus öffentlichen Mitteln refinanziert werden können (vgl. hierzu den Überblick bei Stiftung Warentest 2013).

Von führenden Personal-Ökonomen werden Investitionen in Aus- und Weiterbildung für KMU stark befürwortet; zum einen wird auf die langfristige Erhöhung der Produktivität durch einen hohen Bildungsstand des Personals verwiesen, zum anderen auf die Möglichkeit, durch Weiterbildung sich einen eigenen Vorrat an Fachkräften aufzubauen (vgl. etwa Backes-Gellner 2008). Dem mittelständischen Praktiker bleiben dennoch häufig Zweifel:

- *Ziehen aufwendige Weiterbildungen beim Mitarbeiter nicht den Wunsch nach einer Beförderung nach sich?* Ja, aber es muss ja nicht der „Kaminaufstieg" sein: Mit der zunehmenden Flexibilisierung von Berufslaufbahnen eröffnen sich auch neue Möglichkeiten, Mitarbeitern nach Abschluss einer Weiterbildung neue und anspruchsvollere Tätigkeitsfelder abseits der klassischen Führungslaufbahn zu übertragen. Gerade in KMU mit ihren generalistischen Stellenprofilen ergeben sich hier vielfache Möglichkeiten, etwa indem weiterqualifizierten Mitarbeitern die Verantwortung für Sonderprojekte übertragen wird.
- *Wollen weiterqualifizierte Mitarbeiter nicht automatisch auch mehr Gehalt?* Auf die Forderung nach mehr Gehalt kann das mittelständische Unternehmen mit einer Auflistung der direkten und indirekten Weiterbildungskosten reagieren – der Mitarbeiter hat ja schon indirekt eine Gehaltserhöhung bekommen, indem seine Weiterbildung finanziert und/oder er von der Arbeit freigestellt wurde. Moderate Gehaltserhöhungen werden

mittelfristig dennoch notwendig sein, korrespondieren aber (wie oben dargelegt) mit höherwertigen Arbeitsergebnissen des Mitarbeiters.

- *Besteht nicht die Gefahr, dass der Mitarbeiter nach Abschluss der Maßnahme das Unternehmen verlässt?* Diese Gefahr lässt sich durch den Abschluss von Weiterbildungsverträgen mit Rückzahlungsklauseln minimieren. Nach dem Grundsatzurteil des Bundesarbeitsgerichtes vom 14.01.2009 (Aktenzeichen: 3 AZR 900/07) kann ein Arbeitgeber auf Basis eines solchen Vertrags von seinem Arbeitnehmer verlangen, dass dieser die Kosten einer Weiterbildung rückerstattet, sollte er binnen einer bestimmten Frist das Unternehmen verlassen. Dabei gelten bestimmte Regelwerte für die Bindungsdauer: Bei einer Fortbildungsdauer von sechs bis zwölf Monaten liegt die Bindungsdauer bei bis zu drei Jahren, bei einer Fortbildungsdauer von mehr als zwei Jahren liegt die Bindungsdauer bei fünf Jahren (vgl. o. V. 2013a)

Beteiligung am Unternehmenserfolg

Die Beteiligung am Unternehmenserfolg ist eine Bindungsmaßnahme, die seit vielen Jahren bekannt ist und von vielen großen Unternehmen seit Jahren praktiziert wird. Von einer Kapitalbeteiligung über eine Umsatzbeteiligung bis zur Gewinnbeteiligung sind hier verschiedene Ausgestaltungsformen denkbar (vgl. für einen Überblick Fritz und Schneider 2013). Für Mittelständler bietet sich insbesondere die Gewinnbeteiligung an, da die Mitarbeiter in guten Jahren durch dieses Instrument ein hohes Jahresentgelt realisieren können, das Unternehmen aber in schlechten Jahren keine erhöhten Lohnkosten hat. Einer Studie des Kölner Instituts der deutschen Wirtschaft zufolge sind Gewinnbeteiligungen in kleineren Unternehmen aber noch ausbaufähig (vgl. Lesch und Stettes 2008): Unter den Unternehmen mit 5–100 Beschäftigten boten nur 26 % eine Gewinnbeteiligung an (gegenüber 41,5 % in der Größenklasse 101–199 Beschäftigte).

Lob und Wertschätzung

In empirischen Studien finden sich vielfach Belege für die positive Wirkung von Lob und Wertschätzung auf die Bleibemotivation von Mitarbeitern (vgl. etwa Kyndt et al. 2009). Obwohl dieser Zusammenhang in trivialer Weise einleuchtend ist, klagen deutsche Arbeitnehmer vielfach über einen Mangel an Lob am Arbeitsplatz: Die von der Beratungsgesellschaft Gallup 2012 durchgeführte Studie zum Engagement Index zeigte etwa, dass nur 9 % der emotional nicht ans Unternehmen gebundenen Mitarbeiter der Ansicht sind, ihr Chef sei offen für ihre Ideen und Vorschläge (bei den emotional gebundenen Mitarbeitern waren dies 85 %); vgl. o. V. (2013b). Es kann allerdings davon ausgegangen werden, dass die Wirkung eines einzelnen Lobs auf die Bleibemotivation eines Mitarbeiters gering ist – am Ende wirkt Wertschätzung nur, wenn diese in der Unternehmenskultur verankert und täglich gelebt wird (vgl. auch die Ausführungen von Schaaf 2013).

Arbeitsvertragsklauseln

Wesentlich weniger aufwendig als ein ständiges Bemühen um die Wertschätzung von Mitarbeitern ist es, wenn man Mitarbeiter durch lange Kündigungsfristen faktisch vom Gehen abhält: Eine Kündigungsfrist von sechs oder gar neun Monaten zum Quartalsende erschwert es Jobsuchenden, eine neue Stelle in einem anderen Unternehmen anzunehmen (vgl. Bertrand und Wörmann 2013, S. 311 f.). Darüber hinaus kann in den Vertrag eine Klausel zum nachvertraglichen Wettbewerbsverbot eingefügt werden. Eine solche Klausel verbietet es dem Arbeitnehmer, im Zeitraum von bis zu 24 Monaten nach Beendigung des Arbeitsverhältnisses für ein Konkurrenzunternehmen tätig zu werden (zu den Details vgl. Bauer und Diller 2009).

Die genannten Klauseln verlängern zwar die reine Betriebszugehörigkeit, aber beeinflussen die psychologische Verbundenheit des Mitarbeiters mit dem Unternehmen nicht notwendigerweise in eine positive Richtung. Für die o. g. arbeitsvertraglichen Klauseln gilt im Gegenteil, dass sie eine eher abschreckende Wirkung auf potenzielle Mitarbeiter haben bzw. bei Mitarbeitern, die gutgläubig und ohne genauere Lektüre der einzelnen Paragrafen des Arbeitsvertrages diesen unterschrieben haben, das Gefühl hervorrufen, „geknebelt" worden zu sein (vgl. Bertrand und Wörmann 2013, S. 311). Aufgrund ihrer einseitigen Bindungswirkung kann für KMU die Empfehlung ausgesprochen werden, diese juristischen Instrumente nicht als primäre Bindungsmaßnahme einzusetzen.

$\sum$ (Good Practices) = Best Practice?

Die obigen Ausführungen haben deutlich gemacht: Es gibt eine Reihe von Bindungsmaßnahmen (in Abb. 7.1 grau eingefärbt), in die es sich für KMU zu investieren lohnt. Allerdings sollte daraus nicht der Schluss gezogen werden, dass die pauschale Umsetzung der genannten Maßnahmen für jedes Unternehmen die gleichen positiven Effekte auf die Mitarbeiterbindung hat.

Einmal mehr soll hier auf die Annahme des ressourcenbasierten Ansatzes verwiesen werden: Wie im Einleitungsteil dieses Kapitels dargestellt, geht diese Theorie davon aus, dass die Ressourcenausstattung eines Unternehmens höchst individuell ist, und gerade diese Individualität die Grundlage für Wettbewerbsvorteile darstellt. Folglich besteht ein „Best Practice"-Vorgehen in der Mitarbeiterbindung für mittelständische Unternehmen darin, aus dem dargestellten Portfolio an Maßnahmen diejenigen sinnvoll zu kombinieren, die den Bedürfnissen der zu bindenden Mitarbeiter am ehesten entsprechen. Das nachfolgende Unternehmensbeispiel soll verdeutlichen, wie so ein Personalbindungs-Mix aussehen kann.

Fallbeispiel: *Offensive Mitarbeiterbindung in der IT-Branche*

Ein stark wachsendes IT-Unternehmen mit 70 Mitarbeitern, angesiedelt in einer IT-affinen Großstadt und spezialisiert auf die Programmierung von Datenbanken, kämpfte mit einer hohen Fluktuation und einer entsprechend niedrigen Betriebszugehörigkeit von durchschnittlich unter zwei Jahren unter den IT-Experten. Als Gründe für die hohe Fluktuation wurden von scheidenden Mitarbeitern die attraktiven beruflichen Weiterentwicklungsmöglichkeiten in Konkurrenz-Unternehmen in der gleichen Stadt sowie die leicht unterdurchschnittliche Vergütung im Unternehmen angegeben.

Das Unternehmen prüfte zunächst eine Anhebung der Vergütung für einen ausgewählten Kreis an IT-Experten, verwarf diesen Plan jedoch aufgrund der zu hohen Kosten. Stattdessen erarbeitete man eine Strategie der offensiven Mitarbeiterbindung für eine Kerngruppe von IT-Expertenpositionen, bestehend aus folgenden Instrumenten:

Probezeitgespräch: Vier Monate nach Arbeitsbeginn wurde mit neu eingestellten IT-Experten im Probezeitgespräch offensiv die Frage diskutiert: „Was müssen wir tun, um Sie mindestens drei Jahre im Unternehmen zu halten?"; anschließend wurden verschiedene Maßnahmen v. a. im Bereich Weiterbildung diskutiert, die innerhalb der nächsten drei Monate angeschoben bzw. umgesetzt wurden.

Weiterbildungsverträge: Mitarbeiter werden aufgrund großzügiger Arbeitsfreistellungen dazu motiviert, längerfristige thematische Weiterbildungen zu besuchen; das Unternehmen kümmert sich um die höchstmögliche Förderung der jeweiligen Weiterbildung (durch Bund bzw. Bundesland); es wird jeweils ein Weiterbildungsvertrag mit entsprechenden Rückzahlungsklauseln vereinbart.

Gewinnbeteiligung: IT-Experten werden am Handelsbilanzgewinn beteiligt; vom veranschlagten Anteil werden 50 % direkt ausgezahlt, die anderen 50 % gehen in die Investiv-anlage, um damit langfristig eine Kapitalbeteiligung der einzelnen Mitarbeiter aufzubauen.

Durch die genannten Maßnahmen konnte die Betriebszugehörigkeit der IT-Experten auf drei Jahre erhöht werden. Als positiver Nebeneffekt wurde erreicht, dass sich das Unternehmen in der Stadt unter IT-Experten einen Ruf als „guter Arbeitgeber" aufbaute, sodass auf ausgeschriebenen Stellen mehr qualifizierte Bewerbungen generiert werden konnten.

4 Personalbindungsaudit als Analyse-Instrument

Wie im einführenden Teil zu diesem Handbuch-Kapitel erläutert, basieren die hier vorgestellten Überlegungen auf dem ressourcenbasierten Ansatz, der stark auf die individuelle Zusammensetzung von Ressourcen zur Generierung von Wettbewerbsvorteilen abhebt. Weiter oben wurde bereits das VRIO-Prinzip erläutert. Das VRIO-Prinzip kann dazu herangezogen werden, um die individuelle Bedeutung eines Mitarbeiters für die Gesamtheit der Humanressourcen eines Unternehmens zu bemessen. Hinterlegt man das VRIO-Prinzip mit einem Entscheidungsbaum, so erhält man ein theoriebasiertes, praktisch leicht einsetzbares Instrument zur Identifikation zu bindender Mitarbeiter. Dieses Instrument soll im Folgenden als Personalauditbogen bezeichnet werden.

Der in Abb. 7.2 dargestellte Personalauditbogen versteht sich als exemplarische Umsetzung des VRIO-Entscheidungsbaums. Die hinterlegten einzelnen Fragen müssen je

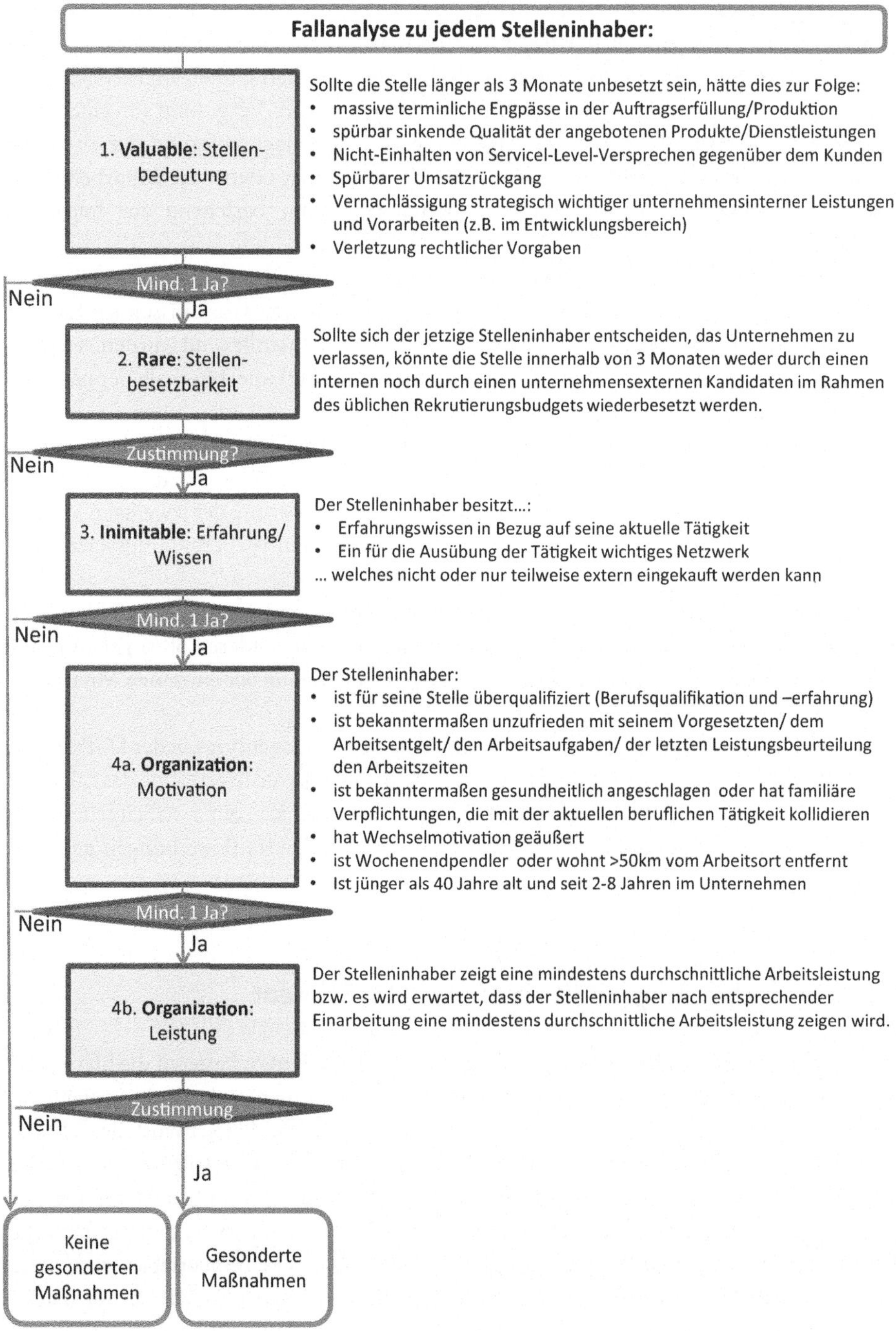

Fallanalyse zu jedem Stelleninhaber:
1. Valuable: Stellenbedeutung
Sollte die Stelle länger als 3 Monate unbesetzt sein, hätte dies zur Folge:
• massive terminliche Engpässe in der Auftragserfüllung/Produktion
• spürbar sinkende Qualität der angebotenen Produkte/Dienstleistungen
• Nicht-Einhalten von Servicel-Level-Versprechen gegenüber dem Kunden
• Spürbarer Umsatzrückgang
• Vernachlässigung strategisch wichtiger unternehmensinterner Leistungen und Vorarbeiten (z.B. im Entwicklungsbereich)
• Verletzung rechtlicher Vorgaben
Mind. 1 Ja?
Nein
Ja
2. Rare: Stellenbesetzbarkeit
Sollte sich der jetzige Stelleninhaber entscheiden, das Unternehmen zu verlassen, könnte die Stelle innerhalb von 3 Monaten weder durch einen internen noch durch einen unternehmensexternen Kandidaten im Rahmen des üblichen Rekrutierungsbudgets wiederbesetzt werden.
Zustimmung?
Nein
Ja
3. Inimitable: Erfahrung/ Wissen
Der Stelleninhaber besitzt...:
• Erfahrungswissen in Bezug auf seine aktuelle Tätigkeit
• Ein für die Ausübung der Tätigkeit wichtiges Netzwerk
... welches nicht oder nur teilweise extern eingekauft werden kann
Mind. 1 Ja?
Nein
Ja
4a. Organization: Motivation
Der Stelleninhaber:
• ist für seine Stelle überqualifiziert (Berufsqualifikation und –erfahrung)
• ist bekanntermaßen unzufrieden mit seinem Vorgesetzten/ dem Arbeitsentgelt/ den Arbeitsaufgaben/ der letzten Leistungsbeurteilung den Arbeitszeiten
• ist bekanntermaßen gesundheitlich angeschlagen oder hat familiäre Verpflichtungen, die mit der aktuellen beruflichen Tätigkeit kollidieren
• hat Wechselmotivation geäußert
• ist Wochenendpendler oder wohnt >50km vom Arbeitsort entfernt
• Ist jünger als 40 Jahre alt und seit 2-8 Jahren im Unternehmen
Mind. 1 Ja?
Nein
Ja
4b. Organization: Leistung
Der Stelleninhaber zeigt eine mindestens durchschnittliche Arbeitsleistung bzw. es wird erwartet, dass der Stelleninhaber nach entsprechender Einarbeitung eine mindestens durchschnittliche Arbeitsleistung zeigen wird.
Zustimmung
Nein
Ja
Keine gesonderten Maßnahmen
Gesonderte Maßnahmen

Abb. 7.2 Personalbindungsaudit. (Quelle: eigene Darstellung)

nach Branche/Unternehmen adaptiert werden, um eine adäquate Klassifizierung zu erhalten. Der Bogen sollte von der Geschäftsführung bzw. dem direkten Vorgesetzten für jeden Mitarbeiter einzeln ausgefüllt werden. Wesentliche demografische Informationen können aus dem Personalinformationssystem zugeliefert werden. Die Einschätzung zur Stellen-Nachbesetzbarkeit kann über Erfahrungswerte oder die online verfügbaren Engpassanalyse-Statistiken der Bundesagentur für Arbeit vorgenommen werden. Da vor allem die Motivation bzw. persönliche Lebenssituation der Mitarbeiter veränderlich sind, sollte ein solches Audit in regelmäßigen Abständen wiederholt werden.

Alternative Instrumente zur Identifikation zu bindender Mitarbeiter finden sich etwa bei Trost (2013, S. 32), Knoblauch und Kurz (2013) oder Schirmer (2013). Trosts Modell beschränkt sich auf die beiden Dimensionen „Strategische Bedeutung für den Unternehmenserfolg" einerseits und „Verfügbarkeit am Arbeitsmarkt" andererseits. Die von Knoblauch und Kurz propagierte Einteilung der Beschäftigten in A-, B- und C-Mitarbeiter fokussiert ausschließlich auf das Kriterium Arbeitsleistung und greift damit zu kurz. Schirmer (2013) schlägt ein Scoring-Modell vor, welches zwar viele aus ressourcenbasierter Sicht wichtige Elemente beinhaltet, allerdings die Einzigartigkeit der Ressource (und damit seine Wiederbeschaffbarkeit auf dem Arbeitsmarkt) außen vor lässt.

Unabhängig davon, ob das hier dargestellte Personalbindungsaudit oder ein anderes Analyse-Instrument genutzt wird, hat eine solche Analyse einen wesentlichen Nebennutzen: Sie liefert fundierte Informationen zu den Personalrisiken Austrittsrisiko und Engpassrisiko, die nach den Regelwerken Basel II und III sowie dem Gesetz zur Kontrolle und Transparenz im Unternehmensbereich gefordert werden (vgl. Kobi 2012).

5 Anhang

Weblink

http://www.dgfp.de/wissen/themen/personalbetreuung-und-mitarbeiterbindung/mitarbeiterbindung-dem-fachkraeftemangel-erfolgreich-begegnen
Themenseite der Deutschen Gesellschaft für Personalführung zur Personalbindung

Weiterführende Literatur

Felfe, J. (2008). Mitarbeiterbindung. Göttingen – liefert einen gut lesbaren Einblick in die psychologischen Grundlagen von Mitarbeiterbindung

Wucknitz, U. D., und Heyse, V. (2008). Retention Management: Schlüsselkräfte entwickeln und binden. Münster – enthält viele praktische Hinweise zur Implementierung

Literatur

Backes-Gellner, U. 2008. Zur Logik betrieblicher Qualifizierungsstrategien im internationalen Vergleich – Betriebliche Aus- und Weiterbildung als optimale Vorratshaltung. Economics of Education Working Paper Series. Zürich.

Barney, J. 1991. Firm resources and sustained competitive advantage. *Journal of Management* 17 (1): 99–120.

Barney, J. 1995. Looking inside for competitive advantage. *Academy of Management Executive* 9 (4): 49–65.

Bauer, J.-H., und M. Diller. 2009. *Wettbewerbsverbote* (5. Aufl.). München.

Becker, F. 2010. Mitarbeiterbindung: Ein Einblick in ein schwieriges Objekt und den Status quo der Diskussion. In *Serviceorientierung im Unternehmen*, Hrsg. M. Bruhn und B. Stauss, 229–253. Wiesbaden.

Belschak, F. D., und D. N. Den Hartog. 2008. Consequences of positive and negative feedback: The impact on emotions and extra-role behaviors. *Applied Psychology* 58 (2):274–303.

Bentum, E. van. 2013. Personalbindung im Klein- und Mittelstand. In *Das neue Personalmarketing – Employee Relationship Management als moderner Erfolgstreiber; Bd. 3: Handbuch Personalbindung*, Hrsg. R. Bröckermann und W. Pepels, 327–346. Berlin.

Bertrand, M. H., und H.-M. Wörmann. 2013. Nachhaltig wirksame Mitarbeiterbindung im Unternehmen. In *Das neue Personalmarketing – Employee Relationship Management als moderner Erfolgstreiber; Bd. 3: Handbuch Personalbindung*, Hrsg. R. Bröckermann und W. Pepels, 305–326. Berlin.

Bittmann, B., und S. Mujan. 2013. Heute Anreize schaffen – für morgen vorbeugen; variable Vergütung richtig gestalten. *Personalführung* 9:90–91.

Bouncken, R. 2012. Zeit der Zeitarbeit – der Personaldienstleister von morgen. Vortrag auf dem Arbeitgebertag am 14. Juni 2012 in Berlin.

Bröckermann, R. 2009. *Personalwirtschaft* (5. Aufl.). Stuttgart.

Bröckermann, R. 2013. Personalbindung: Hype oder Notwendigkeit, Aktionismus oder Konzeption? In *Das neue Personalmarketing – Employee Relationship Management als moderner Erfolgstreiber. Bd. 3: Handbuch Personalbindung*, Hrsg. R. Bröckermann und W. Pepels, 12–27. Berlin.

Bundesagentur für Arbeit. 2011. *Arbeitsmarkt*. Nürnberg.

Bundesagentur für Arbeit. 2012. *Analytikreport der Statistik*. Juni 2012. Nürnberg.

Fritz, S., und H. J. Schneider. 2013. *Erfolgs- und Kapitalbeteiligung. Vom Mitarbeiter zum Mitunternehmer* (7. Aufl.). Düsseldorf

Gertz, W. 2012. Mittelständler ziehen den Kürzeren. *Personalwirtschaft* 2:S. 18–21.

Gröll, S. 2009. *Zur Bedeutung des Retainments als essentieller Teil eines effizienten Personalmanagements*. München.

Haubold, A.-K., R. von der Weth, und W. Beckmann. 2013. Personaleinsatz in kleinen und mittleren Unternehmen. In *Das neue Personalmarketing – Employee Relationship Management als moderner Erfolgstreiber. Bd. 2: Handbuch Personaleinsatz*, Hrsg. R. Bröckermann und W. Pepels, 225–240. Berlin.

Harzinig, A.-W., und A. H. Pinnington. 2011. *International Human Resource Management* (3. Aufl.). Los Angeles.

Heybrock, H., R. Kreuzhof, und K. Rohrlack. 2011. *Personalmanagement in kleinen und mittleren Unternehmen. Bd. 1*. München und Mering.

Hofe, A. von. 2005. *Strategien und Maßnahmen für ein erfolgreiches Management der Mitarbeiterbindung*. Hamburg.

Hoffmann, R., B. Casnocha, und C. Yeh. 2013. Tours of duty – the new employer-employee compact. *Harvard Business Review* 6:49–57.

Huf, S. 2012. Fluktuation und Retention – Mitarbeiter im Unternehmen halten. *PERSONALquarterly* 64:46–49.
Hunt, S. D., und R. M. Morgan (1995). The comparative advantage theory of competition. Journal of Marketing 59:1–15.
Jaeger, S. 2012. *Mitarbeiterbindung: Zur Relevanz der dauerhaften Bindung von Mitarbeitern in modernen Unternehmen*. Saarbrücken
Jäger, R., und A.-S. Kaltenstein. 2009. *Employer Branding – Bedeutung im Hinblick auf den „War for Talent" in Start-Ups, KMU und Großunternehmen*. Hamburg
Knoblauch, J., und J. Kurz. 2013. *Die besten Mitarbeiter finden und halten: Die ABC-Strategie nutzen* (3. Aufl.). Frankfurt a. M.
Kobi, J.-M. 2012. Personalrisiken – Gegenlenken mit System. *Personalmagazin* 5:15–22.
Kyndt, E., F. Dochy, M. Michielsen, und B. Moeyaert. 2009. Employee retention: Organizational and personal perspectives. *Vocations and Learning* 2:195–215.
Lesch, H., und O. Stettes. 2008. *Gewinnbeteiligung – eine theoretische und empirische Analyse auf Basis des IW-Zukunftspanels. IW Analysen Nr. 35*. Köln.
McKay, P. F., D. R. Avery, S. Tonidandel, M. A. Morris, M. Hernandez, und M. R. Hebl. 2007. Racial differences in employee retention: Are diversity climate perceptions the key? *Personnel Psychology* 60 (1): 35–67.
Oechsler, W. A. 2011. *Personal und Arbeit. Grundlagen des Human Resource Management und der Arbeitgeber-Arbeitnehmer-Beziehungen*. München
o. V. 2013a Rückzahlungskosten/1 Ausbildungs- und Fortbildungskosten. http://www.haufe.de/personal/personal-office-standard/rueckzahlungsklauseln-1-ausbildungs-und-fortbildungskosten_idesk_PI78_HI663555.html (Stand: 07.09.2013).
o. V. 2013b. *Innere Kündigung bedroht Innovationsfähigkeit deutscher Unternehmen. Pressemitteilung zum Gallup Engagement Index*. Berlin.
Penrose, E. (1995). The theory of the growth of the firm (3. Aufl.). Oxford: Oxford University Press.
Pepels, W. 2013. Einzelwirtschaftliche Bedeutung des Personalbindungsmanagements. In *Das neue Personalmarketing – Employee Relationship Management als moderner Erfolgstreiber. Bd. 3: Handbuch Personalbindung*,Hrsg. R. Bröckermann und W. Pepels, 61–80. Berlin.
PricewaterhouseCoopers. 2008. *Managing people 2020*. London.
Reiche, B. S. 2007. The effect of international staffing practices on subsidiary staff retention in multinational corporations. *International Journal of Human Resource Management* 18 (4):523–536.
Reiche, B. S., und A.-W. Harzing. 2011. International Assignments. In *International Human Resource Management* (3. Aufl.), Hrsg. A.-W. Harzing und A. H. Pinnington, 185–226. Los Angeles.
Schaaf, H. 2013. Die Bedeutung der Unternehmenskultur für die Personalbindung. In *Das neue Personalmarketing – Employee Relationship Management als moderner Erfolgstreiber. Bd. 3: Handbuch Personalbindung*, Hrsg. R. Bröckermann und W. Pepels, 261–280. Stuttgart.
Schirmer, U. 2013. Retention Management: Ein integriertes Handlungskonzept. In *Das neue Personalmarketing – Employee Relationship Management als moderner Erfolgstreiber. Bd. 3: Handbuch Personalbindung*, Hrsg. R. Bröckermann und W. Pepels, 29–60. Stuttgart.
Scholz, C. 2011. *Grundzüge des Personalmanagements*. München.
Stahl, G. K., E. L. Miller, und R. L. Tung. 2002. Toward the boundaryless career: A closer look at the expatriate career concept and the perceived implications of an international assignment. *Journal of World Business* 37 (3):216–227.
Stiftung Warentest. 2013. Weiterbildung finanzieren. Unter: http://www.test.de/Weiter-bildung-finanzieren-Geld-und-Zeit-fuer-die-Bildung-4313560-4313565/ (Stand: 07.09.13).
Stock-Homburg, R. (2010). Personalmanagement: Theorien - Konzepte - Instrumente (2. Aufl.). Wiesbaden: Gabler Verlag.

Tekleab, A. G., K. M. Bartol, und W. Liu. 2005. Is it pay levels or pay raises that matter to fairness and turnover? *Journal of Organizational Behavior* 26:899–921.
Trost, A. 2013. *Talent Relationship Management. Personalgewinnung in Zeiten des Fachkräftemangels*. Heidelberg
Von der Weth, R., und W. Beckmann. 2012. *Zukunft Mittelstand. Eine Umfrage an der HTW Dresden durchgeführt vom Netzwerk Mittelstand. Unveröffentlichtes Manuskript*. Dresden: HTW Dresden.
Wernerfelt, B. 1984. A resource-based view of the firm. *Strategic Management Journal* 5 (2):171–180.
Wucknitz, U. D., und V. Heyse. 2008. *Retention Management: Schlüsselkräfte entwickeln und binden.* Münster.

Produktionsprozesse systematisch optimieren 8

Ingo Gestring

1 Ganzheitliche Produktionssysteme als systematische Ansätze zum Optimieren von Produktionsprozessen

Grundlagen und Definition

Die Einführung von Ganzheitlichen Produktionssystemen (GPS) hat in den letzten Jahren zur Steigerung der Produktivität von Unternehmen in Deutschland geführt. Bei einem Vergleich der Wettbewerbsfähigkeit amerikanischer, europäischer und asiatischer Automobilhersteller Anfang der neunziger Jahre kamen gravierende Nachteile hinsichtlich Qualität der Produkte und Prozesse, der Herstellkosten sowie der Durchlaufzeiten und der Flexibilität bei amerikanischen und europäischen Unternehmen zum Vorschein (Womack et al. 1991). Daraufhin wurde die Konzeption der Produktionsgestaltung in Anlehnung an das Toyota Produktionssystem (Ohno 1993) geändert. Dazu wurden zunächst einzelne Methoden des *Lean-Production*-Ansatzes übernommen und umgesetzt. Eine Abstimmung der einzelnen Methoden, wie dem Kontinuierlichen Verbesserungsprojekt KVP, Kanban und Just-in-time-Anlieferungen, erfolgte dann mit der zunehmenden Erfahrung bei der Implementation. Das Ergebnis ist die Konzeption von Ganzheitlichen Produktionssystemen. Diese beinhalten neben den Lean-Management-/Lean-Production-Elementen auch Ansätze des Taylorismus sowie Konzepte der Arbeitsform und Organisation (Spath 2003).

Ein Ganzheitliches Produktionssystem verknüpft Unternehmensprozesse, standardisierte Methoden sowie die strategische Unternehmensführung miteinander. Obwohl der Ursprung in der originären Produktion zu finden ist, lassen sich Prozesse der Logistik, des Qualitätsmanagements, der Instandhaltung und in Ansätzen im Personalmanagement

I. Gestring (✉)
Hochschule für Technik und Wirtschaft Dresden,
Fakultät Wirtschaftswissenschaften, Friedrich-List-Platz 1,
01069 Dresden, Deutschland
E-Mail: gestring@htw-dresden.de

A.-K. Haubold et al. (Hrsg.), *Managementkompetenzen im Mittelstand*,
DOI 10.1007/978-3-658-03448-1_8, © Springer Fachmedien Wiesbaden 2014

Abb. 8.1 Aufbau und Struktur eines Ganzheitlichen Produktionssystems nach (VDI 2870)

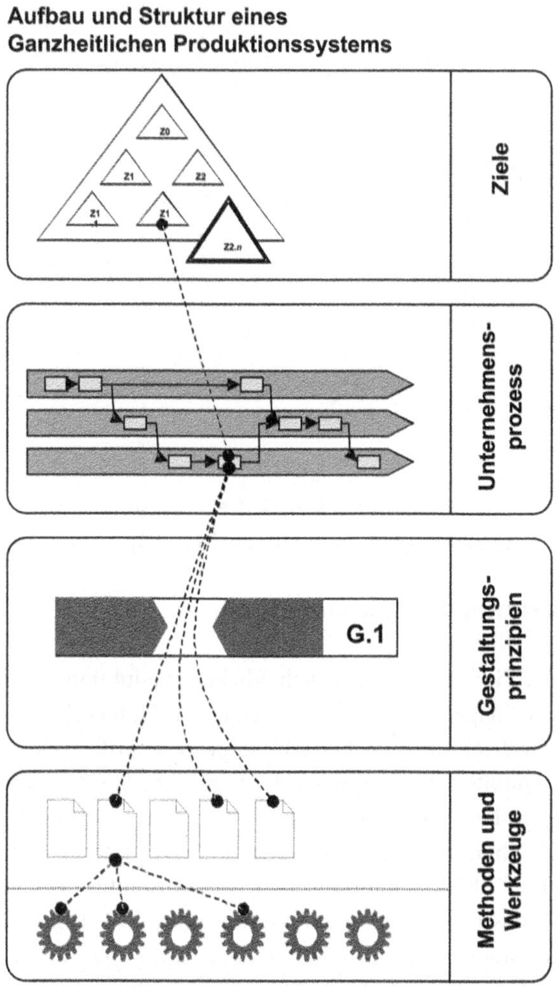

mit dem Ansatz ebenfalls strukturieren und optimieren. Mittlerweile sind die Methoden von Produktionssystemen in vielen Veröffentlichungen und Richtlinien zusammenfassend dargestellt (Baszenski 2012; Syska 2006; Ullmann 2009; VDI 2870 2013b).

Der Methodenbaukasten ist die Grundlage eines jeden Produktionssystems. Je nach Publikation umfasst dieser Baukasten zwischen 35 (VDI 2870 2013) und mehreren hundert (Baszenski 2012) Methoden (s. Abb. 8.1). Diese Methoden und Werkzeuge sind bestimmten Gestaltungsrichtlinien zugeordnet. In diesen Gestaltungsrichtlinien sind inhaltlich ähnliche bzw. sich ergänzende Methoden zusammengefasst. Diese Gestaltungsrichtlinien werden nun dazu benötigt, Ziele in bestimmten Unternehmensprozessen zu erreichen. Die geeignete Auswahl einer Methode wird demnach aus dem allgemeinen oder spezifischen Unternehmensziel und dem betroffenen Unternehmensprozess ausgewählt. Folgende

Gestaltungsrichtlinien werden nach VDI 2870 unterschieden: Standardisierung, Null-Fehler-Prinzip, Visuelles Management, Kontinuierlicher Verbesserungsprozess, Mitarbeiterorientierung und zielorientierte Führung, Fließprinzip, Pull-Prinzip und das Vermeiden von Verschwendungen. Die Methoden dieser Gestaltungsrichtlinien sind dann nach den klassischen Zielausprägungen Qualität, Kosten und Zeit differenziert. Methoden sind z. B. die Prozessstandardisierung, Kanban, das Ishikawa-Diagramm und die Nivellierung.

Ein Ziel des Unternehmens kann z. B. die Verkürzung des Auftragsabwicklungsprozesses sein. Dieses Ziel soll im Unternehmensprozess Endmontage umgesetzt werden. In diesem Fall würden Methoden der Gestaltungsrichtlinien Fließprinzip oder Pull-System umgesetzt. Innerhalb dieser Richtlinien stehen unter anderem die Methoden Wertstromplanung und Schnellrüsten zur Auswahl.

Aufwendungen und Nutzen Ganzheitlicher Produktionssysteme

Ein erfolgreiches Produktionsmanagement zeichnet sich durch eine langfristige erfolgreiche Nutzung der Produktionsfaktoren Mitarbeiter, Betriebsmittel sowie Materialien aus. Eine wichtige Kennzahl ist in diesem Zusammenhang die Produktivität. Diese Kennzahl ist wie folgt definiert (Gutenberg 1953):

$$Produktivität = \frac{Ergebnis\ der\ Faktoreinsatzmenge}{Faktoreinsatzmenge} = \frac{Arbeitsergebnismenge}{Ressourceneinsatzmenge} \quad (8.1)$$

Das Ergebnis der Faktoreinsatzmenge ist der Output eines Prozesses oder einer einzelnen Maschine, der Faktoreinsatz ist der Input. Um die Produktivität zu steigern, muss dementsprechend entweder der Output erhöht oder der Input gesenkt werden. Wächst ein Unternehmen, kann eine höhere Produktivität durch Beibehaltung des Inputs erreicht werden. Der im Unternehmen schwierigere umzusetzende Weg ist die Reduzierung des Inputs insbesondere dann, wenn es sich um Reduzierung von Arbeitsstunden und damit eventuell einhergehender Entlassungen handelt.

Das Ganzheitliche Produktionssystem greift nun in alle Produktionsfaktoren ein. Auch wenn es nicht primäres Ziel ist, dass in neue Maschinen und Anlagen im Rahmen der Einführung eines Ganzheitlichen Produktionssystems investiert wird, sind Investitionen unabdingbarer Bestandteil jeder Einführung. Mitarbeiter sind methodisch zu schulen und in gewissen Umfängen für Tätigkeiten wie z. B. KVP-Workshops von ihrer operativen Tätigkeit freizustellen. Es ist in bestimmte Hilfsmittel für das erfolgreiche Umsetzen einiger Methoden zu investieren. So sind Aufwendungen nach 5S-Workshops, in denen Ordnung, Sauberkeit und standardisierte Ablagemöglichkeiten geschaffen werden, notwendig, um einen langfristigen Erfolg sicherzustellen. Materialflüsse, die Anordnung von Maschinen und Lägern müssen eventuell neu geplant und modifiziert werden. Insgesamt ist die Einführung eines Ganzheitlichen Produktionssystems als eine Investition in die Fähigkeiten und das Wissen der Mitarbeiter, in die Kenntnisse der Unternehmensprozesse sowie als eine Investition in optimierte Abläufe anzusehen.

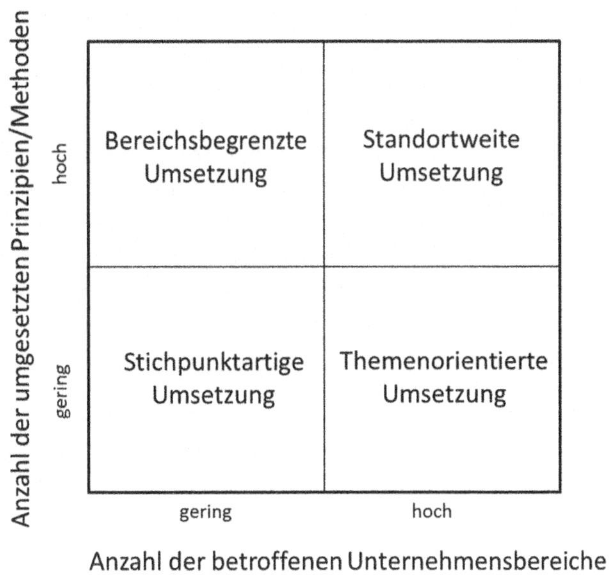

Abb. 8.2 Umsetzungsmöglichkeiten bei der Einführung eines Ganzheitlichen Produktionssystems in Anlehnung an VDI 2870

Aus Sicht des Unternehmens können mit der Einführung eines Ganzheitlichen Produktionssystems sowohl der Kundennutzen erhöht als auch die Kosten reduziert werden. Ein höherer Kundennutzen wird durch eine Steigerung der Qualität sowie eine kürzere Lieferzeit und höhere Liefertreue erreicht.

Einführung Ganzheitlicher Produktionssysteme

Bei der Einführung eines Ganzheitlichen Produktionssystems muss abgewogen werden, ob die Einführung vollständig im gesamten Unternehmen erfolgt oder nur stichpunktartig mit ausgewählten Methoden in bestimmten Unternehmensbereichen (vgl. Abb. 8.2).

Da sich Ganzheitliche Produktionssysteme aus einer Vielzahl von Methoden zusammensetzen und aufgrund ihrer Auswirkungen auf Mensch-Maschine-Material komplex zu steuern sind, ist eine Einführung aller GPS-Elemente nur unter bestimmten Voraussetzungen machbar. Es wird ein großer Ressourceneinsatz verlangt sowie ein Verständnis der Mitarbeiter über den anstehenden Veränderungsprozess.

Im Gegensatz dazu findet die stichpunktartige Umsetzung nur in bestimmten Bereichen mit ausgewählten Prinzipien und Methoden statt. Dieses verringert die Komplexität bei der Einführung sowie den erforderlichen Ressourcenaufwand. Einige Methoden werden in diesem Fall jedoch nicht ihre volle Wirkung entfalten.

Ganzheitliche Produktionssysteme werden hauptsächlich in der Automobil- und Automobilzulieferindustrie sowie in Unternehmen des Maschinen- und Anlagenbaus angewendet. Aber auch Produzenten elektronischer Bauteile und die Konsumgüterindustrie wenden verstärkt diese Konzepte an.

2 Der Nutzen von Produktionssystemen im Mittelstand

Es liegen keine gesicherten Kenntnisse darüber vor, wie viele mittelständische Unternehmen in Deutschland ein Produktionssystem eingeführt haben. In einer empirischen Studie wird für Nordrhein-Westfalen ein Wert von ca. 45 % genannt (Jödicke und Steven 2013). Die Sinnhaftigkeit einer Einführung liegt im Bereich der produzierenden Unternehmen. Im Bereich der Dienstleistungsunternehmen sind andere Ansätze zur Prozessverbesserung zu wählen.

Die Gründe für die Einführung eines Produktionssystems können externer oder interner Natur sein. Interne Gründe haben ihren Ursprung in der Verbesserung von Abläufen getrieben durch das Unternehmen/den Geschäftsführer. Veranlassen Kunden die Einführung, sind es in diesem Fall externe Gründe. Bei der externen Einführung ist in bestimmten Fällen eine Unterstützung des Kunden bei der Einführung eines GPS im Mittelstand möglich (Hladik 2013).

Dombrowski und Schmidtchen (2010) untersuchten in einer Studie mit 20 Teilnehmern die Motivation zur Einführung. Bei den internen Gründen wurden folgende Kriterien für die Einführung genannt:

- Unübersichtliche Produktion (80 %)
- Gestiegener Kostendruck (70 %)
- Qualitätsprobleme (65 %)
- Unzureichende Termintreue (60 %)

Externe Gründe sind:

- Qualität der Produkte (100 %)
- Terminbezogene Forderungen (Liefertreue, JIT) (62 %)

Die Ziele der Einführung decken sich somit mit den Zielen der einzelnen Methoden eines GPS.

Ergebnisse

Lay und Neuhaus (2005) berichten über erhebliche Produktivitätssteigerungen und Wirtschaftlichkeitsoptimierungen in Unternehmen nach Einführung eines GPS. Aus einer Studie mit 40 Teilnehmern aus Unternehmen unterschiedlicher Größe geht hervor, dass Unternehmen über folgende Verbesserungen berichten:

- Flexibilität erhöht (88 %)
- Produktivität verbessert (82 %)
- Herstellkosten gesenkt (82 %)
- Durchlaufzeit gesenkt und Liefertreue erhöht (je 75 %)

Der Einfluss auf die Fehlzeiten und die Unfallhäufigkeiten hat sich bei der Hälfte der Unternehmen verbessert, bei der anderen Hälfte konnte kein Einfluss gemessen werden.

Dombrowski und Schmidtchen (2010) berichten über Verbesserungen bei mittelständischen Unternehmen in folgenden Größenordnungen:

- Erhöhung der Flexibilität (89 %)
- Verbesserung der Termintreue (89 %)
- Erhöhung der Produktivität (73 %)
- Verbesserung im Bereich der Prozessqualität (78 %)
- Reduzierung der Durchlaufzeiten (67 %)

Die Unfallhäufigkeit konnte in 33 % der Unternehmen verbessert werden.

Ähnliche Resultate berichten auch Jödicke und Steven (2012). Eine höhere Produktivität, eine gestiegene Liefertreue bei einer reduzierten Durchlaufzeit, Kosteneinsparungen und Flexibilitätssteigerung sind auch in dieser Studie der Hauptnutzen, über die mittelständische Unternehmen berichten. Damit sind die Ziele der Unternehmen bezüglich der Einführung, die Ziele der einzelnen Methoden sowie der Nutzen für die Unternehmen übereinstimmend. Mittelständische Unternehmen können durch eine gezielte Einführung von GPS ihre Wettbewerbsfähigkeit durch einen höheren Kundennutzen (Produktqualität, höhere Liefertreue und Flexibilität) und durch Kostensenkungen langfristig steigern.

Nutzen/Aufwand

Bevor der Nutzen eines GPS ersichtlich ist, müssen zunächst Voraussetzungen dafür geschaffen werden. Dieses bedeutet vor allen Dingen Geld für Investitionen in Mitarbeiter. Jödicke und Steven (2012) berichten über folgende Kostenfaktoren eines GPS. Die Unternehmen beurteilen folgende Kosten als sehr hoch:

- Qualifikation von Mitarbeitern (76,0 %)
- Einsatz von Mitarbeitern (70,4 %)
- Einsatz von externen Beratern (59,2 %)
- Einsatz von Hilfsmitteln (40,8 %)
- Einsatz von Betriebsmitteln (39,4 %)

Damit ist die Einführung eines GPS nicht eine Methodik, um in neue Maschinen und Anlagen zu investieren, es ist gerade im Mittelstand eine Qualifikations- und Verhaltensänderungsschulung sowie eine organisatorische Aufgabe, Mitarbeiter gezielt für Verbesserungsprojekte freizustellen. Der Einsatz von externen Beratern wird höher angesehen als die Kosten für Hilfs- und Betriebsmittel.

Die einzelnen Methoden und Werkzeuge eines GPS haben einen unterschiedlichen Schulungs- und Durchführungsaufwand. Für die Einführung eines Total Productive

Abb. 8.3 Einsatz und Nutzen-/Aufwandsverhältnis ausgesuchter Methoden in Anlehnung an Dombrowski und Schmidtchen 2010

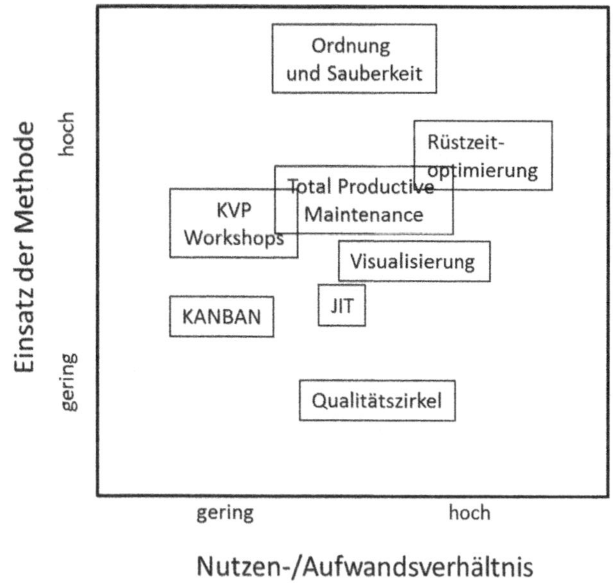

Maintenance-Ansatzes im Unternehmen bedarf es einer sehr hohen Qualifikation im Bereich der Schulung, während ein 5S-Workshop mit weniger Aufwand auskommt.

Eine allgemeingültige Aussage zum Kosten-/Nutzenverhältnis kann nicht erfolgen. Dazu ist die Ausgangslage in den Unternehmen zu unterschiedlich. Erste Studien dazu zeigen folgende Aufteilung:

Obwohl die Unternehmen, deren Einschätzung in Abb. 8.3 wiedergegeben ist, große Verbesserungen im Unternehmen generieren konnten, steht den Unternehmen ein nicht zu unterschätzender Aufwand an finanziellen und personellen Ressourcen gegenüber.

Die in Abb. 8.3 dargestellte kritische Betrachtung von KVP-Workshops widerlegt Wildemann (2010). In mehrtägigen standardisierten Workshops konnte eine durchschnittliche Produktivitätssteigerung von 15 % und eine Kosteneinsparung von durchschnittlich 250.000 € erreicht werden. Das Nutzen-Aufwand-Verhältnis ist damit als hoch zu bewerten.

Hemmnisse

Mit der Einführung eines GPS ändern sich die Aufgaben der Mitarbeiter mit den geänderten Produktionsabläufen beziehungsweise geänderten Hilfs- und Betriebsmitteln. Durch diese Änderungen dringt man in die unmittelbare Arbeitsumgebung der einzelnen Mitarbeiter ein. Was für eine lange Zeit als sinnvoll angesehen wurde, wird durch die Einführung eines GPS infrage gestellt und eventuell verändert. Dieses bewirkt eine Abwehrhaltung bei den Mitarbeitern, welche es zu überwinden gilt. Die Unternehmenskultur ist auf Veränderungen nicht eingestellt.

Folgende Hindernisse sind bei einer GPS-Einführung generell zu überwinden (Dombrowski, Zahn und Schmidt 2008):

- Unzureichende Führung
- Unzureichende Unternehmenskultur
- Ungeeignete Planung
- Ungeeignete Organisationsstruktur
- Unzureichendes Methodenwissen

Gespiegelt auf den Mittelstand kann dieses Folgendes bedeuten (Dombrowski und Schmidtchen 2010): Ein ausgeprägtes Abteilungsdenken, falsche Anwendung beziehungsweise Ablehnung des GPS, eine unzureichende Kommunikation und eine Überforderung der Mitarbeiter sind häufig anzutreffende konkrete Hindernisse. Daher sind Elemente des Change-Managements anzuwenden, um den Veränderungsprozess gezielt zu begleiten (Lauer 2010). Die Mitarbeiter stellen damit aber auch das größte Erfolgspotenzial für eine erfolgreiche Umsetzung dar (Kortmann und Uygun 2007). Um die Mitarbeiter auf die Einführung entsprechend vorzubereiten, bieten sich vor allen Dingen Planspiele an (Strausberg et al. 2009).

3 Implementierung und Praxisbeispiele für den Nutzen von Methoden eines Ganzheitlichen Produktionssystems

Für die Implementierung eines Ganzheitlichen Produktionssystems sind zum einen der Prozess der Einführung sowie die Verantwortlichkeiten zu klären. Die einfachste Strukturierung ist die Aufteilung in die Phasen Vorbereitung, Implementierung und Erhaltung. Werden mehrere Methoden eingeführt, so sind deren Wirkzusammenhänge zu beurteilen (Kortmann und Uygun 2007). Es macht demnach zunächst Sinn, 5S im Unternehmen anzuwenden und dann mit der Standardisierung von Arbeitsabläufen zu beginnen. Bevor ein radikaler Schritt zum One-Piece-Flow vollzogen wird, macht es eventuell Sinn, die Steuerung über Kanban und reduzierten Losgrößen umzusetzen. Wildemann und Baumgärtner (2006) sowie Dombrowski et al. (2009) stellen ebenfalls Implementierungsansätze vor. Bevor es zum Einsatz von bestimmten Methoden kommt, sind vier Phasen (Wildemann und Baumgärtner 2006) beziehungsweise sechs Schritte (Dombrowski et al. 2009) im Bereich der Grob- und Feinplanung, der Analyse und der Zieldefinition zu durchlaufen. Diese detaillierte Planung ist auf der einen Seite für einen zielorientierten Ablauf sinnvoll. Auf der anderen Seite stellt sie hohe inhaltliche Anforderungen und fordert zeitliche Ressourcen der Entscheidungsträger in mittelständischen Unternehmen. In der Vorbereitungsphase sind noch keine Erfolge für das Unternehmen und die Mitarbeiter sichtbar. Trotzdem gelangen Inhalte der Vorbereitungen an die Mitarbeiter. Daher ist in dieser Phase mit der Kommunikation über das Ganzheitliche Produktionssystem zu starten. An der Vorbereitungsphase sind Führungs- und Fachpersonal der entsprechenden Bereiche zu beteiligen.

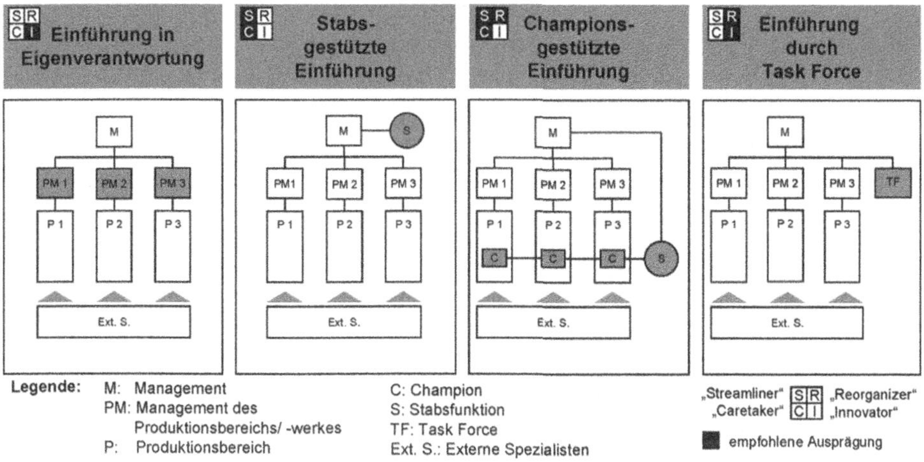

Abb. 8.4 Formen der Einführungsorganisation. (Wildemann und Baumgärtner 2006)

Für Unternehmen ohne Kenntnisse im Bereich GPS empfiehlt sich eine stichpunktartige Umsetzung. Dadurch werden der Umfang und die Komplexität stark reduziert. Dabei empfiehlt es sich, schon in der Anfangszeit gezielte Workshops durchzuführen. Mindestens ein Workshop zur Zielfindung, zur Methodenauswahl und zum Einführungsprozess sollten dabei einkalkuliert werden. Die Einführung ist als ein Projekt anzusehen mit entsprechendem Projektteam, Arbeitsstruktur- und Projektplan. Diese Einführung entspricht einem klassischen Top-down-Prozess.

Neben dem dargestellten konzentrierten Prozess der Vorbereitung ist ebenfalls die Einführungsorganisation zu klären (s. Abb. 8.4). Dabei ist zu klären, wie radikal die Änderungen durch das Ganzheitliche Produktionssystem sein sollen und wie komplex das zu verändernde Produktionsprogramm beziehungsweise der zu verändernde Produktionsprozess sind. Kennzeichen einer hohen Komplexität sind zum Beispiel kurze Produktlebenszyklen, ein hoher Individualisierungsgrad sowie eine hohe Anzahl der Produktionsstufen. Zusammen mit dem Veränderungsmaß der Produktionssystematik ergeben sich damit unterschiedliche Anforderungen an die Einführungsorganisation.

Alle Formen der Einführungsorganisationen werden von externen Beratern unterstützt. Die Einführung kann entweder durch die Leiter der Produktionsbereiche, Stabsfunktionen – unter Umständen gepaart mit Champions (speziell geschulte Mitarbeiter) – oder eine Task-Force erfolgen. Im letzteren Fall sind das Veränderungsmaß und die Systemkomplexität hoch. Eine Einführung in Eigenverantwortung hat eine geringe Systemkomplexität als Voraussetzung. Die Task-Force geht über die Stabsstelle hinaus und ist als dauerhafte Projektorganisation anzusehen (Wildemann und Baumgärtner 2006).

Automobilhersteller haben in den letzten Jahren auf Konzern- und Standortebene diese Task-Force-Einheiten als neue Abteilungen gegründet. Aufgrund des Defizites von KMU hinsichtlich finanzieller und personeller Ressourcen wird die Einführung einer eigenen Stabsfunktion oder gar einer eigenen Abteilung in den meisten KMU nicht zielführend sein. Aus diesem Grund ist zu einer Einführung in Eigenverantwortung angeraten. Der Nachteil für KMU besteht darin, dass das Management des Produktionsbereichs sowohl Fach- als auch Führungsaufgaben gleichzeitig wahrnimmt und damit zeitliche Ressourcen nur begrenzt zur Verfügung stehen. Da ein externer Berater nicht dauerhaft im Unternehmen verbleibt, muss das Methodenwissen auch nach Beendigung seiner Tätigkeit im Unternehmen zur Verfügung stehen. Aus diesem Grund empfiehlt es sich, eigene Champions in den einzelnen Bereichen zu schulen. Das können zum Beispiel Mitarbeiter der Produktionsplanung sein. Diesen Mitarbeitern wird ein Zeitkontingent für das Erbringen von Leistungen im GPS zur Verfügung gestellt. Diese zeitliche Ressource kann zum Beispiel ein Tag pro Woche sein. An diesem Tag werden zunächst interne oder externe Schulungen durchgeführt. Im weiteren Verlauf wird eine Konzeption für die Einführung erarbeitet und letztendlich Methoden im Unternehmen angewendet.

Fallbeispiel: Wertstromdesign und Anlagenverfügbarkeit in einem mittelständischen Pharmaunternehmen

Problemstellung

Ein mittelständisches Unternehmen stellt medizinische Produkte in Form von Tabletten und Dragees her. Das Unternehmen hat sich bislang im Rahmen der Produktion auf die qualitätsgerechte Herstellung gemäß der Arzneimittel- und Herstellungsverordnung konzentriert. In dieser Verordnung werden die Qualifizierung der Mitarbeiter, die Art des Transportes und der Lagerung, hygienische Aspekte sowie die Lieferantenqualifizierung geregelt. Eine Ausrichtung auf Produktivität und Durchlaufzeit stand nicht im primären Fokus des Unternehmens. Es werden eigene Medikamente produziert als auch Endprodukte für andere Unternehmen. Die Kunden des Unternehmens sind somit Pharmaunternehmen und Großhändler. Während in der Vergangenheit der prognostizierte Bedarf mit bestimmten Einschränkungen gut planbar war, hat das Unternehmen heute mit hohen Bedarfsschwankungen zu rechnen. Kurzfristig fragen Kunden größere Mengen eines Produktes in kurzer Zeit ab oder stornieren Aufträge, bei denen die Produktion schon begonnen hatte. Das Unternehmen reagierte darauf mit höheren Lagerbeständen, um einen hohen Servicegrad zu behalten und flexibel auf die Kundennachfrage reagieren zu können. Aufgrund der hohen Herstellkosten eines Medikamentes und einer nur begrenzten Lagerdauer stiegen die Lager- und Bestandskosten an. Zudem konnte trotz neuer Investitionen in Maschinen die Kapazität des Unternehmens nicht erhöht werden. Durchlaufzeiten von pharmazeutischen Produkten können mehr als 100 Tage betragen bei komplexen Proof- und Freigabeverfahren im Bereich der Chargenfertigung.

Lösungsansatz

Demnach wurden im Unternehmen zwei Ziele definiert:

1. Reduzierung der Durchlaufzeit mit dem Ziel der Flexibilitätssteigerung,
2. Identifizierung des Kapazitätsengpasses in der Produktion und die Erhöhung der Anlagenverfügbarkeit und somit der Kapazität.

Zur Realisierung wurde ein kleines Projektteam mit Mitarbeitern der Produktionssteuerung und der Produktion gegründet. Zudem wurde für das Projekt ein externer Mitarbeiter mit Methodenwissen eingestellt. Es fand eine stichpunktartige Umsetzung von vier Methoden eines GPS im Bereich der Produktion statt. Ein Ganzheitliches Produktionssystem existiert im Unternehmen nicht. Die Einführung lag somit in Eigenverantwortung. Um die Durchlaufzeit in der Produktion zu reduzieren, wurde die Wertstrommethode gewählt. Die Anlagenverfügbarkeit wurde durch KVP-Workshops und die erstmalige Berechnung der Anlagenverfügbarkeit mithilfe des OEE (Overall Equipment Effectiveness) bestimmt. Der OEE ist eine Produktivitätskennzahl, welche von einem Idealzustand des Arbeitssystems/der Maschine Verluste im Bereich der Verfügbarkeit, Effizienz und Qualität subtrahiert. Zusätzlich wurden Ishikawa-Diagramme erstellt, um Ursache und Wirkungszusammenhänge zu erkennen erstellen. Mit der transparenten Darstellung des Wertstroms im Unternehmen durch die Aufnahme von Prozess-, Liege- und Prüfzeiten konnten Zeitpuffer in der Produktion identifiziert werden. Ein Maßnahmenkatalog zur Eliminierung dieser Schwachstellen wurde durch das Team und das Heranziehen interner Experten erstellt. Als Kapazitätsengpass wurde in den Workshops eine Maschine am Ende des Produktionsprozesses identifiziert. Auch hier wurde ein Maßnahmenkatalog erstellt. Als wichtige Erfolgsfaktoren haben sich das Bewusstsein der Mitarbeiter über nötige Prozessänderungen sowie die Unterstützung der Produktionsleitung gezeigt.

Ergebnis
Die identifizierten Verbesserungspotenziale sind gravierend. So konnte analytisch eine Reduzierung der Durchlaufzeit von über 50 % aufgezeigt werden. Dieses erfolgte vornehmlich durch Prozessänderungen im Bereich der Prüfvorgänge. Der OEE konnte gar um 70 % gesteigert werden. Der Maßnahmenkatalog beinhaltet überwiegend arbeitsorganisatorische Maßnahmen und nur wenige Investitionen in Hilfs- und Betriebsmittel. Aus diesem Grund wird ein hohes Nutzen-Aufwand-Verhältnis erwartet.

4 Praxistaugliche Elemente des Methodenbaukastens

Die Wertstromanalyse im Bereich des Wertstromdesigns ist eine Aufnahme des Ist-Zustandes des Informations- und Materialflusses. Anhand von standardisierten Symbolen werden externer und interner Transport, die einzelnen Prozessschritte im Produktionsablauf sowie die Lagerung des Eingangslagers, der Lagerung zwischen den Produktionsschritten sowie dem Ausgangslager dargestellt. Die Darstellung des Materialflusses erfolgt anhand konkreter eigener Beobachtungen und der Befragung von am Prozess teilnehmenden Mitarbeitern. Es wird lediglich eine Schreibunterlage, ein Bleistift, ein Radiergummi und der in Abb. 8.5 dargestellte Vordruck verwendet. In einigen Unternehmen existiert die Möglichkeit, die Prozessdauer anhand von Zeitmessungen während der Wertstromauf-

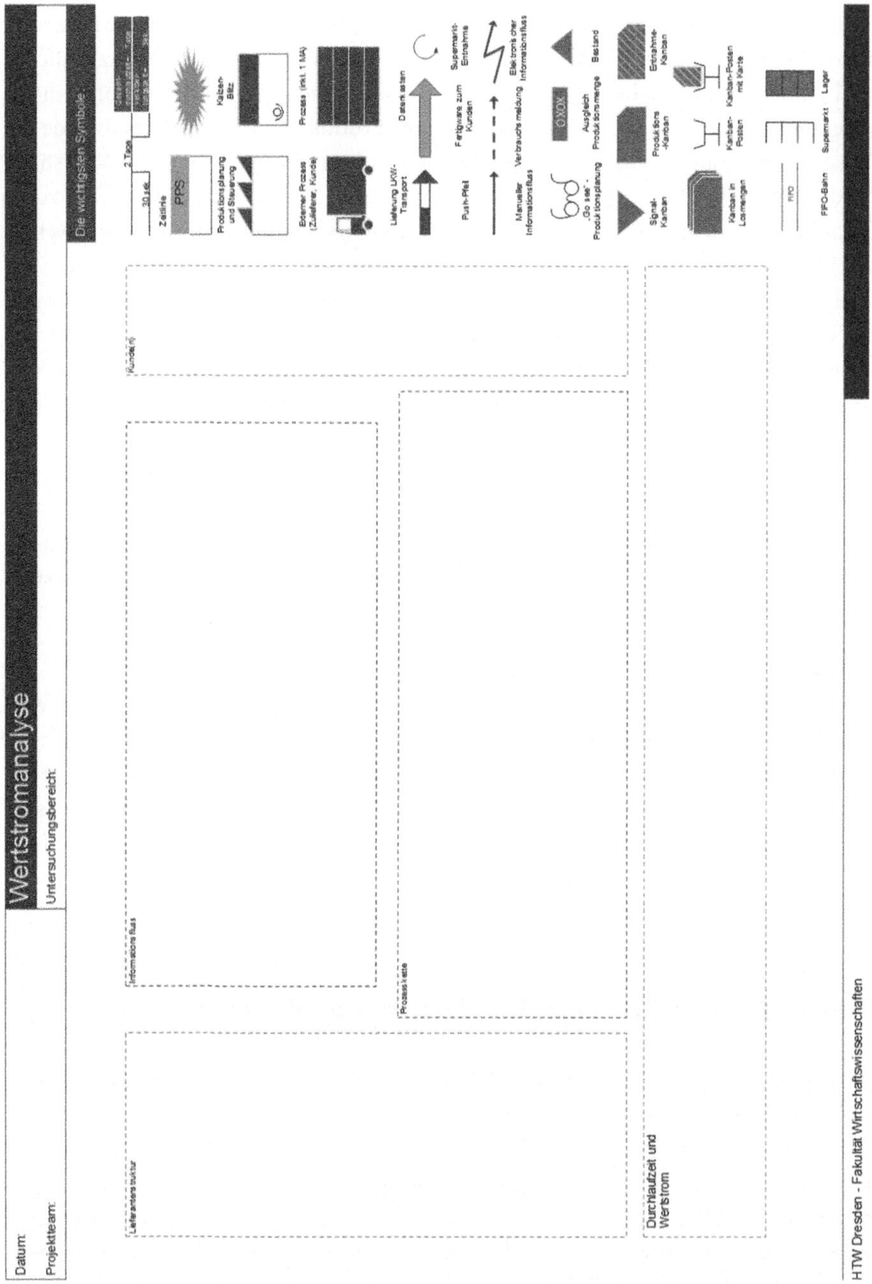

Abb. 8.5 Vorlage zur Erstellung einer Wertstromanalyse. (Tietze 2013)

nahme durchzuführen. Es muss dabei unter Umständen die Zustimmung des Betriebsrates eingeholt werden und die gesetzlichen Regelungen des Betriebsverfassungsgesetzes müssen beachtet werden.

Zur Speicherung der Wertstromaufnahme und optischen Aufbereitung kann eine Visualisierung mit dem Programm *Microsoft Visio®* erfolgen. Dort sind die entsprechenden Symbole der Wertstrommethode aufgeführt. Durch diese Darstellung wird das Prozessverständnis der Beteiligten weiter verbessert. Es ist die Grundlage für das anschließende Wertstromdesign. Dieses soll dann zu einem optimierten Prozess führen.

Eine Optimierung kann dann durch einen KVP-Prozess/KVP-Workshop erfolgen. In großen Unternehmen können solche KVP-Workshops mehrere aufeinanderfolgende Tage einnehmen. Es kann eine Vielzahl von Mitarbeitern der unterschiedlichen Bereiche Produktion, Logistik, Instandhaltung, Industrial Engineering, Arbeitsvorbereitung sowie angrenzende Bereiche daran teilnehmen. Um diese Ressourcen in mittelständischen Unternehmen gezielt einzusetzen, können KVP-Workshops in kleineren Produktionsabschnitten auch stundenweise durchgeführt werden.

Bevor es aber dazu kommt, sollten Geschäftsführer und Produktionsleiter sich über folgende 15 Faktoren Gedanken machen beziehungsweise folgende Fragen beantworten:

1. Bin ich bereit, in die Qualifizierung der Mitarbeiter hinsichtlich der Kultur des „Kontinuierlichen Verbesserungsprozesses“ zu investieren?
2. Welches Budget soll ich dafür zur Verfügung stellen?
3. Bin ich bereit, Mitarbeiter für die Durchführung von KVP-Workshops von ihrer operativen Tätigkeit zu entbinden?
4. Kann ich diese operative Einschränkung kompensieren?
5. In welchem Produktionsbereich soll ich mit KVP-Workshops beginnen?
6. Welche Rolle soll ein Berater bei der Einführung übernehmen?
7. Wer in meinem Unternehmen/meiner Abteilung ist von den KVP-Workshops, aber auch den KVP-Ergebnissen, betroffen?
8. Wie kann ich mich als Führungsperson in die KVP-Workshops einbringen?
9. Wie viel Zeit bin ich selber bereit, in die KVP-Workshops zu investieren?
10. Welche Anreize kann ich schaffen, um Mitarbeiter aktiv zur Teilnahme in den Workshops zu ermutigen?
11. Wie gehe ich mit möglichen Widerständen in den Reihen der Mitarbeiter um?
12. Wer übt die methodische Leitung der KVP-Workshops aus?
13. Wie messe ich den Erfolg von KVP-Workshops?
14. Wie kommuniziere ich den Erfolg?
15. Wann soll ich das Unternehmen/die Mitarbeiter über die KVP-Workshops informieren?

Die Antworten darauf können recht individuell sein. Der Auftakt sollte im Rahmen einer Informationsveranstaltung liegen. Diese muss durch das Führungspersonal geleitet werden, Ziele und persönliche Überzeugung sind darzulegen. Die Einführung sollte entweder in einem Bereich erfolgen, wo die größten Defizite bekannt oder vermutet werden, oder dort, wo am schnellsten Erfolge für das Unternehmen zu generieren sind.

Erst wenn die o. g. Fragen vor der operativen Einführung beantwortet sind, kann mit der Implementierung der KVP-Workshops begonnen werden.

5 Anhang

Weblinks

http://www.wertstromdesign.de
http://www.awf-arbeitsgemeinschaft.de/download/Ganzheitliches-Produktionssystem-MTM.pdf

Weiterführende Literatur

Spath, D. 2003. *Ganzheitlich produzieren. Innovative Organisation und Führung*. Logis Verlag.
Becker, P., und A. Lindner. 2010. *Wertstromdesign*. München. Carl Hanser Verlag.

Literatur

Baszenski, N. 2012. *Methodensammlung zur Unternehmensprozessoptimierung, Ifaa Institut für angewandte Arbeitswissenschaften*. Haefner Dr. Curt Verlag.
Dombrowski, U., und K. Schmidtchen. 2010. Ganzheitliche Produktionssysteme KMU-spezifische Konzeption und Implementierung. *ZWF* 105 (10):914–918.
Dombrowski, U., T. Zahn, und S. Schmidt. 2008. Hindernisse bei der Implementierung von Ganzheitlichen Produktionssystemen. *Industrial Engineering* 6:26–31.
Dombrowski, U., T. Zahn, und T. Grollmann. 2009. Roadmap für die Implementierung Ganzheitlicher Produktionssysteme. *ZWF* 104 (12):1120–1125.
Gutenberg, E. 1953. *Einführung in die Betriebswirtschaftslehre*. Wiesbaden: Gabler Verlag.
Hladik, D. 2013. *Konzeption einer Supplier Learning Group am Beispiel der Robert Bosch GmbH*. Dresden: Unveröffentlichte Bachelorarbeit, HTW Dresden.
Jödicke, J., und M. Steven. 2012. Verbreitung von Ganzheitlichen Systemen im Mittelstand (München: Carl Hanser Verlag). *ZWF* 107 (1–2):67–71.
Kortmann, Chr., und Y. Uygun. 2007. Ablauforganisatorische Gestaltung der Implementierung von Ganzheitlichen Produktionssystemen. *ZWF* 102 (10):635–639.
Lauer, T. 2010. *Change Management – Grundlagen und Erfolgsfaktoren*. Berlin: Springer Verlag.
Lay, G., und R. Neuhaus. 2005. *Ganzheitliche Produktionssysteme – Fortführung von Lean Production? Angewandte Arbeitswissenschaft* Nr. 185, 32–47.
Ohno, T. 1993. *Das Toyota Produktionssystem*. Frankfurt: Campus Verlag.
Spath, D. Hrsg. 2003. *Ganzheitlich produzieren – Innovative Organisation und Führung*. Stuttgart: LOG_X Verlag.

Strausberg R., J. Deuse, und G. Baudzus. 2009. Didaktische Hilfsmittel zur Umsetzung schlanker Produktionssysteme. *ZWF* 104 (10):847–852.

Syska, A., Produktionsmanagement. 2006. *Das A-Z wichtiger Methoden und Konzepte für die Produktion von heute.* Wiesbaden: Gabler Verlag.

Tietze, B. 2013. *Entwicklung eines Lean Production Labors an der HTW Dresden.* Bachelorarbeit, HTW Dresden.

Ullmann, G. 2009. *Ganzheitliche Produktionssysteme - IPH Methodensammlung.* Hannover: IPH.

VDI-Gesellschaft Produktion und Logistik. 2013a. 2013. *VDI 2870 Blatt 1- Ganzheitliche Produktionssysteme - Grundlagen. Einführung und Bewertung.* Düsseldorf.

VDI-Gesellschaft Produktion und Logistik. 2013b. 2013. *VDI 2870 Blatt 2- Ganzheitliche Produktionssysteme - Methodensammlung.* Düsseldorf.

Wildemann, H. 2010. *GENESIS - Programm zur nachhaltigen Produktivitätssteigerung. Productivity Management 15/2*, 37–40. Gito Verlag.

Wildemann, H. und G. Baumgärtner. 2006. Suche nach dem eigenen Weg: Individuelle Einführungskonzepte für schlanke Produktionssysteme. *ZWF* 101 (10):546–552.

Womack, J., D. Jones, und D. Roos. 1991. *Die zweite Revolution in der Automobilindustrie.* Frankfurt: Campus-Verlag.

Komplexe Projekte umsetzen

9

Rüdiger von der Weth, Christian Hauswald und Tobias Steinhard

1 Einführung

Die Bedeutung von Projektmanagement hat in den letzten Jahren deutlich zugenommen, weil sich viele Herausforderungen nicht mehr mit Routineprozessen bewältigen lassen. Die zunehmende Komplexität der Arbeitswelt zwingt die Unternehmen zu größerer Flexibilität und Geschwindigkeit in der Ausführung ihrer Tätigkeiten. Hand in Hand damit geht der Zwang, Innovationszyklen zu verkürzen und betriebliche Prozesse in immer kürzeren Abständen zu reorganisieren. Diese Entwicklung betrifft auch viele mittelständische Unternehmen (Kern und Nagengast 2008, S. 2). In den folgenden Ausführungen werden die besonderen Herausforderungen für mittelständische Unternehmen in Bezug auf Projektmanagement beleuchtet. Zunächst wird auf grundlegende Begriffe und aktuelle Trends in diesem Bereich eingegangen. Dann wird die besondere Situation im Mittelstand analysiert. Den zentralen Bestandteil dieser Arbeit bildet das Fallbeispiel eines mittelständischen Unternehmens. Die Analyse dieses Beispiels zeigt auf, auf welche Probleme sich ein Unternehmen einstellen muss und welche Ressourcen im Mittelstand für die erfolgreiche Bewältigung von Projekten bedeutsam sind. Zuletzt werden Instrumente zur Abwicklung von Projekten knapp vorgestellt und durch Hinweise zum weiterführenden Studium der Thematik ergänzt.

Grundlegende Begriffe

Es handelt sich dann um ein *Projekt*, wenn ein genau definierter Anfangs- und Endzeitpunkt vorliegt (zeitliche Befristung), es eine zugeordnete Arbeitsgruppe gibt und das

R. von der Weth (✉) · C. Hauswald · T. Steinhard
Fakultät Wirtschaftswissenschaften, Hochschule für Technik und Wirtschaft Dresden,
Friedrich-List-Platz 1, 01069 Dresden, Deutschland
E-Mail: weth@htw-dresden.de

A.-K. Haubold et al. (Hrsg.), *Managementkompetenzen im Mittelstand*,
DOI 10.1007/978-3-658-03448-1_9, © Springer Fachmedien Wiesbaden 2014

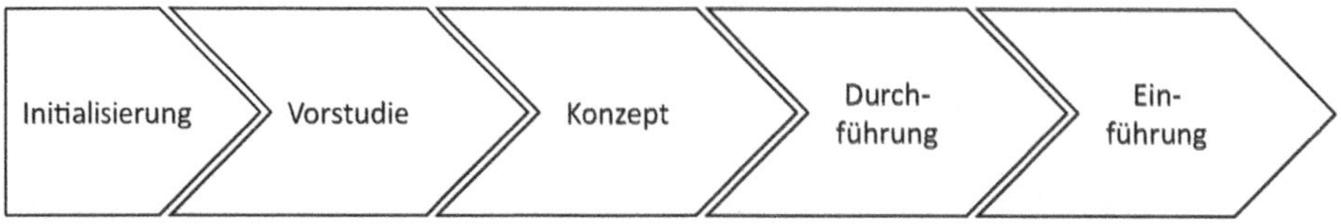

Abb. 9.1 Projektmanagementphasen im Überblick. (Quelle: eigene Darstellung in Anlehnung an Kuster et al. 2008, S. 16)

Aufgabenfeld neuartig, einmalig und komplex ist (vgl. Hofmann 2007, S. 9 f.), das Projekt somit auch einzigartig ist. Weitere, nicht zwingend gegebene Merkmale eines Projekts sind die konkreten Zielstellungen vom Projektgeber sowie die im Voraus festgelegten technischen, wirtschaftlichen und finanziellen Rahmenbedingungen (vgl. Burghardt 1995, S. 13). Darüber hinaus lässt sich ein Projekt in Phasen gliedern. Aufgrund der Einzigartigkeit und Komplexität, birgt jedes Projekt zudem auch ein höheres Risiko des Scheiterns als Standardprozesse.

Projektmanagement wird als Oberbegriff für alle planenden, überwachenden, koordinierenden sowie steuernden Maßnahmen verwendet, die für die Um- oder Neugestaltung von Prozessen, Systemen oder Problemlösungen notwendig sind (vgl. Kuster et al. 2008, S. 8). Beim Projektmanagement geht es nicht nur um Planung, Kontrolle sowie Organisation, sondern auch um die gesamte Steuerung der Projektdurchführung. Die Wahrnehmung und Steuerung bezieht sich nicht nur auf die korrekte Abwicklung der Prozesse, das Projektmanagement muss auch auf fachlicher und sozialer Ebene (bspw. Konfliktmanagement und Motivation) aktiv sein. Das Projekt ist umso erfolgreicher, je mehr die jeweilige Projektgruppe und Projektauftrag im Unternehmen akzeptiert werden. Diese Akzeptanz zu erzeugen ist daher ein expliziter Bestandteil des Projektmanagements. Auch außerhalb der Projektgruppe muss Vertrauen in die Projektarbeit existieren beziehungsweise generiert werden (vgl. Hofmann 2007, S. 13 f.). Das in dieser Arbeit vorgestellte Fallbeispiel (siehe Abschn. 3) verdeutlicht die Notwendigkeit von Akzeptanz eines Projekts im gesamten Unternehmen.

Projekte lassen sich in *Phasen* gliedern. Hierzu existiert eine Vielzahl von Modellen, abhängig vom Bereich, in dem Projektmanagement betrieben wird (vgl. von der Weth 2001). Im Kern ähneln sich diese Modelle, auch wenn bei Bau, in der Konstruktion, in der Softwareentwicklung, in der Fabrikplanung, im Marketing oder in der Forschung unterschiedliche Schwerpunkte gesetzt werden. Dies liegt daran, dass unabhängig vom Gegenstand des Projektes immer gleiche Leistungen im Bereich der Informationsverarbeitung erbracht werden müssen. In diesem Kapitel wird ein Modell mit fünf Projektphasen vorgestellt (vgl. Abb. 9.1). Die Notwendigkeit einer gewissenhaften Planung, Kontrolle und Dokumentation der Projektzwischenergebnisse sowie einer andauernden Rückkopplung mit den in der Projektarbeit involvierten Interessengruppen ist für alle Phasen gegeben (vgl. Hofmann 2007, S. 31). Man bezeichnet dies auch als die „klassische" Vorgehensweise.

- *Initialisierungsphase.* Die Initialisierungsphase ist häufig durch eine gewisse Unstrukturiertheit gekennzeichnet, welche die Zeitspanne zwischen der Problemfindung und dem Entschluss, etwas Konkretes zu unternehmen, umfasst. Diese muss von den Verantwortlichen wahrgenommen und akzeptiert werden. Die Verantwortlichen sind hier für die Zuteilung der erforderlichen Mittel (personeller, finanzieller, organisatorischer Art) zuständig und befugt, eine Projektfreigabe zu erteilen (vgl. Kuster et al. 2008, S. 18).

- *Vorstudienphase* (Vorprojektphase). Die Vorstudienphase stellt im Wesentlichen die realistische Analyse des Problems und der Handlungsmöglichkeiten dar. In dieser Phase ist eine umfassende Betrachtung und Bewertung des Projektumfelds vorzunehmen. Wird am Ende der Vorstudie die Entscheidung getroffen, das Projekt abzubrechen, so ist dies nicht als Versagen zu interpretieren, sondern als die bewusste Weichenstellung aufgrund der erarbeiteten Erkenntnisse (vgl. Kuster et al. 2008, S. 20).
- *Konzeptphase* (Planungsphase). Die Konzept- oder Planungsphase ist die vorausschauende Festlegung der Projektdurchführung (vgl. Olfert 2008, S. 85). In der Konzeptphase kommt es zur Konkretisierung von Ablaufvarianten mit Meilensteinen. Diese werden so konkret ausformuliert, dass ihr Potenzial zur Zielerreichung, Funktionstüchtigkeit, Zweckmäßigkeit sowie Wirtschaftlichkeit fundiert beurteilt werden und eine Entscheidung über den endgültigen Ablauf gefällt werden kann (vgl. Kuster et al. 2008, S. 20). Diese Phase beinhaltet im Weiteren die Erstellung eines Projektstrukturplans einschließlich der Zuordnung, welche Arbeitspakete im Projekt von welchem Projektmitarbeiter zu bearbeiten sind (vgl. Hofmann 2007, S. 30).
- *Durchführungsphase* (Realisierungsphase). Ist die Konzeptphase beendet, so wird das Projekt umgesetzt. Während der Durchführungsphase fallen Projektmanagementaufgaben wie Projektführung, Steuerung, Controlling und Dokumentation an. Des Weiteren arbeiten in dieser Phase Projektteam und Auftraggeber intensiv zusammen, was viele Projektmeetings sowie Protokolle und Statusberichte für den Auftraggeber zur Folge hat (vgl. Geiger et al. 2009, S. 161).
- *Einführungsphase* (Abschlussphase). Jedes Projekt hat ein Ende. Auch abgebrochene Projekte benötigen einen Abschlussbericht. Im Regelfall werden in der letzten Phase eines Projekts die Projektziele erreicht, die Schlussabrechnung erstellt, die Projektdokumentation vervollständigt, das Projektteam aufgelöst und die Aufgaben, Kompetenzen sowie Verantwortungen an den Anwender (i. d. R Auftraggeber) übergeben (vgl. Kuster et al. 2008, S. 22). Um bei zukünftigen Projekten Fehler zu vermeiden beziehungsweise aus diesen zu lernen, besteht ebenso die Möglichkeit, sich im Rahmen eines sogenannten Debriefings Fragen zu stellen, wie: „Was ist gut beziehungsweise eher weniger gut gelaufen?", „An welchen Punkten gab es Probleme?", „Wurde der geplante Aufwand (Kosten, Zeit, Personal) eingehalten?" „Was könnte zukünftig anders gemacht werden?"

Aktuelle Entwicklungen

Durch die Möglichkeiten, die innovative Planungssoftware, Internet und Web 2.0 seit geraumer Zeit bieten, hat sich die Verzahnung zwischen Projektteams und internen und externen Auftraggebern intensiviert. Dies gilt nun auch für die frühen Phasen des Projektmanagements und dies unterschiedlich stark für verschiedene Branchen. So werden beim Open-Innovation-Ansatz frühzeitig externe Kunden in die Projektierung von Produktinnovationen in der Konstruktion eingebunden (Chesbrough 2012). Auch in der Fabrikplanung ermöglichen es neue Werkzeuge zur Visualisierung und Vernetzung von Zwischenprodukten des Planungsprozesses, Laien wesentlich eher in die Planung einzubeziehen. In der Konsequenz ergibt sich die Chance, Auftraggeber und Betroffene von Projekten wesentlich eher bei der Planung zu beteiligen (von der Weth et al. 2006). Neuere Ansätze der Planungsmethodik (z. B. Schönwandt 2013) entwickeln daher vor allem die frühen Phasen des Projektmanagements weiter. Hier werden Methoden vorgestellt, wie Interessen und Problemsichten ganz unterschiedlicher Interessengruppen integriert werden können. In der Softwareentwicklung ist es notwendig, sich mit der Weiterentwicklung des Kenntnisstandes von Kunden und anderen Projektbeteiligten auseinanderzusetzen, weil diese Entwicklung neue Ideen und Wünsche generiert und so zum Beispiel die ursprünglichen Ziele eines Projekts nicht mehr opportun erscheinen lässt. Unter anderem als Reflex auf diese Situation hat sich dort das „Agile Projektmanagement" entwickelt, bei dem im Projektverlauf keine fixen Meilensteine abgearbeitet werden, sondern Projektdokumente (z. B. über Ziele) im Laufe des Projekts permanent weiterentwickelt werden (Hruschka et al. 2003). Ein Beispiel hierfür sind sogenannte User-Stories, in der die Anforderungen an das aus dem Projekt resultierende Produkt kontinuierlich vervollständigt und vervollkommnet werden (Cohn 2004).

2 Projektmanagement im Mittelstand

Ein Projekt definiert sich im Mittelstand überwiegend anhand von drei Faktoren: definierte Zielsetzung, zeitliche Befristung und inhaltliche Begrenzung. Für die betriebliche Praxis haben Kriterien aus der Fachliteratur, wie Einmaligkeit, Innovationscharakter, Budget und abteilungsübergreifendes Thema, offenbar nur geringen Einfluss (vgl. Kern und Nagengast 2008, S. 5).

Ein weiteres Kennzeichen der mittelständischen Unternehmen ist, dass Standardisierung in Bezug auf das Projektmanagement in Deutschland kaum verbreitet ist. Eine Qualifizierung der Projektmitarbeiter anhand von Projektzertifikaten spielt im deutschen Mittelstand kaum eine Rolle (vgl. Kern und Nagengast 2008, S. 35). Projektinstrumente, wie zum Beispiel ein Projektablaufplan oder Projektberichte, weisen im Mittelstand keinen hohen Verbreitungsgrad auf oder werden unregelmäßig eingesetzt (vgl. Kern und Nagengast 2008, S. 30). Jedoch zeigt sich, dass in mittelständischen Unternehmen ein pragmatischer Ansatz in Bezug auf die Umsetzung von Projekten zum Einsatz kommt. Beispielsweise sind Ansätze zum Erlernen und Erweitern von Projektmanagementkenntnissen wie „Training on the Job" Mittel der Wahl, um die eigenen Mitarbeiter auf Projekte vorzubereiten und zu unterstützen. Neben dem Einsatz von Fallstudien und „Training on the Job“ wird dem Konzept „Lessons Learned“ ein hoher Stellenwert beigemessen (vgl. Kern und Nagengast 2008, S. 46 ff.).

Viele mittelständische Unternehmen haben mehr Ideen für neue Projekte, als es die zur Verfügung stehenden Ressourcen zulassen. Unabhängig davon, ob es sich um Projekte aus der Forschung und Entwicklung oder die Optimierung von Geschäftsprozessen handelt, verfügen viele Mittelstandsunternehmen weder über die Zeit noch die Arbeitskräfte dafür, all diese Ideen in Projekte umzumünzen. Folglich ist eine der größten Herausforderungen für die Unternehmen, Projektideen anhand klarer Kriterien auszuwählen und gegebenenfalls auch zu verwerfen. Ein mittelständisches Unternehmen kann es sich nicht leisten, wertvolle Ressourcen in einem fruchtlosen Projekt zu verschwenden (vgl. Wolf et al. 2005, S. 51). Der zu erwartende Deckungsbeitrag oder der Return on Investment eines Projektes können hier als Kriterien herangezogen werden, ob ein Projekt umgesetzt wird oder nicht (vgl. Motzel 2006, S. 149 f.).

Um die im Mittelstand oftmals vorherrschende Ressourcenknappheit zu bewältigen, empfiehlt es sich zudem, nicht zu viele Projekte gleichzeitig voranzutreiben. Hierbei gilt es unter anderem, dass alle Projektideen einer konsequenten Priorisierung unterzogen werden – beispielsweise hinsichtlich der strategischen Relevanz und der Dringlichkeit der Projekte (vgl. Braehmer 2009, S. 16). Diese Aufgabe der Priorisierung obliegt zunächst dem Projektleiter, aber vor allem die Geschäftsleitung steht hier in der Verantwortung. Um die eigenen Mitarbeiter nicht mit zu vielen Projekten neben dem Alltagsgeschäft zu überlasten, gilt es, sorgfältig zu entscheiden, welches Projektthema vorangetrieben wird und welches nicht. Weiter gehört es in diesem Zusammenhang dazu, dass die Verantwortlichen des Unternehmens den Mut aufbringen, Projekte abzubrechen. Nur so kann gewährleistet werden, dass man die knappen Ressourcen effizient einsetzt.

Projekte entstehen immer häufiger aus Kooperationen. Diese können aus ganz unterschiedlichen Motiven zustande kommen und werden häufig öffentlich gefördert. Dies gilt für regionale Lieferantennetzwerke für die Großindustrie, für Kooperationen von Mittelständlern mit Forschungsinstitutionen und Hochschulen und auch für die Kooperation zwischen Mittelständlern und Softwareanbietern bei großen Softwareeinführungs- und Anpassungsprojekten. Solche Kooperationen machen es für den Mittelständler häufig erforderlich, seine Know-how-Ressourcen zu erweitern (von der Weth und Schubach 2013).

Mittelstandstypische Strategien sind hier das Einbeziehen von Praktikanten und frischen Hochschulabsolventen, von denen aktuelles wissenschaftliches Know-how erwartet wird. Diese Vorgehensweise ist immer dann riskant, wenn keine enge Bindung zur „liefernden“ Hochschule existiert, weil der Mittelständler nicht immer die Kapazitäten hat, um auf dem jeweiligen Spezialgebiet die Qualität dieses innovativen Wissens beurteilen zu können. Zudem ist dieser Personenkreis auch trotz hochaktuellen Fachwissens möglicherweise aus Mangel an Erfahrung bei Fragen der speziellen betrieblichen Organisation von Abläufen und bei den sozialen Aspekten des Projektmanagements überfordert.

Vor allem bei Reorganisationsprojekten besteht die Möglichkeit, einen Interimsmanager für ein befristetes Veränderungsprojekt zu engagieren. Durch den Einsatz eines

Interimsmanagers kann das Unternehmen darauf verzichten, spezialisiertes Personal einzustellen, welches nach Beendigung eines Projektes keine Beschäftigung mehr hat. Anders als Unternehmensberater, deren Fokus meist auf konzeptionellen und analytischen Fähigkeiten liegt, werden einem Interimsmanager für einen abgegrenzten Zeitraum Handlungsbefugnisse eingeräumt, die es erlauben, Entscheidungen zu treffen und Aufgaben für das Unternehmen auszuführen (vgl. Bruns 2006, S. 31). Solche Interimsmanager werden bei Reorganisationsprojekten in kritischen Situationen auch von Institutionen und Unternehmen bereitgestellt, die sich finanziell für die Sanierung eines Unternehmens engagieren.

Generell bedeutet Projektmanagement im Mittelstand, dass man, verglichen mit den Verhältnissen bei großen Unternehmen, in verstärktem Maß auf die Besonderheiten Einzelner eingehen muss. Statt einer Abteilung Lager gibt es beispielsweise vielleicht nur einen Lagerarbeiter, dessen Besonderheiten in Vorbildung und Arbeitsgewohnheiten man kennen muss, um ihn adäquat auf neue Aufgaben nach einem Reorganisationsprojekt vorzubereiten. Projektmanagement im Mittelstand ist somit deutlich psychologischer.

3 Merkmale erfolgreichen Projektmanagements

Ein Fallbeispiel

Im nun folgenden Abschnitt wird ein Fallbeispiel eines mittelständischen Unternehmens aus der Werkzeugbranche durchleuchtet. Zentraler Betrachtungsgegenstand des Fallbeispiels ist hierbei die Einführung einer unternehmensweiten Enterprise-Resource-Planning-Software (ERP-System). Die Analyse dieser Fallgeschichte soll Hinweise darauf geben, wie man ein Projekt erfolgreich durchführen kann.

Fallbeispiel: Einführung eines ERP-Systems

Das mittelständische Unternehmen, das im Mittelpunkt dieser Fallstudie steht, hat seinen Hauptsitz in München. Es fertigt Werkzeuge und handelt mit ihnen. Die 500 Mitarbeiter zählende Organisation ist familiengeführt und beliefert hauptsächlich die Branchen Maschinenbau, Automobil und Elektronik. In der Werkzeugbranche ist das Familienunternehmen die Firma mit dem höchsten Pro-Kopf-Umsatz. Das Unternehmen hatte zum Zeitpunkt des Projekts neben dem Münchner Hauptsitz zwei weitere Standorte in Nürnberg und Bremen.

Die Geschäftsleitung des süddeutschen Unternehmens hat sich im Rahmen einer angestrebten Internationalisierung dazu entschlossen, ein standardmäßiges ERP-System eines führenden Anbieters einzuführen. Das mittelständische Unternehmen hat vor der ERP-Einführung mit einer Software gearbeitet, die im eigenen Haus programmiert wurde. Die angestrebte Internationalisierung des Unternehmens wäre mit dieser

Software nicht mehr möglich gewesen. Ziel war es, das neue ERP-System in allen Abteilungen und Standorten einzuführen. Nur der Personalbereich war nicht von diesem Projekt betroffen, da man sich aus Sicherheitsgründen dazu entschlossen hat, die dort bestehende Software beizubehalten. Die betroffenen Bereiche der Softwareeinführung waren folglich das Produktmanagement, der Vertrieb, die Logistik und das Rechnungswesen des Familienunternehmens. Als Zeitspanne für die Durchführung des Projekts wurden neun Monate geplant. Die Inbetriebnahme der neuen Software sollte zu Ostern stattfinden, da um Ostern die meisten Tage sind, an denen der Betrieb geschlossen ist.

Bei der Einführung der ERP-Software ist man beim Münchner Unternehmen so vorgegangen, dass die einzelnen Bereiche (Vertrieb, Logistik etc.) eigene Teams und Verantwortliche mit der Projektdurchführung benannt haben. In jedem Ressort wurde ein Hauptverantwortlicher, der sogenannte Key-User, bestimmt. Diese Key-User waren somit für den reibungslosen Ablauf des Projekts und die Einweisung der Kollegen vor Ort zuständig. Die Abteilungen Produktmanagement, Logistik und Rechnungswesen haben bei der Einführung der Software bereits mit Projektteams gearbeitet. Die Abteilung Vertrieb hat darauf jedoch verzichtet und einen einzelnen Mitarbeiter aus dem Vertriebs-Innendienst mit dieser Aufgabe betraut. Als Maßgabe für die einzelnen Bereiche wurde ausgegeben, die Software an die bereits bestehenden Prozesse anzupassen.

Die Umsetzung des Projekts hat dann zu nachhaltigen Folgen für das gesamte Unternehmen geführt. Das Projekt konnte nur mit großen Qualitätseinbußen bis zum gewünschten Datum abgeschlossen werden. Es war unumgänglich, weitere Nachbearbeitungen bei der Software durchzuführen. Um die Software bis zum geplanten Projektende einzuführen, wurde auch auf die Abbildung zahlreicher Prozesse verzichtet. Dies hatte unter anderem zur Folge, dass die Vertriebsmitarbeiter des mittelständischen Unternehmens über sechs Monate keinerlei Statistiken zu den Kunden zur Verfügung hatten. Es war dem Unternehmen nur möglich, die Standardprozesse im Vertrieb abzubilden. Alles, was über die Kernaufgaben – wie Auftrag eingeben, Kommissionieren und Rechnungen erstellen – hinausging, konnte mit der neuen Software nicht mehr abgewickelt werden.

Die wenig erfolgreiche Einführung der ERP-Software bedeutete einen Produktivitäts-rückgang von 30 % im Innenvertrieb des mittelständischen Unternehmens. Der Grund für diesen Produktivitätsverlust war schlicht und ergreifend der deutlich höhere Aufwand, den die Mitarbeiter für die Erledigung ihrer Arbeiten aufbringen mussten. Mehr noch: Um die Kunden in vollem Maße bearbeiten und beliefern zu können, sah sich das Unternehmen gezwungen, 13 neue Mitarbeiter im Vertrieb einzustellen – auch solche Mitarbeiter, die bei normaler Einstellungspolitik aufgrund fehlender Qualifikation nicht eingestellt worden wären. Nachdem ein Releasewechsel (Update der ERP-Software) zwei Jahre später sehr erfolgreich verlaufen ist und die Produktivität wieder auf den Level vor Einführung der Software gewachsen ist, wurden zehn dieser Mitarbeiter wieder entlassen.

Die Projektleitung konnte den Mitarbeitern außerdem nicht aufzeigen, dass mit Einführung der Software die Zukunftsfähigkeit der Firma erhöht wird. Diese Versäumnisse hatten zur Folge, dass drei Führungskräfte abgemahnt wurden, weil diese gegen die Einführung der Software gearbeitet haben. Erst nach Auflösung der Widerstände waren die Voraussetzungen geschaffen, die Mitarbeiter von der Relevanz und Nützlichkeit des Projekts zu überzeugen.

Das Projekt konnte trotz der Inbetriebnahme der Software nicht vollständig abgeschlossen werden. Nach der Inbetriebnahme musste man noch einmal über sechs Monate Arbeitskraft und Zeit aufbringen, um die fälligen Nachbearbeitungen zu realisieren. Zusätzlich mussten sich Abstimmungsrunden mit allen beteiligten Ressorts wöchentlich treffen, um die Änderungen an der Software und deren Auswirkungen auf die anderen Abteilungen zu besprechen. Für diese Nachbearbeitung wurde nun auch im Vertrieb ein Projektteam gebildet. Das Projektteam bestand aus vier Personen inklusive eines neuen Projektleiters. Hier wurde dann zum ersten Mal im Rahmen der ERP-Einführung über alle beteiligten Abteilungen hinweg gemeinsam an der Umsetzung gearbeitet.

Zwei Jahre nach der wenig erfolgreichen Einführung wurde beim Münchner Unternehmen der bereits zuvor erwähnte Releasewechsel angestrebt. Die Herausforderung bei diesem Update der Software war, dass bei der Einführung die Software stark an die vorherrschenden Strukturen des Unternehmens angepasst wurde. Die Konsequenz dieser Anpassungen war, dass bei jedem Update dieselben Anpassungen wieder erneut angelegt werden mussten. Daraufhin hat man sich in Absprache mit der Geschäftsleitung dazu entschieden, nun nicht mehr die Software an das Unternehmen anzupassen, sondern die Unternehmensprozesse an die Software.

Der Ausgangspunkt dieses neuerlichen Projekts war dann erst einmal die Analyse der Geschäftsprozesse des Werkzeugherstellers. Anhand der beiden Instrumente GPA (Geschäftsprozessanalyse) und GPO (Geschäftsprozessoptimierung) wurden die Prozesse untersucht und an den Standard des führenden ERP-Anbieters angeglichen. Der Releasewechsel wurde dann innerhalb von sechs Monaten erfolgreich und ohne weitere Nachbearbeitungen abgeschlossen. Die Anpassung und Optimierung der unternehmenseigenen Prozesse hat auch dazu geführt, dass zukünftige Releasewechsel ohne großen Aufwand erfolgreich bestritten wurden. Der größte Erfolg war jedoch, dass das Unternehmen wieder den höchsten Pro-Kopf-Umsatz der Branche erlangen konnte.

In Anbetracht des erfolgreich bestrittenen Releasewechsels ist die Geschäftsleitung zu der Erkenntnis gelangt, dass es für zukünftige Projekte unerlässlich ist, ein spezialisiertes Team aufzubauen. Dieses Projektteam wurde schließlich für alle folgenden Projekte herangezogen, um die Organisation und Durchführung zu übernehmen.

Bad Practice and Best Practice

An dieser Stelle lohnt sich die vergleichende Betrachtung der Neueinführung und des Releasewechsels. Was wurde beim zweiten Mal besser gemacht, welche Fehler konnten vermieden und welche Erfahrungen genutzt werden? Offensichtlich gab es erhebliche Fehleinschätzungen hinsichtlich des notwendigen zeitlichen und personellen Aufwands. Neun Monate Laufzeit stellen generell eine sehr ambitionierte Planung für unternehmensweite Softwareprojekte dar. Die Konzentration des Projekts auf eine Person im Vertrieb hatte die Folge, dass die ERP-Einführung in diesem Bereich mit deutlichen Zeitverzögerungen verbunden war. Die heutzutage vorherrschende Komplexität der Unternehmen erlaubt es nicht mehr, dass nur noch Einzelpersonen Entscheidungen treffen können. Ohne Vier-Augen-Prinzip ist die korrekte Abwicklung der vielen Datentransformationen, die ein solches Projekt beinhaltet, fehlerfrei kaum möglich. Zudem wurde von der Geschäftsleitung bei der ERP-Einführung noch nicht wirklich realisiert, dass ein solches Projekt nie nur die Anschaffung neuer Technologie für bestehende Organisationsstrukturen sein kann. Dieser Irrtum hatte mehrere Konsequenzen: Zum einen gelang diese Anpassung nicht in vollem Umfang, zum anderen ergeben sich bei solchen Projekten häufig Veränderungen bei internen Machtstrukturen, weil sich die Organisation durch neue Technik doch ändert, auch wenn man dies gar nicht beabsichtigt. Diese Veränderungen lösen dann auch Verschiebungen bei den Aufgaben und Änderungen von Befugnissen bei den einzelnen Abteilungen aus, was nicht selten zu erheblichen internen Konflikten führt (vgl. von der Weth und Starker 2010). Dies geschieht häufig auf der Ebene des mittleren Managements, was im beschriebenen Fall fast den Charakter einer Revolte annahm.

Summa summarum: Im ungünstigen Fall resultiert erhebliche, nicht vorher geplante Mehrarbeit und es entstehen Konflikte. Über Widerstand in der Belegschaft braucht man sich dann nicht zu wundern. Über zwei Jahre waren die Auswirkungen des unstrukturiert durchgeführten Projekts für das Münchner Unternehmen spürbar. Hätten zusätzlich die Kernprozesse nicht abgebildet werden können, wären die Folgen vermutlich existenzbedrohend für das Unternehmen gewesen. Die Unternehmensführung hat aus alldem gelernt. Zunächst haben die frühen Abstimmungsrunden beim ersten Releasewechsel nach der Einführung der Software zu einer interdisziplinären Sichtweise im Unternehmen geführt. Speziell die Geschäftsführer haben ein Verständnis für die Zusammenhänge im Unternehmen über die Abteilungsgrenzen hinweg bekommen.

Damit eine solche Schieflage nicht wieder vorkommt, hat sich die Werkzeugfirma dazu entschlossen, eine eigene Projektmanagementabteilung aufzubauen. Diese Abteilung hat neben der Einführung von MS Project die Implementierung eines Lenkungsausschusses und zahlreiche weitere Projektmanagementtools durchgeführt. Zusätzlich wurden die Mitarbeiter des Unternehmens erstmals durch externe Berater im Projektmanagement geschult. Das hat unter den Mitarbeitern der Werkzeugfirma neben einer Sensibilisierung für die Wichtigkeit von Projektmanagement auch zu einem Anwachsen an praxisnahem Know-how geführt. Dies ist wichtig, denn die Akzeptanz und Anerkennung der Wichtigkeit eines Projekts muss von Anfang an als eine der Voraussetzungen für sein Gelingen betrachtet werden. Dabei liegt es vor allem am Projektleiter, aber auch der Geschäftsführung, die Relevanz des Projekts herauszustellen und den zukünftigen Nutzen darzulegen. Ansonsten kann es schon zu Beginn eines Projekts zu Problemen – beispielsweise bei der Zusammenstellung des Projektteams – kommen. Dies kann zum Beispiel mit erheblichen Konflikten geschehen, wenn sich Linienverantwortliche vehement dagegen wehren, ihre Mitarbeiter freizugeben, oder wenn eine kontraproduktive Stimmung gegen das Projekt an den Tag gelegt wird. Leitideen wie klare Verantwortungs- und Aufgabenverteilung und offene und klare Kommunikation wurden dann auch beim süddeutschen Unternehmen beherzigt. Man hat bei der Vorbereitung des Releasewechsels klar aufgezeigt, welche Vorteile und Erleichterungen die Software für das Unternehmen, aber auch im Speziellen für den einzelnen Mitarbeiter mit sich bringt.

4 Was tun?

Um ein Projekt erfolgreich zum Abschluss zu bringen beziehungsweise während der Laufzeit optimal zu steuern, gibt es verschiedene Grundregeln und Instrumente, die dies gewährleisten. Daher wird nachfolgend auf einige wenige ausgewählte Instrumente näher eingegangen, die aus Sicht der Autoren als relevant angesehen werden können. Zunächst werden aber noch allgemeine Hinweise gegeben, wie Widerstände gegen Projekte aufgelöst werden können beziehungsweise gar nicht erst entstehen.

Allgemeine Hinweise

Projekte scheitern häufig auch später daran, dass am Anfang die Weichen falsch gestellt wurden. Daher betreffen die meisten allgemeinen Hinweise den Anfang von komplexen Projekten. Hier können frühzeitig und kostengünstig Fehlentwicklungen vermieden werden. Sie stammen zum größten Teil aus eigenen empirischen Untersuchungen (von der Weth 2001; Saifoulline et al. 2009; von der Weth und Starker 2010; Schubach und von der Weth 2011).

- In den frühen Phasen des Projekts ist die Herstellung eines möglichst umfassenden gemeinsamen mentalen Modells des Projekts bei allen Beteiligten wichtig. Verwenden die beteiligten Fachleute alle die wichtigen Begriffe und Konzepte des Projekts in der gleichen Weise? Stehen die gleichen Ideen über Strukturen und Abläufe dahinter? Speziell für den mittelständischen Unternehmer bedeutet das: Keine Scheu vor scheinbar dummen Fragen! Genau nachhaken, wenn etwas unklar bleibt!
- Da im Allgemeinen Mitarbeiter für Projekte delegiert werden, ist vor allem wichtig, das Ausmaß der Delegation und die Befugnisse von Projektleiter und Linienvorgesetzten

zu klären. Dies bedeutet, dass umfassende Klärungen im Vorfeld zwischen den Beteiligten getroffen werden müssen. Dafür ist es nötig, dass der Unternehmer und das Management klar hinter dem Projekt stehen.

- Projekte müssen offen für sinnvolle Planänderungen sein. Hier Sinnvolles von weniger Sinnvollem zu unterscheiden ist die Kunst erfahrener Projektleiter. In jedem Falle hilfreich ist ein offener und lösungsorientierter Umgang mit Problemen. Dies bedeutet: Keine Schuldzuweisungen bei Verzögerungen und anderen Problemen und keine Analysen, die nur darauf ausgerichtet sind, diese zu ermöglichen. Stattdessen sollten Schwierigkeiten als Lerngelegenheiten wahrgenommen werden.
- Jede größere technische Veränderung in einem neuen Unternehmen (neue Maschinen, neue Software, neue Hallen und Anlagen) bedeutet auch immer eine Veränderung in den Aufgaben der Mitarbeiter und der Organisation. Dieser Sachverhalt sollte bewusst bedacht und in der Planung berücksichtigt werden. Aufgabenveränderungen müssen erfasst und analysiert werden. Der Bedarf an Qualifikation und Umstrukturierung, der sich ergibt, muss, sobald Klarheit herrscht, möglichst früh kommuniziert werden. Dies beseitigt Ängste und resultierende Widerstände.
- Mitarbeiter sollten überall da eingebunden werden, wo sie die größten Experten ihrer eigenen Tätigkeit sind. Es ist zu prüfen, welche Routineabläufe beibehalten werden können und sollen. Mittelständler kennen die Stärken und Schwächen ihrer Mitarbeiter, das ist an dieser Stelle ihr großes Plus.

Wichtige Instrumente für das Projektmanagement

- Projektantrag oder vergleichbare Vereinbarungen (Spezifikation, Lastenheft)
  Als Entscheidungsgrundlage für eine Projektvereinbarung fungiert der Projektantrag. Hierbei ist es die Aufgabe des zukünftigen Projektleiters, den Projektantrag im Dialog mit dem Auftraggeber zu verfassen. Dabei notiert sich der Projektleiter die Anforderungen des Auftraggebers und gewährleistet somit, dass beide Vertragspartner das Gleiche verstehen (vgl. Kuster et al. 2008, S. 307). Erst durch dieses Dokument, welches die wichtigsten Punkte als Zielvereinbarung zum Gegenstand hat, kommt es letztlich zu einem Projekt (vgl. Burghardt 1995, S. 28).
- Kick-off-Veranstaltung
  Den Start eines Projekts bildet die Kick-off-Veranstaltung. Hierbei geht es in erster Linie um den Abbau von Distanzen zwischen den künftigen Projektmitgliedern und das gegenseitige Kennenlernen (vgl. Hofmann 2007, S. 60). Durch eine intensive Begegnung, beispielsweise mittels einer Art Sonderveranstaltung außerhalb der betrieblichen Räumlichkeiten mit Übernachtung, können sich die einzelnen Projektmitglieder sowie Verantwortlichen besser und schneller kennenlernen (vgl. Kuster et al. 2008, S. 212). Häufig erscheint bei solchen Kick-off-Veranstaltungen auch der Auftraggeber, womit dieser die Wichtigkeit des Projekts für das Unternehmen betont und ebenso seine Unterstützung unterstreicht (vgl. Kuster et al. 2008, S. 307).

- Projektablaufplan beim klassischen Projektmanagement
  Zunächst muss ein logisch begründetes Grundgerüst der Aktivitäten geplant werden. Das bedeutet, dass zunächst untersucht wird, welche Arbeitspakete/Arbeitsschritte erst begonnen werden können, wenn ein anderes abgeschlossen wurde. Werden neben den einzelnen Arbeitspaketen und deren Reihenfolge auch die Anfangs- und Endzeitpunkte definiert, so erhält man einen Terminplan. In diesem werden zusätzlich Informationen über Meilensteine sowie feststehende Termine, wie die Präsentation der Projektzwischenergebnisse bei der Unternehmensleitung, festgelegt (vgl. Hofmann 2007, S. 43).
- Exakte Dokumentation und Festlegungen zu Informationspflichten beim agilen Projektmanagement
  Soll agiles Projektmanagement gelingen, erfordert dies eine exakte Einhaltung der Spielregeln zur Generierung der notwendigen Dokumentationen und Vereinbarungen. Diese stellen angesichts des weitgehenden Verzichts auf die klassische Meilensteinplanung ein absolutes Muss dar, damit die Beteiligten in vertrauensvoller Form zusammenarbeiten können. Dies macht es im zweiten Schritt notwendig festzulegen, welche Informationshol- und -bringschulden existieren und nach welchen Regeln potenzielle Konflikte entschärft werden können.
- Projektcontrolling
  „Projektcontrolling ist die Ermittlung und Aufbereitung von Informationen zur Kontrolle der Einhaltung der Projektplanung, der Steuerung des Projektverlaufs gemäß der Planung." (Wegmann und Winklbauer 2006, S. 175). Steigender Kostendruck und ein stärkerer Wettbewerb veranlassen das Unternehmen, flexible Instrumente zur Verbesserung von Entscheidungen sowie zur Optimierung der Transparenz über die eingesetzten Ressourcen einzusetzen. Damit ist Projektcontrolling eine unmittelbare Führungsaufgabe der Projektleitung in Zusammenarbeit mit dem Auftraggeber, Entscheidungsträger oder der Geschäftsleitung (vgl. Kuster et al. 2008, S. 155).
- Abschlussbericht
  Bei jedem Projekt soll ein offizieller Abschluss gemacht werden, damit die Projektgremien entlastet werden und sich sodann ihren neuen Aufgaben widmen können. Projekte sind in der Regel nie ganz zu Ende, da es Nach- beziehungsweise Garantiearbeiten gibt sowie Dokumentationen und dergleichen nachzutragen sind. Analog zum Kick-off zu Beginn eines Projekts soll auch eine Schlussveranstaltung durchgeführt werden. Weiter stehen folgende organisatorische Themen an, wie: Die Einführung der künftigen Benutzer; eine kritische Rückschau des Projekts; was kann das Unternehmen daraus lernen; die Würdigung der Teamleistung sowie die Entlastung der Projektmitglieder. Zum Abschluss eines Projekts wird das Projektteam wieder aufgelöst (vgl. Kuster et al. 2008, S. 72 f.).

Will sich ein Mittelständler weiterentwickeln, wird er irgendwann mit der Notwendigkeit von Projekten konfrontiert. Wir hoffen, dass unsere Ausführungen gezeigt haben, dass Projekte, obwohl sie aufgrund ihrer Einmaligkeit immer ein Risiko enthalten, auch große Chancen bieten: zur Kooperation und Interdisziplinarität, zum Erwerb neuer Kompetenzen und zum Wachstum. Unabdinglich ist es, sich die Komplexität eines solchen Vorhabens vor Augen zu führen und sich dieser mit Reflexion zu stellen. Dafür sollte insbesondere zu Beginn des Projekts entsprechend viel Zeit eingeplant sein. Denn kleine Korrekturen am Projektanfang können für den Projekterfolg von entscheidender Bedeutung sein.

5 Anhang

Weblinks

www.gpm-ipma.de: Verein zur Förderung des Projektmanagements. Website liefert unter anderem Informationen zu aktuellen Studien.

Weiterführende Literatur

Andler, N. 2008. *Tools für Projektmanagement, Workshops und Consulting: Kompendium der wichtigsten Techniken und Methoden*. Erlangen: Publicis Verlag

Braehmer, U. 2009. *Projektmanagement für kleine und mittlere Unternehmen: Das Praxisbuch für den Mittelstand*. München: Hanser.

Kuster, J., E. Huber, R. Lippmann, und A. Schmid. 2008. *Handbuch Projektmanagement*. Berlin. Springer Verlag

Literatur

Braehmer, U. 2009. *Projektmanagement für kleine und mittlere Unternehmen: Das Praxisbuch für den Mittelstand*. München: Hanser.

Bruns, J. 2006. *Interim-Management: Deployments in an Innovation Context*. München: Hampp.

Burghardt, M. 1995. *Einführung in Projektmanagement*. Erlangen: Publicis Publishing.

Chesbrough, H. 2012. Open Innovation - Where We've been and Where we are Going. *Reserch Technology Management* 55 (4):20–27 (Open Innovation Revisited).

Cohn, M. 2004. *User Stories Applied For Agile Software Development*. München. mitp Verlag.

Geiger, I. K. et al. 2009. *Projektmanagement - Zertifizierung nach IPMA (3.0) - Ebenen D und C: Grundlagen und Kompetenzelemente, Methoden und Techniken mit zahlreichen Beispielen*. Zürich. Steinert Verlag.

Hofmann, Y. 2007. *30 min für erfolgreiches Projektmanagement*. Offenbach: Gabal.

Hruschka, P., C. Rupp, und G. Starke. 2003. Agility kompakt. Tipps für erfolgreiche Systementwicklung. Heidelberg: Spektrum Akademischer.

Kern, R., und J. Nagengast. 2008. *Projektmanagement 2008: Fakten und Trends zum Projektmanagement im deutschen Mittelstand. Bericht*. Freiburg. Hauffe Verlag.

Kuster, J., E. Huber, R. Lippmann, und A. Schmid. 2008. Handbuch Projektmanagement. Berlin: Springer.

Motzel, E. 2006. *Projektmanagment Lexikon: Begriffe der Projektwirtschaft von ABC-Analyse bis Zwei-Faktoren-Theorie*. Weinheim. Wiley VCH

Olfert, K. 2008. *Projektmanagement*. Ludwigshafen. kiehl Verlag.

Saifoulline, R., R. von der Weth, W. L. Schönwandt, Ch. Hemberger, und J. Grunau. 2009. The influence of a problem solving training on shared mental models of spatial planners. *Psychologie des Alltagshandelns* 2 (1):14–20.

Schönwandt, W. 2013. *Komplexe Probleme lösen*. Ein Handbuch. Berlin. jovis Verlag.

Schubach, K., und R. von der Weth. 2011. Angst-Stress-Unsicherheit? Komplexe Reorganisationsprozesse in Unternehmen. In Mensch – Technik – Organisation. Vernetzung im Produktentstehungs- und -herstellungsprozess – 57. Kongress der Gesellschaft für Arbeitswissenschaft. Chemnitz, Technische Universität, Hrsg. Gesellschaft für Arbeitswissenschaft e. V., 477–480.

von der Weth, R. 2001. *Management der Komplexität*. Bern: Huber.

von der Weth, R., und K. Schubach. 2013. The role of motivational and emotional processes in technical and organizational innovation projects. In Imagine the future world: How do we want to work tomorrow? Abstract proceedings of the 16th EAWOP Congress 2013, eds. G. Hertel, C. Binnewies, S. Krumm, H. Holling, und M. Kleinmann, 906–907.

von der Weth, R., P. Richter, R. Riedel, und S. Weinert. 2006. Human oriented design and planning, Proceedings of ISSADHF, 4.36–4.42.

von der Weth, R., und U. Starker. 2010. Integrating motivational and emotional factors in implementation strategies for new enterprise planning software, *Production Planning and Control*, 4:375–385.

Wegmann, C., und H. Winklbauer. 2006. *Projektmanagement für Unternehmensberatungen*. Wiesbaden. Gabler Verlag

Wolf, J., H. Paul, und T. Zipse. 2005. *Erfolg im Mittelstand: Tipps für die Praxis*. Wiesbaden: Gabler.

Interkulturelle Geschäftspartnerschaften pflegen

10

Kerstin Kathy Meyer-Ross, Anne-Katrin Haubold, Maria Hähnlein, Andreas Leisenberg und Doreen Falkowski

1 Einführung

Es geht wieder um, das Bild des „hässlichen Deutschen“: Deutschland wird vielfach vorgeworfen, auf autoritäre Art und Weise den „Südländern“ in Europa einen massiven Sparkurs aufzuerlegen und sie damit in die Rezession zu treiben (vgl. Röhl 2013). Angesichts dieses eher deutschenfeindlichen Klimas in weiten Teilen Europas stellt sich die Frage, wie ein mittelständisches deutsches Unternehmen dennoch stabile interkulturelle Geschäftspartnerschaften aufbauen und pflegen kann.

Zunächst einmal bleibt festzustellen, dass sich viele mittelständische Unternehmen dieser Herausforderung gar nicht verweigern können, da internationale Geschäftsbeziehungen auch für KMU in Deutschland immer bedeutsamer werden. Laut einer Studie der Kreditanstalt für Wiederaufbau, KfW (2012), stieg das Exportvolumen der KMU von 2010 zu 2011 nicht nur absolut von 537 auf 597 Mrd. €, sondern auch in Relation zum Gesamtumsatz der mittelständischen Unternehmen. In 2011 importierte fast jeder dritte Mittelständler Waren und Dienstleistungen aus dem Ausland und über 20 % der KMU erzielten Umsatzerlöse auf Auslandsmärkten. Gemessen an der Anzahl der Beschäftigten steigt die internationale Ausrichtung mit zunehmender Unternehmensgröße. So agiert weit mehr als die Hälfte der mittelständischen Unternehmen mit über 50 Beschäftigten im Ausland. Besonders forschungs- und entwicklungsintensive Unternehmen forcieren eine internationale Ausrichtung (vgl. KfW 2012, S. 2). Abbildung 10.1 zeigt die grafische Aufbereitung der Ergebnisse.

K. K. Meyer-Ross (✉) · A.-K. Haubold · M. Hähnlein · A. Leisenberg · D. Falkowski
Fakultät Wirtschaftswissenschaften, Hochschule für Technik und Wirtschaft Dresden,
Friedrich-List-Platz, 1, 01069 Dresden, Deutschland
E-Mail: meyer-ross@htw-dresden.de

A.-K. Haubold
E-Mail: haubold@htw-dresden.de

A.-K. Haubold et al. (Hrsg.), *Managementkompetenzen im Mittelstand*,
DOI 10.1007/978-3-658-03448-1_10, © Springer Fachmedien Wiesbaden 2014

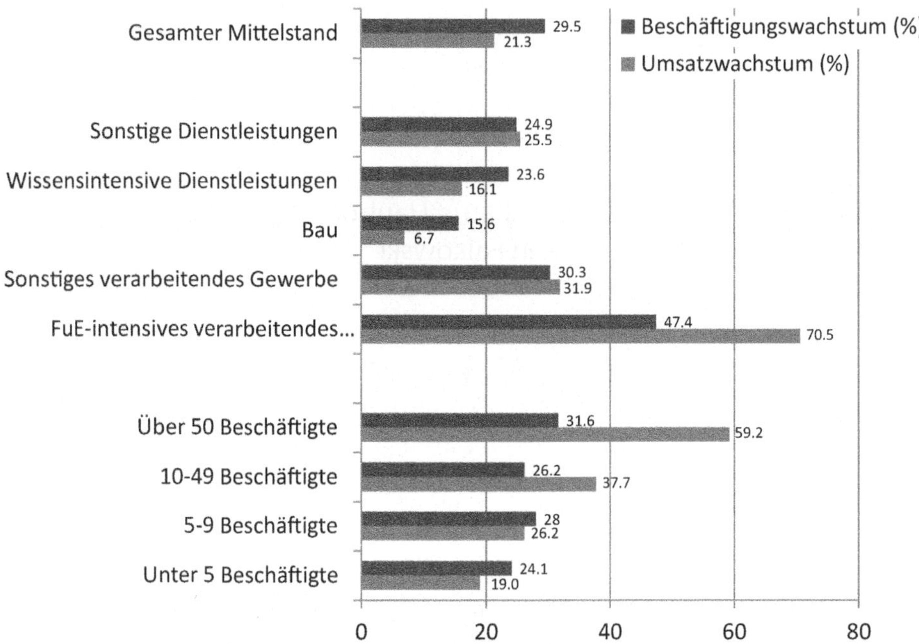

Abb. 10.1 Auslandsaktivitäten und Auslandsumsätze des Mittelstands 2011. (Quelle: KfW-Mittelstandspanel 2012, Grafik 3)

Was die Anbahnung von neuen internationalen Geschäftspartnerschaften angeht, so sind hier zunächst einmal vielfältige Vorarbeiten im Sinne der Marktanalyse zu leisten: Individuelle Landesgesetze, Zusatzinformationen und Erläuterungen müssen recherchiert und umgesetzt werden. Dem Unternehmen entsteht ein deutlich höherer Aufwand in der Geschäftsanbahnung, verglichen mit gleichartigen Aktivitäten auf dem deutschen Markt (vgl. Lüdeke und Sievert 2006). Die bundesfinanzierte Germany Trade & Invest Gesellschaft für Außenwirtschaft und Standortmarketing mbH kann interessierten KMU hier mit Markt- und Branchenanalysen sowie Detailinformationen zu Zoll- und Einfuhrregelungen weiterhelfen.

Im Folgenden sollen dabei nicht die verschiedenen Markteintrittsstrategien und -konzepte betrachtet werden, da diese bereits an anderer Stelle ausführlich diskutiert wurden (vgl. etwa Sternad et al. 2013). Im Fokus der nachfolgenden Ausführungen steht vielmehr die Frage, welche Kompetenzen es einem Manager in einem mittelständischen Unternehmen ermöglichen, die angewandte Markteintrittsstrategie international zu einem Erfolg werden zu lassen.

Bezeichnend für eine (erfolgreiche) internationale Ausrichtung sind sogenannte „Born Globals". „Born Globals" richten ihre Wachstumsstrategie von Anfang an international aus und bedienen globale Nischen. Diese Unternehmer verstehen Internationalisierung nicht als Ergebnis von Unternehmenswachstum, sondern als eigenständige Wachstumsstrategie (vgl. Tanev 2012) – eine Strategie, bei der das interkulturelle Wissen und die internationale Erfahrung der Firmengründer und Mitarbeiter richtungsweisend für die internationale Anerkennung des Unternehmens sind. In der Literatur werden diese Kompetenzen als entscheidende Erfolgsfaktoren der „Born Globals" dargestellt (vgl. Harvester et al. 2000; Reuber und Fischer 1997; Kogut und Zander 1993).

Weitere Studien haben gezeigt, dass neben den Erfolgsfaktoren Wissen und Erfahrung auch die Vermeidung beziehungsweise Minimierung sprachlicher Barrieren signifikanten Einfluss hat (vgl. CILT 2006, S. 5). So fördert die Kommunikation in der Landessprache des Geschäftspartners – als Symbol der Wertschätzung – eine erfolgreiche und nachhaltige Zusammenarbeit. Zudem wird aus sprachphilosophischer Sicht jede Sprache durch ihre eigene Kultur und Logik geprägt. Eine stereotype Übersetzung von Wortgruppen mithilfe bilingualer Wörterbücher kann den Anspruch an eine gelungene Kommunikation nicht erfüllen. Im weiteren Verlauf werden aktuelle Forschungserkenntnisse zu den drei Faktoren interkulturelles Wissen, internationale Erfahrung und Sprachkenntnisse näher ausgeführt.

Interkulturelles Wissen

Geert Hofstede, einer der Pioniere der interkulturellen Management-Forschung, vergleicht die kulturelle Prägung eines Menschen mit dem Betriebsprogramm eines Computers: „Culture is the software of the mind" (vgl. Hofstede 2001).

Hofstede identifizierte sechs Kulturdimensionen (vgl. Hofstede 2001, 2009), die nach seinen empirischen Studien in verschiedenen Ländern unterschiedlich ausgeprägt sind:

1. Machtdistanz (Power Distance Index – PDI): Der Power Distance Index gibt an, inwieweit weniger mächtige Individuen eine ungleiche Verteilung von Macht akzeptieren und erwarten. Hohe Machtdistanz steht dafür, dass Macht sehr ungleich verteilt ist, geringe Machtdistanz steht dafür, dass Macht gleichmäßiger verteilt ist.
2. Individualismus und Kollektivismus (IDV): In Gesellschaften mit einem hohen IDV-Index werden besonders die Rechte des Individuums geschützt: Selbstbestimmung, Ich-Erfahrung und Eigenverantwortung sind wichtig. In einer kollektivistischen Kultur mit niedrigem IDV-Index dominiert dagegen die Integration in jeder Art von Netzwerken. Das Wir-Gefühl ist viel charakteristischer für eine solche Kultur.
3. Maskulinität versus Femininität (MAS): Ausprägung der vorherrschenden Werte, die bei beiden Geschlechtern etabliert sind. Als feminine Werte zählt Hofstede Fürsorglichkeit, Kooperation und Bescheidenheit auf. Maskuline Werte seien hingegen Konkurrenzbereitschaft und Selbstbewusstsein. Ein hoher MAS-Index weist auf eine Dominanz „typisch männlicher" Werte, ein niedriger MAS-Index auf eine Dominanz „typisch weiblicher" Werte.

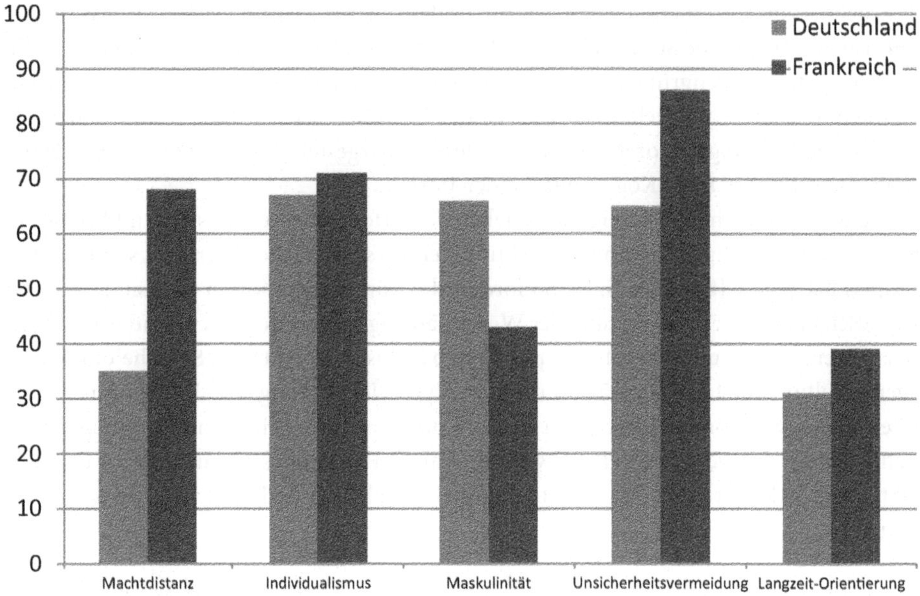

Abb. 10.2 Die Kulturdimensionen nach Hofstede im Ländervergleich zwischen Deutschland und Frankreich (Quelle: www.geert-hofstede.com/countries.html; abgerufen am 12.2.2014).

4. Ungewissheitsvermeidung (Uncertainty Avoidance Index – UAI): Kulturen mit einem hohen UAI, die Unsicherheit vermeiden wollen, zeichnen sich durch viele festgeschriebene Gesetze, Richtlinien, Sicherheitsmaßnahmen aus. Die Mitglieder sind emotionaler und nervöser. Kulturen, die Unsicherheit akzeptieren, sind tolerant, haben wenige Regeln, die im Zweifelsfall auch veränderbar sind, und neigen also zu Relativismus. Die Mitglieder sind phlegmatisch und erwarten von ihrer Umwelt nicht, dass sie Gefühle zeigt.
5. Lang- oder kurzfristige Ausrichtung (Long-Term Orientation – LTO): Dieser Index gibt an, wie groß der zeitliche Planungshorizont in einer Gesellschaft ist. Langfristig ausgerichtete Werte von Mitgliedern einer Organisation sind beispielsweise Sparsamkeit und Beharrlichkeit. Flexibilität und Egoismus gehören zu den Werten von Mitgliedern einer Organisation, die kurzfristig ausgerichtet sind.
6. Nachgiebigkeit und Beherrschung (Indulgence versus Restraint): Diese Dimension beschreibt das Erreichen von Glück durch die Wahrnehmung von Kontrolle über das eigene Leben und die Wichtigkeit von Freizeit und Muße.

Als Beispiel dafür, wie kulturell unterschiedlich auch europäische Nachbarländer in den oben genannten Dimensionen abschneiden können, sind im Folgenden Deutschland und Frankreich gegenübergestellt.

Abbildung 10.2 vergleicht die Ausprägungen in den Dimensionen von Frankreich und Deutschland; mit Ausnahme der 6. Dimension „Nachgiebigkeit und Beherrschung". Anhand der abgebildeten Werte ergeben sich für die beiden Euroländer Gemeinsamkeiten, aber auch Unterschiede, derer sich die Geschäftspartner bewusst sein sollten. So haben beide eine eher individualistische Sichtweise gemein. Ähnlich wie in Deutschland sorgen sich die Franzosen um ihr eigenes als auch um das Wohl ihrer Familie. In Deutschland ist das Familienbild stark durch eine typische Eltern-Kind-Beziehung geprägt. In Frankreich kann dieser Kreis zusätzlich durch die Einbeziehung der Tanten und Onkel erweitert sein (vgl. Dimension 2 IDV). Beide Länder sind kurzfristig orientierte Kulturen, wie es nach den Untersuchungen von Hofstede für westliche Länder typisch ist (vgl. Dimension 5 LTO).

Die Kulturtaxonomien von Hofstede und anderen Autoren (vgl. etwa Trompenaars und Hampden-Turner 2012) haben zu einer Sensibilisierung der Verantwortlichen in Unternehmen gegenüber kulturellen Unterschieden beigetragen. In der Wissenschaft wurden sie allerdings eher kritisch diskutiert, weil die empirische Fundierung oftmals dünn ist (vgl. etwa McSweeney 2002). In sogenannten Kultur-Ratgebern und -Seminaren finden sich zudem vielfach holzschnittartige Vereinfachungen der oben genannten Forschungsergebnisse. Darin wird „der Japaner" als stets lächelnd, „der Deutsche" als pünktlich und unflexibel beschrieben. Entsprechende Pauschalrezepte, wie mit Repräsentanten der jeweiligen Kultur zu verfahren sei, können angesichts dieser Vereinfachung nur ins Leere laufen.

Kritische Autoren propagieren daher die sogenannte emische Sicht, also die Binnenperspektive auf eine Kultur (vgl. Harris 1979). Die emische Sicht ermöglicht es, aus der Kenntnis der Werte und Normen einer Kultur heraus diese zu beschreiben. Dieser Binnensicht auf eine fremde Kultur kommt naturgemäß derjenige am nächsten, der nicht nur ein Seminar zum Training seiner interkulturellen Kompetenz im Heimatland bucht, sondern direkt in das entsprechende Land reist.

Interkulturelle Erfahrung und Kontakte

Neben dem Wissen um die Verschiedenartigkeit von Kulturen wird in der Literatur auch die interkulturelle Erfahrung potenzieller Geschäftspartner als maßgebliche Kompetenz für den Internationalisierungserfolg angesehen (vgl. Weerawardena et al. 2007; Bloodgood et al. 1996; Sapienza et al. 2006). Weerawardena et al. (2007) bezeichnen die interkulturellen Erfahrungen vielmehr als wesentliche Grundlage. Untersuchungen von Bloodgood et al. (2006) und Sapienza et al. (2006) bekräftigen die direkte Verbindung zwischen internationaler Erfahrung und internationalem Erfolg.

Es bleibt die Frage, auf welcher Ebene das Know-how vorzuhalten ist. Spätestens bei der Umsetzung der Internationalisierungsstrategie wird die Mitarbeiterebene involviert. Ausschlaggebend für den weiteren Geschäftsverlauf sind die Fähigkeiten der beteiligten Mitarbeiter, kulturübergreifende Geschäftskontakte zu pflegen. Einer Studie von Williams und Chaston (2004) zufolge bevorzugen angestellte Marketingmanager mit internationaler Erfahrung den direkten Kontakt vor einer Information über Sekundärquellen.

Zwar ermöglichen moderne Kommunikationsmittel eine schnelle und zeiteffiziente Überwindung räumlicher Distanzen, doch ersetzen diese nicht zwangsläufig den persönlichen Kontakt. Nach Denstadli (2004) ist es nur in 2,5 bis 3,5 % der beruflich veranlassten

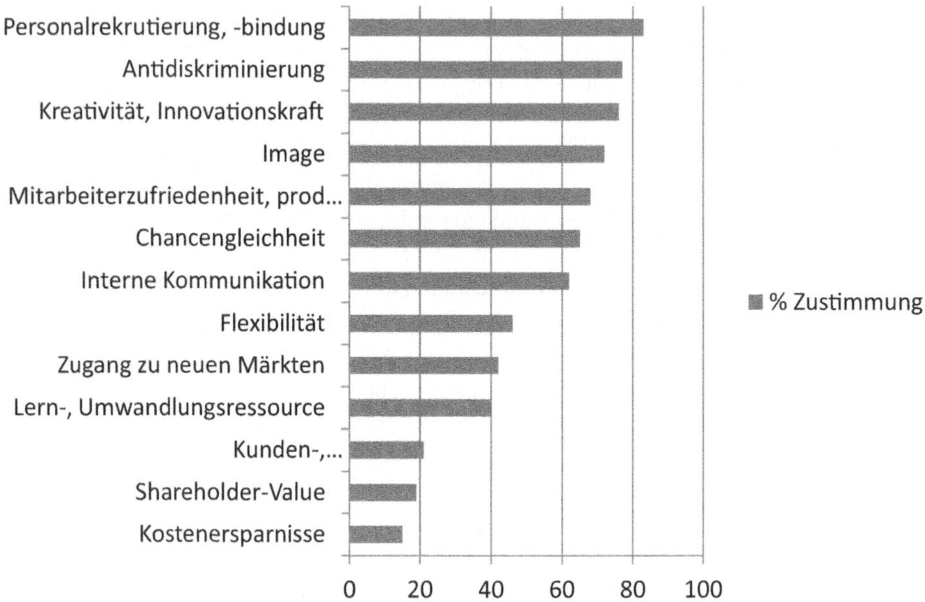

Abb. 10.3 Chancen und Vorteile von Diversity Management. (Quelle: Finke 2006, S. 24)

Reisen sinnvoll, diese durch Videokonferenzen zu ersetzen. Daraus erklärt sich auch die steigende Zahl der Geschäftsreisenden (vgl. Statista 2012).

Internationale Erfahrung kann nicht allein dadurch im Unternehmen generiert werden, dass Mitarbeiter ins Ausland entsandt werden. Ein weiterer, zunehmend in der wissenschaftlichen Literatur diskutierter Faktor ist der Aufbau einer (im Wortsinn) diversen Mitarbeiterschaft. Ethnische Diversität in der Personalstruktur entsteht, wenn Unternehmen gezielt ausländische Mitarbeiter einstellen, die dann die Pflege der Geschäftspartnerschaften zu Unternehmen in ihrem Ursprungsland übernehmen können.

Unter „Diversity Management" werden in der Literatur „verschiedene strategische Ansätze verstanden, die alle zum Ziel haben, die Vielfalt der Beschäftigten, Prozesse und Strukturen zu schätzen und effektiv durch den Aufbau einer multikulturellen Organisation zu nutzen" (Aretz 2006, S. 52, zitiert nach Cox 1991). Sie sollen jedoch nicht nur als Programm angesehen werden, sondern als ein Bewusstsein und ein Verständnis dafür, wie Unternehmen unter den Bedingungen der Globalisierung funktionieren können (Aretz 2006, S. 52), und als ein „Mittel zur Erreichung (...) gesetzter (...) individueller, unternehmerischer und gesellschaftlicher Ziele" (Becker 2006, S. 208). Dabei geht es „nicht nur darum (...), Frauen, Migranten, Behinderte oder andere Gruppen zu fördern, sondern deren Potenziale zu nutzen. Um dieses Ziel zu erreichen, setzen die Diversity-Strategen darauf, Unternehmen, Organisationen und Institutionen nach innen und gegenüber ihrer Umwelt sensibler zu machen" (Heinemann 2011, S. 3).

Einer auf Diversität ausgerichteten Personalpolitik werden positive Effekte zugesprochen (vgl. die in Abb. 10.3 dargestellten Kernergebnisse einer Studie von Finke 2006).

Kritisch angemerkt werden muss allerdings, dass der Zugang zu neuen Märkten und die Pflege der (interkulturellen) Kunden- und Lieferantenbeziehungen von weniger als der Hälfte der befragten Unternehmen als echte Vorteile von Diversity Management erkannt beziehungsweise benannt wurden (vgl. auch die Kritik am Diversity-Konzept aus wissenschaftlicher Sicht in Klein und Harrison 2007).

Fremdsprachenkenntnisse

Ein Faktor, dessen Bedeutung für die Pflege internationaler Geschäftsbeziehungen auf der Hand liegt, ist die Fähigkeit, in Sprachen außerhalb des Deutschen zu kommunizieren. Schon der ehemalige deutsche Bundeskanzler Willy Brandt hat auf die Bedeutung der Sprache in Geschäftsbeziehungen hingewiesen: „If I am selling to you, I speak your language. If I am buying, dann müssen Sie Deutsch sprechen." So hat, in einer von der Europäischen Kommission initiierten Studie, ca. jedes Zehnte der befragten kleinen und mittleren Unternehmen (KMU) in Europa Kundenaufträge – zum Teil mit einem sechsstelligen Auftragsvolumen – nur aufgrund mangelnder Sprachkenntnisse verloren (vgl. CILT 2006, S. 5).

Andere aktuelle Untersuchungen bestätigen die ökonomische Relevanz multilingualer Fähigkeiten. So wurden in der Studie der Economist Intelligence Unit 572 Führungskräfte zu ihren Erlebnissen mit Kommunikation in Auslandsgeschäften gefragt (vgl. hier und im Folgenden Economist Intelligence Unit 2012, S. 2 ff.). Nahezu die Hälfte (49 Prozent) beobachteten Verständigungsprobleme bei ihren grenzübergreifenden Geschäftsbeziehungen. Als Hauptursache wurden Sprachunterschiede, dicht gefolgt von Übersetzungsmängeln angegeben. Die Ergebnisse der Forfas-Studie (vgl. hier und im Folgenden Forfas 2012, S. 25 ff.) zeigen, dass das Bewusstsein über die Bedeutung von Sprachkenntnissen in den Unternehmen manifestiert ist. Knapp über 50 %der befragten Unternehmen sehen Fremdsprachenkenntnisse als Schlüsselkompetenz für den internationalen Unternehmenserfolg.

Die vorangegangenen Ausführungen haben den Stellenwert der drei Faktoren interkulturelles Wissen, interkulturelle Erfahrungen und Fremdsprachenkenntnisse aufgezeigt. Für ein großes, seit Jahren multinational agierendes Unternehmen, welches gegebenenfalls als Konzernsprache bereits das Englische etabliert hat, mögen diese genannten Faktoren keine großen Herausforderungen darstellen. Anders stellt sich die Situation für kleinere und mittlere Unternehmen dar, wie im Folgenden zu zeigen sein wird.

2 Interkulturelle Geschäftspartnerschaften im Mittelstand pflegen

Trotz des hohen Aufwandes, der mit einem externen Markteintritt verbunden ist, expandieren zahlreiche KMU (vgl. die eingangs genannten Zahlen des KfW-Panels). Die wenigsten von ihnen haben dabei eine unternehmensspezifische Diversity-Strategie ausgearbeitet, zumeist aus Zeit- und Kostengründen. Dagegen bestätigen empirische Studien, dass es sich für Mittelständler durchaus lohnt, in diese Themen zu investieren. Williams und Chaston (2004) wiesen positive Korrelationen zwischen den sprachlichen Kompetenzen von Marketingmanagern in englischen KMU und deren Internationalisierungsbestrebungen nach. Manolova et al. (2002) zeigten differierende Selbsteinschätzungen zwischen national und international tätigen KMU bei der Beurteilung ihrer internationalen Kompetenz. Bel Habib (2011) untersuchte einen möglichen Zusammenhang zwischen Sprachkenntnissen und Exportleistung schwedischer, dänischer, französischer und deutscher KMU. Im Ergebnis konnte Bel Habib einen engen Zusammenhang zwischen Mehrsprachigkeit und erfolgreicher Exportwirtschaft aufzeigen. Wie schon Willy Brandt mit seinem Bonmot, weist auch Bel Habib auf die besondere Bedeutung der Landessprache des Export-Ziellandes hin und warnt Unternehmen, sich ausschließlich auf die Lingua franca Englisch zu verlassen.

Selbst wenn KMU von der Bedeutsamkeit internationaler Kompetenzen überzeugt sind, gelingt es ihnen dann auch, entsprechend kompetentes Personal an Bord zu holen? Eine empirische Studie von Haubold, Kuntzsch und Kuntzsch (2013) zeigt, wie schwer es für Mittelständler ist, Mitarbeiter mit ausreichender Fremdsprachenkenntnis und Mobilitätsbereitschaft für das eigene Unternehmen zu gewinnen: Die Erfahrungen der Unternehmen mit den Sprachenkenntnissen und der Mobilitätsbereitschaft der Stellenbewerber lag signifikant unter ihren Erwartungen.

Erste empirische Ergebnisse sprechen dafür, dass Bewerber auf dem Arbeitsmarkt gar nicht die Erwartung haben, in kleinen und mittleren Unternehmen Auslandserfahrungen sammeln zu können (vgl. von der Weth und Beckmann 2012). Entsprechend kann gemutmaßt werden, dass international ausgerichtete Stellenbewerber sich gar nicht erst auf Stellen in kleinen und mittleren Unternehmen bewerben. Gleichzeitig dürfte es KMU aufgrund der mangelnden Bekanntheit auf dem Arbeitsmarkt schwer fallen, sich als international tätiges Unternehmen zu profilieren.

Die geringe Größe von KMU mag im Sinne der Bekanntheit auf dem Arbeitsmarkt ein strategischer Nachteil sein, für das Diversity Management muss dies allerdings nicht gelten: Aufgrund der zahlenmäßig kleinen Belegschaften vermögen schon relativ wenige Vertriebsexperten und Führungskräfte mit internationalen Wurzeln, die interkulturellen Kompetenzen im Unternehmen zu stärken und eine international ausgerichtete Unternehmenskultur zu kreieren. Die oben bereits angesprochenen „Born Globals“ sind ein Beispiel für diese Unternehmenskategorie.

Gleichzeitig setzt die geringe Größe den KMU auch Grenzen, was das Vorhalten landesspezifischer interkultureller Kompetenzen angeht: Während in einem Konzern wie der Siemens AG sicherlich Vertriebsexperten zum Beispiel mit koreanischen Sprach- und Kulturkenntnissen vorhanden sind, lohnt es sich für einen Mittelständler in der Regel nicht, für jedes Zielland im eigenen Unternehmen diese Expertise aufzubauen und vorzuhalten. Damit rücken Intermediäre und Netzwerke in den Fokus des KMU-Interesses (zu Netzwerken vgl. auch den Beitrag von Sonntag et al. in diesem Bd.).

Dick und Pernsteiner (2006, S. 29) zufolge wird die Wahl des richtigen Partners für den Aufbau interkultureller Geschäftspartnerschaften von Mittelständlern als der größte Hemmschuh in der Internationalisierung gesehen. KMU sollte diese Feststellung allerdings nicht davon abhalten, die Internationalisierung über Netzwerke oder Intermediäre voranzutreiben. So nennt Gerum (2000, S. 283 ff.) eine Vielzahl von Steuerungsinstrumenten, um die Internationalisierung über Netzwerke erfolgreich zu gestalten. Bei der Wahl des richtigen Partners stehen zudem die deutschen Außenhandelskammern beratend zur Seite.

3 Best Practices der Pflege interkultureller Geschäftspartnerschaften im Mittelstand

Im Sinne der vorangegangenen Analyse sind zunächst diejenigen Best Practices von Bedeutung, die die interkulturellen Kompetenzen im Unternehmen stärken. Dazu zählt in jedem Fall die klare Positionierung des Unternehmens als Arbeitgeber mit einem internationalisierten Geschäftsfeld. Konsequent müssen interkulturelles Wissen, Auslandserfahrungen und Fremdsprachenkenntnisse auch in Stellenausschreibungen und Auswahlprozessen eingefordert werden.

Um die Offenheit des Unternehmens für neue Mitarbeiter mit internationalen Wurzeln zu unterstreichen, können Unternehmen kostenfrei Unterzeichner der sogenannten „Charta der Vielfalt" werden und mit dem Logo der (mittlerweile durchaus bekannten) Charta werben (vgl. www.charta-der-vielfalt.de). Für die gezielte Anwerbung ausländischer Mitarbeiter kann zudem die Zusammenarbeit mit der Zentralen Auslands- und Fachkräftevermittlung sowie dem Centrum für Migration und Entwicklung hilfreich sein.

Sind internationale Mitarbeiter an Bord, können für Aufbau und Pflege der interkulturellen Geschäftspartnerschaften multinationale Teams gebildet werden. Internationales Wissen und entsprechende Erfahrung können dann in diese Partnerschaften einfließen. Das mittelständische Unternehmen Teckentrup GmbH & Co. KG aus Niedersachsen hat mit dieser Strategie gute Erfahrungen gemacht (vgl. o. V. 2013).

Gezielte Personalentwicklungsmaßnahmen helfen dann, interkulturelles Wissen und Fremdsprachenkenntnisse aufzubauen beziehungsweise zu erweitern. Eine Hilfestellung für die Auswahl geeigneter Trainer sind Zertifizierungen und Qualitätssiegel, etwa das Qualitätssiegel des Dachverbandes der Weiterbildungsorganisationen e. V. (DVWO).

Um die weiter oben beschriebene Binnensicht auf die fremde Kultur zu bekommen, erscheinen Vorab-Besuche und längere Auslandsaufenthalte im Zielland der anzubahnenden interkulturellen Geschäftspartnerschaft sinnvoll. Ist das Unternehmen bereits in ein entsprechendes Netzwerk eingebunden, können solche Aufenthalte über die Netzwerkpartner organisiert werden.

Der Bundesverband der Deutschen Industrie weist in einer aktuellen Publikation (2013) darauf hin, dass Auslandsreisen von Politikern mit Wirtschaftsdelegationen gerade für Mittelständler eine Türöffner-Funktion haben können: „Gerade in Ländern mit starkem Regierungseinfluss auf die Vergabe von Großprojekten ist für Mittelständler die Unterstützung der Bundesregierung besonders wichtig.“ (Bundesverband der deutschen Industrie 2013, S. 6).

Ähnlich positive Effekte für die erste Kontaktanbahnung werden Auslandsmesse-Beteiligungen zugesprochen (vgl. Abschn. 4 dieses Handbuchkapitels).

Fallbeispiel: Momentaufnahme eines deutschen Born Global

Das betrachtete Unternehmen ist ein Produzent von Hightech-Messinstrumenten. 2003 aus dem universitären Umfeld gegründet, entwickelte es von Beginn an Kundenbeziehungen auf internationaler Ebene. Das Unternehmen unterhielt in 2012 unter anderem Geschäftsbeziehungen mit Partnern in Frankreich, Schweden, Finnland, USA, Kanada, Südkorea, China, Japan und Indien. Die letzten drei sind von besonderer Bedeutung für das Unternehmen, da die strategische Geschäftsentwicklung, der Vertrieb und der Kundensupport von weitreichender interkultureller Kommunikation abhängig sind.

Die Kommunikation und Dokumentation im Unternehmen erfolgt bei internen Vorgängen zu rund 80 % und bei Kontakten mit Kunden nahezu vollständig in englischer Sprache. In der Vergangenheit waren durchschnittlich rund 20 Mitarbeiter mit multikulturellem Hintergrund im Unternehmen angestellt. Alle Fachexperten im Unternehmen sprechen fließend Englisch; ein Großteil verfügt über eine mindestens einjährige Auslandserfahrung.

Der Vertriebsleiter räumte ein, dass „Made in Germany“ auf dem internationalen Markt kein verlässlicher Verkaufsgarant ist. Im internationalen Vergleich treffen zumeist hochpreisige Produzenten des deutschen Mittelstandes auf agile Märkte mit hohem Druck auf eine globale Nachfrage. Insbesondere im asiatischen Raum werden vorab erst einmal „Make-or-buy“-Entscheidungen getroffen. Für die Gewinnung dieser Partner ist eine überzeugende Kommunikationsarbeit notwendig gewesen und es wurde versucht, dem (potenziellen) Kunden physisch nah zu sein. Ein sehr hohes Maß an Reisebereitschaft ist daher für Vertriebsmitarbeiter dieses Start-ups Grundvoraussetzung.

Sind im Zielland keine unternehmenseigenen Strukturen vorhanden, hat der Vertriebsleiter die Mitarbeit in Gremien und Messepräsenz zum Aufbau von Kontakten genutzt. Insbesondere im asiatischen Raum arbeitet das Unternehmen mit lokalen Partnern zusammen, denn der chinesische Markt zum Beispiel bevorzugt einheimische Geschäftspartner und in Japan ist zum Beispiel ein persönlicher Bezug zum Kunden in Form eines regelmäßigen Besuchs erwünscht. Dies ist nur mit lokalen Partnern möglich.

4 Das Auslandsmesseprogramm des Bundes (AMP)

Über das Auslandsmesseprogramm des Bundes werden KMU finanziell bei ihrer Beteiligung an Fachmessen im Ausland unterstützt. Voraussetzung für die Teilnahme ist, dass Unternehmen Produkte „Made in Germany“ anbieten. Die meisten Beteiligungen des

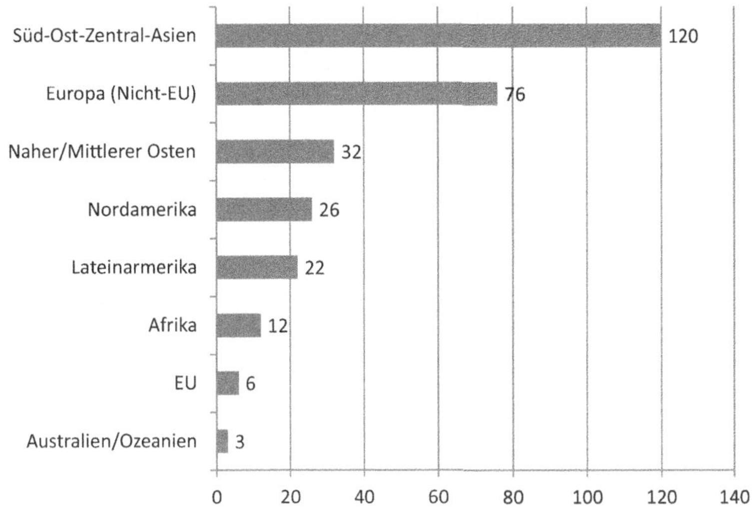

Abb. 10.4 Verteilung der 297 Auslandsmessebeteiligungen des Bundes 2013 nach Regionen. (Quelle: www.auma.de)

Bundes werden in Form von sogenannten Firmengemeinschaftsausstellungen unter der Dachmarke „Made in Germany" durchgeführt. Mittelständler sollen bei solchen Gemeinschaftsausstellungen von der Zugkraft bekannter großer deutscher Marken profitieren können.

Im AMP sind Fachmessen aller Branchen vertreten. Die Verteilung der unterstützten Auslandsmessen erfolgt allerdings, wie Abb. 10.4 verdeutlicht, mit eindeutigem Schwerpunkt in Asien.

5 Anhang

Weblinks

www.charta-der-vielfalt.de
Website liefert einen guten Mix aus Umsetzungsbeispielen zum Diversity Management (auch aus dem Mittelstand) und Fachbeiträgen von Wissenschaftlern zu Migrationsentwicklungen, Aufenthaltsgenehmigungen usw.
www.geert-hofstede.com
Website enthält ein innovatives Tool zur Generierung von Ländervergleichen auf Basis der von Hofstede entwickelten Kulturdimensionen (Seite ist in englischer Sprache).
www.auma.de
Website liefert alle relevanten Informationen zum Auslandsmesse-Programm des Bundes.

Weiterführende Literatur

Bendl, R., E. Hanappi-Egger, R. Hofmann 2006. Agenda Diversität: Gender- und Diversitätsmanagement in Wissenschaft und Praxis. (Liefert einen guten Überblick über Erkenntnisse und Implementierungsmöglichkeiten des Diversity Managements). München.

Literatur

Aretz, H.-J. 2006. Strukturwandel in der Weltgesellschaft und Diveristy Management in Unternehmen. In *Diversity Management – Unternehmens- und Personalpolitik der Vielfalt*, Hrsg. M. Becker und A. Seidel, 51–74. Stuttgart.

Becker, A. 2006. Diversity Management aus der Perspektive betriebswirtschaftlicher Theorien. In *Diversity Management – Unternehmens- und Personalpolitik der Vielfalt*, Hrsg. M. Becker und A. Seidel, 205–238. Stuttgart.

Bel Habib, I. 2011. Multilingual skills provide export benefits and better access to new emerging markets: Multilingual market communication among Swedish, Danish, German and French small and medium sized enterprises. *Sens Public – International Web Journal*. Zugegriffen: 24. Jan. 2013.

Bloodgood, J. M., H. J. Sapienza, und J. G. Almeida. 1996. The internationalization of new high-potential U. S. ventures: Antecedents and outcomes. *Entrepreneurship theory and practice* 20:61–76.

CILT. 2006. *ELAN: Auswirkungen mangelnder Fremdsprachenkenntnisse in den Unternehmen auf die europäische Wirtschaft*. London: Studie im Auftrag der Europäischen Kommission.

Cox, T. H. 1991. The multicultural organization. In *Diversity Management – Unternehmens- und Personalpolitik der Vielfalt*, Hrsg. M. Becker und A. Seidel, 52. Stuttgart.

Denstadli, J. M. 2004. Impacts of videoconferencing on business travel: the Norwegian experience. *Journal of Air Transport Management* 10:371–376.

Dick, M., H. Pernsteiner. 2006. Expansionsformen in den neuen EU-Mitgliedstaaten. In *Wachstumsmanagement für Mittel- und Kleinbetriebe*, Hrsg. N. Kailer and H. Pernsteiner, 19–42. Berlin.

Economist Intelligence Unit. 2012. *Competing across borders: How cultural and communication barriers affect business*. London.

Finke, M. 2006. *Diversity Management – Förderung und Nutzung personeller Vielfalt in Unternehmen*. 2. Aufl. Mering.

Forfas. 2012. *Key skills for enterprises to trade internationally*. Dublin.

Gerum, E. 2000. Internationalisierung mittelständischer Unternehmen durch Netzwerke. In *Internationalisierung im Mittelstand; Chancen – Risiken – Erfolgsfaktoren*, Hrsg. J. Guttmann and R. Kabst, 273–288. Wiesbaden.

Harris, M. 1979. *Cultural materialism: The struggle for a science of culture*. London.

Harveston, P. D., B. L. Kedia, und P. S. Davis. 2000. Internationalization of born global and gradual globalizing firms: The impact of the manager. *Advances in Competitiveness Research* 8 (1): 92–99.

Haubold, A.-K., D. Kuntzsch, M. Kuntzsch. 2013. Man spricht nur deutsch im Mittelstand? Zur Bedeutung von Mehrsprachigkeit und Mobilitätsbereitschaft als Personalauswahlkriterium in auslandsaktiven KMU. In *Kommunikation kleiner und mittlerer Unternehmen. Jahrbuch der KMU-Forschung und -Praxis*, Hrsg. J. -A. Meyer, 223–234. Köln.

Heinemann, M. Juni 2011. *Lob der Unterschiedlichkeit*. Financial Times Deutschland 3–5.

Hofstede, G. 2001. *Culture's consequences – Comparing values, behaviors, institutions and organizations across nations*. 2. Aufl. London: Thousand Oaks.
Hofstede, G. 2009. *Lokales Denken, globales Handeln*. 4. Aufl. München.
KfW 2012. *Internationalisierung im deutschen Mittelstand – step by step zum global player*. Frankfurt.
Klein, K. J., und D. A. Harrison. 2007. On the diversity of diversity: Tidy logic, messier realities. *Academy of Management Perspectives* 21:26–33.
Kogut, B., und U. Zander. 1993. Knowledge of the firm and the evolutionary theory of the multinational corporation. *Journal of International Business Studies* 24:625–645.
Lüdeke, T., und H. Sievert. 2006. *Kommunikation im Mittelstand – Mehr als polnische Broschüren*. Berlin.
Manolova, T. S., G. Brush, F. Edelman, und G. Greene. 2002. Internationalization of small firms. *International Small Business Journal* 20:9–31.
McSweeney, B. 2002. Hofstedes model of national cultural differences and their consequences: A triumph of faith – A failure of analysis. *Human Relations* 55:89–119.
O. V. 2013. Diversity Management im Mittelstand am Beispiel der Teckentrup GmbH & Co. KG. http://www.charta-der-vielfalt.de/service/publikationen/internationalitaet/kapitel-b/diversity-management-im-mittelstand.html. 18. Okt. 2013.
Reuber, A. R., und E. Fischer. 1997. The influence of the management team's international experience of the internationalization of SMEs. *Journal of International Business Studies* 28:807–825.
Röhl, B. 2013. Der hässliche Deutsche. *Wirtschaftswoche*. 02. Apr. 2013.
Sapienza, H. J., E. Autio, G. George, S. A. Zahra. 2006. A capabilities perspective on the effects of early internationalization on firm survival and growth. *Academy of Management Review* 31:914–933.
Statista. 2012. Berufstätige nach Häufigkeit von Geschäftsreisen von 2007 bis 2012. http://de.statista.com/statistik/daten/studie/168772/umfrage/haeufigkeit-von-geschaeftsreisen-und-dienstreisen/. Zugegriffen: 25. Jan. 2013.
Sternad, D., M. Höfferer, und M. Haber. 2013. *Grundlagen Export und Internationalisierung*. Wiesbaden.
Stockdale, M. S., F. J Crosby. 2008. *The psychology and management of workplace diversity*. London.
Tanev, S. März 2012. Global from the start: The characteristics of born-global firms in the technology sector. *Technology Innovation Management Review* 5–8.
Trompenaars, F., C. Hampden-Turner 2012. *Riding the waves of culture: Understanding cultural diversity in business*. London.
Von der Weth, R., W. Beckmann. 2012. *Zukunft Mittelstand. Eine Umfrage an der HTW Dresden, durchgeführt vom Netzwerk Mittelstand*. Dresden: HTW Dresden. (Unveröffentlichtes Manuskript).
Weerawardena, J., G. S. Mort, P. W. Liesch, G. Knight. 2007. Conceptualizing accelerated internationalization in the born global firm: A dynamic capabilities perspective. *Journal of World Business* 42:294–306.
Williams, J. E. M., I. Chaston. 2004. Links between the Linguistic Ability and International Experience of Export Managers and their Export Marketing Intelligence Behaviour. *International Small Business Journal* 22:463–486.

The manufacturer's authorised representative in the EU is Springer Nature Customer Service Centre GmbH, Europaplatz 3, 69115 Heidelberg, Germany. If you have any concerns regarding our products, please contact ProductSafety@springernature.com

Printed and bound by CPI Group (UK) Ltd, Croydon, CR0 4YY
23/04/2026
02095637-0005